曲　亮　著

转型期企业
响应地方政府行为的
策略研究

ZHUANXINGQI QIYE
XIANGYING DIFANG ZHENGFU XINGWEI DE
CELUE YANJIU

浙江工商大学出版社

本书为：

中国博士后基金第44批面上资助项目(项目编号：20100471611)

教育部青年基金项目(项目编号：10YJC630197)

浙江省哲学社会科学项目(项目编号：09CGYD027YBQ)

浙江省教育厅项目(项目编号：Y200804530)

浙江省属高校人文社会科学重点研究基地(浙江工商大学企业管
理学)重点研究项目

把此书献给一直支持我的妻子——冬雪

总　序

　　企业和家庭是构建这个社会最为重要的生产性组织,前者创造的是社会财富,后者则是人口的摇篮。围绕这两个特殊的组织,不同的人文和社科领域都派生出了大量的研究成果,都努力为解释客观现实以及有效地预测未来服务,管理学也正是其中之一。

　　作为经历了中国经济飞速发展和历史变革特殊时期的管理学研究,最为显著的特征就是始终与变换的环境紧密联系。回顾过去 30 多年的历程,中国经历了改革开放为基本表现形式的经济、社会重大转型,对于社会组织而言,这无疑是本质性的制度变革,从经济社会主体的构成到整个经济社会的制度环境,都发生了巨大的变迁;而国际环境也经历了全球经济高速发展到金融危机的大起大落,从各国政府、区域联盟到国际企业都处于巨大的压力和变革之中,这无疑给管理学研究提供了异常丰富的素材,也为管理学研究平添了许多压力。从某种意义而言,"管理是由这个社会 20%的人员所从事,但是却肩负着其余 80%人员的福祉"。

　　作为承载管理学教学和科研任务的高校,如何在变革的时代有效地发挥自身的价值,以知识和人才为途径传递学者对时代呼唤的响应就是一个非常值得思考的论题。这个论题有三个层次的问题:我们应该关注谁?我们关注他们什么?我们如何关注?

　　管理学研究的对象很广泛,涵盖了宏观、中观和微观的现实全景,由于现有的管理学研究更多地从属于工商

1

管理专业,因此企业就成为关注的焦点。基于企业,我们确实可以打开一扇观察世界的窗口。以往的主流研究强调企业的股东属性,因此立足企业的所有者。我们分析和探讨了价值链各个环节以及不同时期企业的生存和发展问题。在丰硕的研究成果中,我们逐渐认识到,企业问题的复杂性使得我们必须从一个更为广泛的范畴去审视管理学本身,这个问题在公司治理研究中尤为明显。公司治理是管理学的经典研究领域之一,也是指导现实企业发展的有力工具。公司治理文献长期关注的是经理人与投资者之间的利益冲突以及相应的治理结构和治理机制。基于代理成本问题的分析,Jensen 和 Meckling(1976)的开创性工作引发了对公司治理中管理层激励的规范性思考,而 Townsend(1979)则第一次尝试以最优契约的方式解决外部投资者与经理之间的利益冲突。这对于古典企业是非常有效的,但是现代企业基于企业规模和风险规避的需要将股权进行分散和交叉,股东由个体转变为一个群体,经典管理研究的诸多成果遭到质疑。

按照 Shleifer 和 Vishny(1997)、Pagano 和 Roell(1998)等的研究结果发现控制性投资者(例如股份公司的大股东等)凭借其实际控制权,以合法或者法庭很难证实其非法的方式,谋取私人利益,使分散投资者(小股东)的利益受到损害,以至在这些公司中,基本的代理问题不是在经理人与投资者之间,而是在控制性投资者与其他分散投资者之间。Johnson、LaPort 等(2000)甚至把大股东利用金字塔式的股权结构,把低层企业的资金转移到高层企业,从而使小股东利益受到侵害的行为称为隧道行为(tunneling)。这些成果已经证实,尽管都是企业的所有者,但是不同股东之间还存在着复杂的协调关系,股东利益群体产生了分化。

与此同时,对于企业就是股东所有的争论也不断升级,特别是在我国社会主义市场经济体制下,如何理解公有制与市场经济之间的微观机理,就成了管理学理论研究的历史使命。尽管以布莱尔(Blair,1995,1996)为代表的学者主张将利益相关者纳入分析主体,认为这些利益相关者在企业中注入了一定专用性投资后,他们或许分担了一定的企业经营风险,所以应该分享公司的控制权。但是在一般经营情况下,企业的外部非决策类利益相关者如政府和债权人、消费者等是不需要参与企业经营的,一种"隐形"的委托—代理关系将企业的实际控制权授权给内部的股东和经理层。但是当企业处于特殊状态时,如创业期或濒临破产时,债权人或政府就要参与治理。在此基础上,在利益相关者思想的影响下,企业现有的所有权和经营权表现为货币资本、异质性人力资本和环境所有者在内的要素所有权,企业已经成为社会利益主体在微观层面博弈的平台,因此所有的利益相关者都不可避免地步入我们研究的视野,而管理学对于这些主体的共性归纳就是——组织,也就是我们应该关注的主体。

将组织再次作为我们关注的核心主体,首先要思考的问题就是其存在的意义是什么。斯坦福大学的杰弗里·菲佛和杰勒尔德·R.萨兰基克教授所著的《组织的外部控制——对组织资源依赖的分析》一书中指出,"组织是充满巨大的力量和能量的社会工具,其存在的意义在于提供一个场所或框架,组织行为参与者用自身的诱使因素与组织的贡献相互交换的场所",为了实现这个意义,组织的唯一目标就是生存。"为了生存,组织需要资源,为了获取资源,组织就必须与控制管理的组织相互交往,在这一意义上,组织就会依赖它们的环境。由于组织对它需要的资源没有控制力,资源需求就会成为问题并具有不确定性。组织为了获取资源而与其他组织进行交易,资源控制权使得其他组织具有对组织的控制权,组织的生存在一定程度上取决于组织对环境偶然性进行管理的能力。因此大多数组织活动的焦点在于通过交换协商来确保所需资源的供给。"

从上述分析中我们可以发现生存是组织存在的唯一目标，而战略就成为实现该目标的有效途径，战略就成为我们关注组织的重要特征。当前中国企业都力求通过制订和执行有效的战略决策来获取竞争优势，进而在复杂的市场环境中寻求生存和发展，因此对于战略管理理论的研究和应用也达到了一个前所未有的高度。战略管理分析强调企业与环境的互动，对于环境的普遍认识是将其划分为宏观环境、行业环境和企业内部环境。经典战略管理理论更侧重于行业环境分析指导下的企业定位研究和企业内部环境分析指导下的企业能力研究，相对弱化宏观环境对于企业经营战略的影响。事实上，新时期的中国企业战略决策研究必须强调特殊历史环境下宏观环境对于企业战略发展的影响，应该将宏观环境进行具体的分类，区分体现中国转型经济发展特色的情境因素和适应全球化新经济发展的时代特征，进而对企业战略分析提出全新的视角解析。

组织在变、环境在变、管理实践在变，管理学研究也同样需要变，这种变就是创新。创新不仅仅是一种内容的体现，更是我们的一种态度，管理学发展的方向就是利用创新的手段将管理理论与组织实践紧密结合的过程，就是利用创新的态度将管理学不断推向前沿的过程。

作为首批浙江省重点人文社科基地，浙江工商大学企业管理学是浙江工商大学的优势学科，包含了工商管理、财务管理、信息管理多个研究方向，其中在公司治理、组织行为学、集群企业发展以及供应链管理等学术领域成果丰硕。"组织·战略·创新"学术文集收集了近期基地青年博士的研究成果，基本都是在其博士论文基础上深化完善的结晶，具有较高的学术价值和实践指导意义。

曲亮博士所著的《转型期企业响应地方政府行为的策略研究》，对中国企业当前面对的管理情境进行了解读，将转型过程中企业与地方政府的博弈过程作为研究的核心命题。在研究的过程中，本书对企业理论进行了梳理，提出了基于资源依赖观的企业实体理论和中国转型阶段理论，通过理论建模对一些关键性的结论进行了推导和证明，并采用历史研究的方法，以30多年中国工业发展历程对国有企业和民营企业在成长历程中的策略进行了归纳和总结，进一步完善了理论模型和假设。面对未来的企业发展，本书采用非完全利益共同群体的合作博弈模型分析了企业和地方政府形成合作关系的必要条件，并从组织创新的角度，提出了产业中间型组织对于企业和地方政府之间合作的风险缓冲和枢纽作用。该书不仅仅是战略管理领域的著作，对于从事地方政府行为研究和转型经济学研究的学者也有较高的参考价值。

肖迪博士所著的《基于结构分析的供应链之间竞争行为的研究》，在对供应链结构分类的基础上，综合运用博弈论、库存理论、图论、变分不等式以及最优化方法对不同拓扑结构和权力结构下供应链之间的价格竞争和服务水平竞争进行了总结、归纳、拓展。在研究过程中，该书基于不同的需求假设（确定性需求和随机性需求）、不同函数形式（线性函数和非线性函数）、不同供应链拓扑结构（独立、交叉和网状）、不同权力结构（上游作为领导者、下游作为领导者以及无领导者）等多种假设条件，深入讨论了该条件下供应链之间的竞争行为，提出供应链的运作并非处在真空中，供应链间往往存在着复杂的竞争关系，甚至比供应链中企业间的竞争更加激烈。该书从供应链拓扑结构和权力结构的视角分析了供应链之间在价格、库存、服务以及成本等方面的竞争行为，能够为供应链竞争行为的研究者提供参考，也可以为供应链的成员企业，尤其是核心企业在竞争环境下进行供应链管理提供有益的借鉴。

丛国栋博士所著的《IT 外包风险评价模型与控制策略研究》，针对现有 IT 外包风险研究中的风险分析不够深入清晰、风险评价不够科学合理以及风险控制策略不够完备有效等问题，结合交易成本理论和模糊群决策（Fuzzy Group Decision Making，简称 FGDM）等方法，对企业 IT 外包风险机制、评价方法和控制策略进行了系统性的构建。该书深入分析了 IT 外包风险的作用机理和内在联系，提高了评价的可靠性和效率，且探讨了允许分类错误可变情况下的企业 IT 外包风险评价问题，进一步提高了评价的鲁棒性、可靠性和决策效率，并为决策者提供了选择精度水平做出正确决策的便利。此外，本书提出了风险控制策略组合，基于 VPFRS 的风险监控集成螺旋模型以 VPFRS 的知识发现方法为中心，能够将历史数据中的知识转化为容易理解的规则，便于决策者在监控过程中做出准确判断，从而提高了控制策略的针对性和有效性，达到了控制 IT 外包的风险。本书在理论上丰富了 IT 外包风险的方法论，在实践中协助供应商建立全面的风险管理指导体系，提升服务质量和全球市场竞争力，同时，成果可直接应用于相关产业的政府决策和管理过程，对完善服务管理模式、提高相关产业的整体竞争力和创造新的国民经济增长点都具有重要的实际意义。

温晒博士所著的《浙江省民营企业的跨行业战略转型》，基于 2008 年开始的发端于美国的全球性金融危机背景，探讨了众多的中小浙商企业在面对外贸订单减少、效益下降，处于半停产甚至停产的巨大挑战的情况下，如何充分利用已经拥有的技术能力和市场，果断地进行跨行业战略转型，走出一条具有浙商特色的求生之路。本书以浙江金洲集团等浙江民营企业作为主要的研究对象，分析浙商企业进行跨行业战略转型的背景条件、转型战术等内容，并总结我国民营企业跨行业战略转型的成功经验。该书不仅在理论上对转型情况进行了深入细致的分析，更能为浙江省乃至全国的民营企业应对金融危机提供了合理化建议及实际操作的指导，帮助民营企业选择适合其企业的方式来应对金融危机的冲击。

金杨华教授所著的《组织公正理论与实践——中国情境下社会交换关系的作用》，是国内第一本较为系统研究组织公正的专著。该书从理论和实证两个方面对中国情境下的组织公正问题进行了详尽的阐述，指出体现个体与组织多重交换关系合意性的组织公正会对员工心理与行为产生重要影响，是社会公正的基础和组织可持续发展的内在要求。在系统研究现有组织公正理论的基础上，本书从中国文化背景下组织公正的维度与构思检验、社会交换关系与组织公正关系、组织公正与员工关系管理策略等方面进行了实证研究，通过深入浅出的案例分析，分析了在我国特有的情境模式下，如何实现组织的公平与公正。该书不仅在理论上有较大贡献，更为如何在实践中实现组织公正提供了具体路径。

包兴博士的《大型运作系统的应急管理研究》是从运作管理角度来研究企业应急管理中少有的理论分析读物。过去10多年里，极端气候、人为恐怖事件频频爆发，已对许多企业的正常运营造成了巨大的冲击，世界各地的政府、企业和学者开始意识到应急管理的重要性。然而，当前运营管理领域中关于应对非常态下应急管理的研究非常缺乏，管理者几乎找不到一个系统的理论去指导实践。正是基于该原因，本书将电力、石化等大型运作系统的能力应急管理作为研究的对象，定性、定量地对运作系统能力应急管理进行了研究，重点对突发事件后运作系统能力的应急协调机制进行研究。本书作为教育部青年基金资助项目，为应急管理领域的研究者提供了一个运营管理研究的视角，同时对于电力、石化和通信等大型企业管理者在突发事件发生之前进行一些预防性准备和突发事件发生之后的应急管理具有一定的借鉴意义。

程兆谦副教授所著的《浙商文化的维度结构、形成机制与对企业的影响研究》，在文化理论、文化与经济发展、企业家与经济发展、创业等理论整合的基础上，构建了"地域文化—企业家—企业"理论分析框架，并以此为模型，通过浙商文化维度的提取与验证，检验了"浙江文化—浙商企业家—浙商企业"链条的存在。本书不仅在浙商文化维度方面做出了规范细致的研究，还系统地阐述了"浙商"形成的文化基础，采用逻辑链的形式形象地表达出内在的机理，并通过例证检验和分析了其中的影响机制，为浙商文化的发展和浙商企业家的进一步成长指明了方向。

郝云宏教授所著的《企业区位战略决策论》对于战略管理领域研究拓展而言是一个较为新颖的尝试。该书在区域间协调发展的基础上对区域内的微观治理结构问题进行深入研究，提出区域治理结构和企业成长系统演进这两个全新理念，构建一个旨在提高区域竞争力和可持续发展水平的区域内企业、政府和产业结构三者之间的协调发展机制。以此作为理论基础，该书提出了企业在环境中的适应性生命周期假说，指出企业与区域中的政府和产业结构存在着双向的适应性，企业的成长系统呈现出演化的特征，企业的区位战略决策正是面对区域治理结构的应对性策略产物。该书进而构建微观层面的企业区位战略分析框架，形成区位分析和产业分析相结合的战略选择组合，丰富现有战略管理的分析框架，并结合中国国情对一些具有典型特征的案例进行实证分析。

"组织·战略·创新"学术文集既是我们向国内的管理学界同行及企业界朋友传递我们关注和研究企业管理理论信息的一个平台，也是为我国有志于研究企业管理理论的同行搭建一个交流平台。我们希望借助这个属于我们大家的平台，开展学者之间、学者与企业家之间的交流，在推进管理学研究和教学工作的同时，更好地为企业实践服务，愿更多的同行支持我们的工作。

浙江工商大学工商管理学院院长、教授、博士生导师

郝云宏

2010 年初夏

前　言

　　战略决策研究的现实意义就是为企业构建一个符合历史情境的策略集合,便于企业根据自身情况做出最为满意的战略选择,中国的研究也不例外。作为一个特殊的历史时期,转型经济对于中国企业而言充满了机遇与挑战,经历了30年的制度变迁过程,中国企业战略决策研究能否改变以往"摸着石头过河"的实践至上逻辑,进而归纳出一个值得借鉴的企业策略集合,并以此来指导未来的企业发展,就成为当前战略管理研究中值得思考的问题。

　　作为一个本土化情境下的策略集合研究,我们要解决的关键问题就是对特殊的历史情境进行有效的剖析和总结,将转型经济从一个外生的环境变量,内生到企业的决策过程中去,并以此解释过去30年中国企业创新行为的内在机理,同时对未来的企业发展做出预测。尽管现有的相关理论研究成果丰硕,但是就微观层面解释企业策略演化过程来分析转型机理还略显不足。究其原因不外乎存在两个研究的瓶颈:如何定义和解释企业的性质以及如何从微观角度将企业和转型有机结合起来。前一个问题是新制度经济学讨论的焦点,后者是转型经济学相对忽视的领域,而两者的结合点则是组织理论。因此立足于企业和地方政府这两个转型经济的微观组织,就有可能突破以往的瓶颈,真正构建起可以解释转型微观机理的理论框架。简言之,以转型期为背景来思考企业响应地方政府行为的策略集合,就能够解决上述理论和现实的困境,因而是非常有意义的。

1

围绕上述思路,本研究对中国企业当前面对的管理情境进行了解读,区分了基于"十一五"规划的中国现实国情和基于新经济背景下的国际发展趋势,强调了贯穿两种管理情境的核心是中国的转型经济。转型经济对于中国企业的深远影响关键在于转型引发的大规模制度变迁,这种制度变迁是以政企关系的演化博弈、不断发展为显著特征的。在微观层面,这种制度变迁直接体现为中国地方政府的政治行为方式及其对企业决策影响方式的不断演化发展,以及企业应对策略的不断变化。换言之,转型过程中企业与地方政府的博弈过程就是本研究的核心命题。作为一个尝试性的理论探索,本研究运用博弈论的分析框架对上述研究问题的各个要素进行了严格的界定,目的在于后期研究的严谨性以及后续研究的可扩充性。

　　以企业和地方政府的博弈过程解释中国的转型过程,首先要面对的就是对企业效用函数的界定,只有明确了企业的目标和性质,才能从同地方政府的博弈过程中寻求最优的策略。作为本研究的理论支撑,本研究在对企业理论文献进行梳理的前提下指出:作为一个承载不同利益相关者价值诉求的价值创造平台,企业的性质不仅仅局限于新制度经济学层面的完全或不完全契约的集合,更是不同利益相关者通过让渡自有要素的部分(乃至全部)所有权,将其转化为企业资本进行价值增殖创造,最终获得相应收益补偿的一个专有平台。企业经营活动也就相应体现为要素转化为资本,资本转化为产出的两阶段过程,即"利益相关者要素—企业资本—企业产出"的逻辑过程。本研究对企业性质的定义一方面继承了现代契约经济学对于企业理论的研究成果,也兼容了马克思经济理论对于企业价值创造过程的具体解析,而且特别强调了与企业战略管理相匹配的实体经营过程。基于这样的认识,我们才能够逐步揭示中国经济转型中企业的微观运作。

在肯定公共选择理论对于地方政府"掠夺之手"的基本假设下,本研究构建了一个微观模型,动态仿真了中国经济转型的微观过程。地方政府在追求自身效用最大化的情况下,为了满足民生需求,就必须放松对企业的规制,进行体制转型。在转型过程中,地方政府为了降低改革产生的政治风险,提升转型的效率,出于理性会采取有计划、有步骤的阶段性管制放松策略,首先是对企业生产领域管制的放松,其次是产出领域规制的放松,最后是对要素市场领域的规制放松,因此中国经济转型体现出典型的阶段性特征,具体而言包括三个阶段:政府退出企业内部生产管理的产权转型期,政府促进外部要素市场自由化、完善企业所处产业规制的市场转型期,政府协调企业和社会共同发展的和谐转型期。围绕地方政府的阶段性策略,本研究立足于企业自身的效用最大化,提出了对应的策略集合作为理论模型的结论,作为有待实证检验的假设基础。

对于理论假设,本研究以工业发展史的制度变迁检验方式取代了传统管理学研究的大样本统计分析,以对1979—2008年中国工业经济史的回顾和分析,检验前文对于转型阶段性划分以及企业策略集合的匹配程度。经过分析,本研究发现理论假设和实践发展之间存在一个突出的矛盾,即国有企业和民营企业在转型过程中的响应策略的显著差异。前文的理论假设立足于对现有经济的存量进行规制放松以释放企业活力,提升资本运作效率的改革过程,国有企业的转型历程也充分证明了理论假设的合理性。但对作为经济增量的民营企业而言,理论假设就难以兼容,原因在于民营企业由于产权的私有属性,使得地方政府对其规制十分有限,就更难以谈及规制放松了。国企和民企之间的策略差异,本研究概括为"改革逻辑"和"发展逻辑"之间的矛盾。面对上述矛盾,本研究通过深入分析地方政府的效用函数,根据地方政府对中央政府政策执行的程度以及对应承担政治风险的偏好差异对地方政府的类型进行了区分,指出了民营企业产生和发展的制度基础,解释了民营企业策略性行为的转型机理,最终将两种逻辑统一到一个理论框架内,并进一步丰富和完善了企业的策略集合。

完善的理论框架不仅应该能够对历史进行解释,还应该能够对未来进行预测。未来中国经济转型,地方政府要进一步放松对要素市场的规制以及和谐政企关系的塑造,必须借助于大规模的政府机构改革和民主体制建设,同时还要依赖于良好而稳定的国内外经济发展态势,这些条件一段时期内还不具备。因此,合作就成为未来一段时期内企业响应地方政府行为的可行思路,但这种合作同样需要策略支持。企业与地方政府的合作是一种非完全共同利益群体的合作,本研究通过分析这种合作的内部机理,提出了两者合作的共同目标在于区域的现代化发展,企业在响应地方政府行为的策略上,要满足区域产业生命周期和企业成长演进系统,要在与地方政府博弈的基础上形成适配关系,这种适配是要最大程度上缓解两者之间可能产生的冲突。作为一个值得思考的方向,本研究提出了产业中间组织的概念,指出在企业和地方政府之间存在的中间组织是企业和地方政府之间以及企业之间的枢纽和缓冲,最终能够推动企业合作策略的实施。

作为最终的结论,本研究概括了转型期企业响应地方政府的策略集合,并指出了后续研究可供选择的具体方向和内容。

曲 亮

2010年10月

目录

第一章

■ 定位与解读:中国企业战略决策问题的提出及界定

　　中国企业战略决策问题的关键就是要对所处的特殊情境进行认知和解读,战略决策是一个多层次、全方位的过程,而对现实情境的认识也是一个非常关键的问题。中国企业面对的管理情境包含两个层面:一个是基于"十一五"规划的中国现实国情,另一个是基于新经济背景下的国际发展趋势。这两个层面既相互独立又存在联系,其共同命题都涉及宏观经济政策与微观市场环境的互动问题,作为宏观经济主要力量的政府和作为微观市场经济主体的企业,必然成为我们关注现实经济问题的焦点,因此政企关系理应成为中国企业战略决策问题研究的有力切入点。从另一个角度而言,规范的学术研究应该具备一个合理的分析框架,这一框架的作用不仅仅在于规范自身研究的逻辑思路,而且更是为今后同类研究提供一个可供扩充的接口,因此将研究问题进行理论描述就显得十分必要。基于上述观点,本章对中国企业战略决策问题的核心进行了细致的分析,并对研究的问题进行了规范的经济学描述,对研究进行了系统的设计。

第一节 中国企业战略决策面临的情境解读①

一、引言

当前中国企业都力求通过制定和执行有效的战略决策来获取竞争优势,进而在复杂的市场环境中寻求生存和发展,因此对于战略管理理论的研究和应用也达到了一个前所未有的高度。战略管理分析强调企业与环境的互动,对于环境的普遍共识是将其划分为宏观环境、行业环境和企业内部环境。经典战略管理理论更侧重于行业环境分析指导下的企业定位研究和企业内部环境分析指导下的企业能力研究,相对弱化宏观环境对于企业经营战略的影响。笔者认为,新时期的中国企业战略决策研究必须强调特殊历史环境下宏观环境对于企业战略发展的影响,应该将宏观环境进行具体的分类,区分体现中国转型经济发展特色的情境因素和适应全球化新经济发展的时代特征,进而对企业战略分析提出全新的视角解析。

对于中国企业而言,当前最能体现中国情境的必然是我国政府

---

① 对中国企业战略决策情境解读的相关分析和观点源于 2006 年 10 月 13—15 日,由中国社会科学院工业经济研究所和浙江工商大学联合主办的"十一五"规划和企业经营战略研讨会。来自中国社会科学院、全国知名高校相关领域的专家、学者参加了该会议。与会专家围绕"面向'十一五'的企业经营战略"这一核心主题,从"十一五"规划对企业经营战略提出的新任务、"十一五"时期国内外经济社会环境的变化与企业经营战略的转变,以及企业战略管理研究的前沿理论和发展趋势等三个方面,明确指出了企业经营战略转变的方向和理论研究的可循路径,形成了"在新形势下企业经营战略要应对环境变化,完成战略转变"这一重要共识。特别对于当前企业经营管理和战略运营对于环境的特殊理解展开了激烈的讨论,本书对有关的观点进行了归纳和汇总,从另一个角度阐述中国企业战略决策问题研究的侧重点和切入点。本次会议综述详见郝云宏、曲亮,《应对与转变:新形势下企业战略的必然选择——"'十一五'规划与企业经营战略研讨会"综述》,《中国工业经济》2006 年第 12 期。

制订的"十一五"规划、党的"十七大"精神以及即将召开的"两会"决
议,这些都直接代表了政府开展宏观经济调控的主张;而最能反映时
代发展潮流的2008达沃斯世界经济论坛中,与会的专家、政要和业
界精英都凸显出了对美国经济衰退后带来的全球金融市场动荡、能
源危机等特征的"新经济"问题的担忧,这些构成了中国企业所面对
的时代特征。面对如此复杂的环境,企业的战略决策必然涌现出大
量全新的问题,如何进行有效的应对与转变,就成为当前理论研究者
所要正视的现实问题。

　　笔者认为,有效解决现实生活中企业战略决策问题的关键在于
对这一问题进行明确的定位,通过规范的理论描述,将现实中的复杂
问题转化为可供分析的研究框架,在对现实环境充分认识的情况下,
将情境因素指导下的企业经营战略分析思路在方法论层面上加以明
晰,进而构建为一个完整的研究体系,如图1-1所示。这一框架对
以往企业经济战略的分析进行了明确和拓展,从而能够更好地将复
杂的宏观环境和现实的企业微观经营有机结合起来,对理论研究和
实践指导都有极为重要的意义。

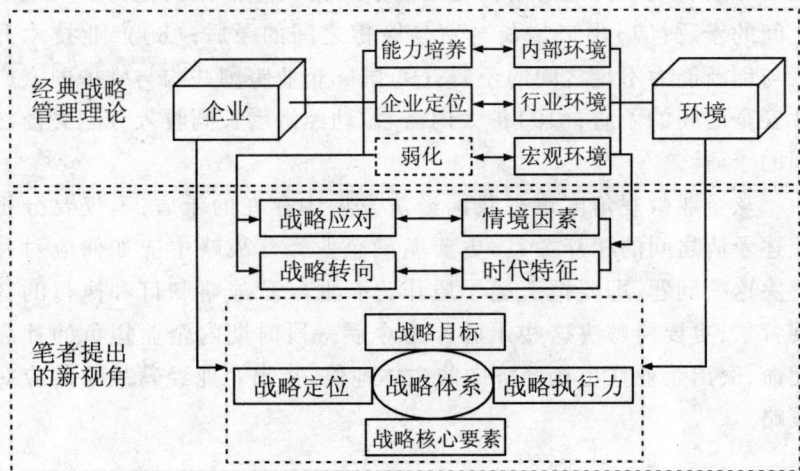

图1-1　企业经营战略研究框架

二、现实情境剖析:"十一五"规划与企业经营战略应对①

中国经济当前必须解决经济总量、经济结构以及经济发展速度三大问题。这是我国经济的现状,也是"十一五"规划制订的前提和条件,更是企业经营战略选择的现实情境。"十一五"规划确立了我国经济发展要走新型工业化道路,建设资源节约型和环境友好型社会的宏观经济发展目标,同时也是新时期对企业经营战略提出的新要求。

企业的经营战略要符合"十一五"规划提出的新要求,关键在于企业必须能够明确认识并应对"十一五"期间中国经济面对并亟待解决的"十大矛盾",这是中国情境问题最为直接的表现,也是切实关系到企业生存及发展的核心问题。"十大矛盾"具体包括:(1)资源供给的有限性与经济增长的快速性之间的矛盾;(2)生产要素价格上升与生产效益下降之间的矛盾;(3)宏观调控政策与企业微观利益之间的矛盾;(4)生产要素集中化趋势与区域协调发展之间的矛盾;(5)固定资产投资规模同经济增长之间的矛盾;(6)生产集约化与扩大就业之间的矛盾;(7)出口增长与贸易摩擦之间的矛盾;(8)产业技术升级与创新能力不足之间的矛盾;(9)国际企业跨国并购与维护国家产业安全之间的矛盾;(10)扩大内需、拉动经济增长同收入分配失衡之间的矛盾。

从企业微观角度审视我国经济发展中存在的矛盾,不仅要分析上述矛盾之间的相互关系,更要明确企业经营战略中应如何应对并解决这些问题,即要把上述矛盾作为企业经营战略制订和执行的客观背景,更要将解决这些矛盾作为今后一段时期内企业担负的社会使命,突出企业在市场经济中的主体地位,指出企业经营战略的应对策略。

---

① 本部分内容是以中国社科院工业经济研究所所长吕政研究员题为《"十一五"规划给企业经营战略提出的新要求》的主题发言为基础,经过笔者归纳和提炼完成的。

（一）提高效率、降低能耗是企业解决资源供给有限与要素价格上涨问题的根本出路

尽管我国的经济增长势头依然强劲,但土地、水、森林、矿产资源和石油资源,仍是当代社会经济发展的物质基础,我国经济发展所需要的各种自然资源仍然短缺,工业化和现代化必须从这个基本国情出发。当资源供给有限时,必然伴随生产要素价格上涨,此时企业经营就面对考验。资源紧张和要素价格上涨直接关系到企业经营战略的制订,例如国内油价较高就是一个力证。

尽管政府可以通过依靠价格调控和扩大进口来缓解资源供求之间的矛盾,但是这些措施都是存在约束条件的。当国内能源、原材料价格超过国际市场同类产品价格时,将会使我国工业的生产成本大幅度上升,进而影响到我国出口产品的竞争力;扩大能源、原材料的进口,无疑是解决国内资源不足问题的重要措施,但它要受到国际政治、经济环境变化的制约,特别是国际市场能源原材料供求关系变化的影响。因此,真正解决这一问题的出路在于国内企业执行有效的生产成本政策,降低粗放经营程度,进行集约化经营,保持较低能耗水平,提高效率。这是国内企业在"十一五"期间必须坚持的战略方向,也是我国走新型工业化道路的具体措施之一。

（二）产业集聚、深化分工是企业优化资源配置、缓解就业压力的重要举措

工业发展中的区域布局合理化是提高资源配置效率的重要途径。在市场竞争机制的作用下,生产要素不仅向优势企业集中,而且向优势地区集中。因此,每一个地区、每一个企业都必须形成局部的和相对的垄断地位,才能获得较稳定、较高的利润。可以说,没有特色,没有相对的垄断地位,就没有竞争力。在区域经济布局的认识和实践问题上,我们纠正了 20 世纪 50—70 年代要求各个地区建立完整的工业体系的做法。在强调地区经济协调发展的同时,也要看到生产要素的集中化趋势。以较少的国土面积,实现产业集聚,可以大大提高生产要素的配置效率。

与此同时,产业集聚不仅能够提升要素配置效率,而且能够进一

步深化专业分工。企业通过在生产作业领域减员增效,但同时派生出对服务业的人员需求。通过扶持生产性服务业,促进外包企业的产生,可以大大增加就业机会,面对每年 1200 万~1500 万的新增劳动力,这无疑是一个有效的解决途径,这只是问题的一个方面。另一方面,产业集群的出现也加剧了生产要素在地区之间配置的不平衡性。产业集群地区占有很高的市场份额。在这种情况下,后来者必须开辟新的产业领域,发展具有本地区比较优势及特色的产业和产品;与此同时,中央政府对现行的财政税收体制进行改革,是解决生产集中化趋势与区域协调发展之间矛盾的必由之路。

(三) 加大创新、确立品牌、提升企业竞争力是推动产业升级、减少贸易摩擦、维护国家产业安全的有效途径

我国关键技术的自给率较低,对外技术依存度在 50% 以上,而发达国家均在30%以下,美国和日本则在5%左右。较低的技术水平,使得我国外贸出口结构高度不合理,来料加工占外贸出口总额的57% ,高科技产品出口主体中 88% 为三资企业,以价格竞争为主,极易引发反倾销等贸易摩擦。与此同时,由于我国企业过去利用外资不合理,以及自身竞争力不强,导致外企收购国内行业排头兵,并在我国产业内形成垄断和对内资企业的排斥,威胁到国家的产业安全。

缓解上述问题的关键是通过技术创新提高我国企业乃至产业的竞争力水平,优化产业结构和出口结构。发展中国家工业技术进步不能长期建立在以市场换技术的基础上,因为所换到的技术永远是第二流或第三流的。从工业发达国家科技创新及其产业化的普遍经验看,企业是技术创新的主体,多数的技术研发中心设在企业,科技队伍的主体集中在企业。这是因为企业作为以盈利为目的的经济组织,具有通过科技创新实现利润最大化的内在推动力。在市场经济条件下以及经济全球化的大环境中,企业始终面临着竞争的压力,不搞创新,企业就难以生存,更谈不上发展。企业在生产经营活动的实践中,能够更准确地把握市场需求,因此科技创新方向和目标的选择更能够符合市场需求。企业具有把科技成果转化为产品的生产设备和工程技术能力,这是一般科研院所和高等院校所不具备的。因此,

创新战略必然成为企业应对激励竞争的有效途径，通过引进技术，消化吸收后再创新，逐步培养技术创新能力，努力发展原始创新，提升质量，确立品牌，最终提升自身的竞争力。

（四）有序竞争、优化分配是企业参与构建和谐社会的可行方法

作为市场经济的主体，企业应该处于一个有效的竞争体制中，这样才能保证企业的效率。但是由于存在地方保护主义以及企业的自主行为，使得现实生活中存在低水平重复建设等问题。由于微观经济主体的投资行为并不考虑外部的合理性问题，这就需要由政府或者行业协会制定市场准入规则，作为判断是否属于低水平重复建设的依据。市场准入规则包括各个行业先进的技术经济指标、环境保护指标、企业起始规模的标准。此时另一个问题就在于要有效划定国家干预经济的边界，从而确保企业有序竞争。吕政研究员认为，"外部不经济是国家宏观调控微观企业经营的边界，而单个企业追求经济利益不能以损害社会利益为代价"。

需要特别强调的是，在经济不断增长的过程中，收入分配不合理现象日益显著，特别是初次分配下工人的收入过低，主要表现为农民工工资过低。企业应该适当提高农民工工资，为进城务工的农民建立失业、养老和医疗保险基金，将其纳入城镇社会保障范围。对于跨地区流动的农民，应当为其建立能够跨地区兑现的个人账户，以解除离开土地的农民的失业、养老和医疗保险的后顾之忧。对于这个问题需要从以下几个方面来认识：第一，提高农民工的工资，有助于调整企业主与农民工之间的分配结构，缩小贫富差距，实现社会公正，使社会物质财富的创造者能够分享经济增长和社会发展所带来的利益；第二，有助于提高低收入群体的购买力，即使在出口增速下降的情况下，也可以通过扩大国内市场需求促进经济增长；第三，鼓励农民放弃土地转移到非农产业，将土地集中到种粮大户，增加农民收入。

当然政府也应降低企业的平均税赋，尽快推进国内企业与外资企业的税率并轨，使国内企业与外资企业处于同等的竞争条件下，以

增强内资企业的竞争力。这样企业才能在构建和谐社会的过程中发挥出应有的作用。

三、时代特征前瞻:"新经济形态"与企业经营战略转向[①]

作为企业经营战略选择不仅仅要充分认识中国转型期经济发展中的情境问题,而且还要将视野拓展到整个社会发展的时代背景下。在经济全球化浪潮的推动下,企业已经跨越了国界。

企业必须立足经济全球化、经济知识化、经济过剩化背景下重构企业发展战略,完成企业经营战略的十大转向。企业经营战略转向是时代发展的必然趋势,是立足于全球经济发展的时代特征基础上,打破传统的经济格局,进而呈现出十种全新的经济形态:(1)快乐经济,强调个体的净身体验和满足;(2)体验经济,以主观感受为主,强调过程,属于服务业中的休闲娱乐部分;(3)客户经济,从客户的角度考虑时间、成本和收益等;(4)知识经济,以知识、信息等为产品,强调创新,用脑赚钱;(5)创意经济,强调异质化的能力与产品,突出与众不同;(6)"网络"经济,是基于社会资本,通过构建供应链、价值链等网络获取利润,突出社会办企业;(7)虚拟经济,即强调企业的哑铃型结构,突出研发和销售、外包生产;(8)速度经济,注重企业的快速响应机制培养,突出当前产业、产品、技术、知识生命周期缩短的发展趋势;(9)标准经济,即企业要符合国际规则,并参与制定规则;(10)全球经济,经济全球一体化,彻底打破空间的界限。

需要强调的是,如今我们应该重新定义企业,因为现在我国已处于知识经济、信息经济、体验经济和全球经济等全新背景下,过去的成功经验很可能已成为发展的障碍。因此企业的战略管理必须要有新的思维,必须勇于完成战略转向。十大战略转向具体包括:企业经营战略应该从"实业"转向"虚业",从"慢"转向"快",从"硬"转向

[①] 本部分内容是以《中国工业经济》杂志社社长、编辑部主任李海舰研究员的主题发言为基础,经过笔者归纳和提炼完成的。

"软"，从"有形"转向"无形"，从"显性"转向"隐性"，从"躯体"转向"大脑"，从"内部"转向"外部"，从"竞争"转向"合作"，从"实力"转向"标准"，从"物"转向"人"。

十大战略转向对于企业而言是对新经济时代特征的响应机制，是企业经营战略发展的必然趋势，完成企业战略转向的本质是对企业的经营战略进行全新的理解和诠释。

（一）必须区分企业的经营活动与管理活动

经营不等同于管理，两者之间有本质的区别。管理需要知识和学习，是着眼于企业内部，让企业"把事情做好"；经营则需要领悟和智慧，是着眼于企业外部，强调企业"把事情做对"。因此，经营活动是高于管理活动，因为其决定企业的发展命运。从这个意义而言，经营活动是企业之根，管理活动是企业之叶。企业要注重战略决策的制定和执行，要从管理情境的视角下判断企业的发展之路。

（二）企业战略转向的内涵：企业的重新定位

随着新经济形态的发展，企业面对的市场需求日益变化，利润也发生相应的转移，企业必须充分认识到这一变化，重新进行企业定位，进而产生全新的发展思维，当前利润转移主要沿袭三条路径：（1）利润从制造商向销售商最终向消费过程转移；（2）利润由实体的产品向虚体的（文化产品）转移；（3）利润在内在环节向外围环节转移。

因此，企业的战略转向就是要将企业经营领域转移到新的利润空间，与此相随的是企业核心能力也必然更侧重于企业的人力资本、企业区位、商誉、品牌、营销渠道等软件资源以及核心理念、核心文化、核心价值观，这是无形资产。

四、转型是当前中国企业战略决策的情境核心

无论是基于国情的"十一五"发展规划还是基于新经济特征的时代背景，都源自一个共同的历史进程——中国转型。中国的经济改革就性质而言是贯穿了从计划经济到市场经济的转型过程，最为突

出的特征是市场化转型、现代化转型、全球化转型①。转型,不仅是中国几十年来最为显著的经济社会特征,而且是中国企业经营发展和战略选择的宏观环境,是中国企业战略决策的情境核心。

转型经济对于中国企业的深远影响,关键在于转型引发的大规模制度变迁。② 这一制度变迁最终将政府和企业确立为经济运行的两大主体,以政企关系的演化不断推动中国经济的发展。

经济转型是经济学创立以来所进行的一次最为重要的试验。制度转型过程,作为一种复杂的制度演化现象,就本质而言可以理解为围绕着共同知识的重新形成、理解、交流和扩散的过程,是包括政府和企业在内的行动主体的行为边界和行为方式得以重新确定和调整的复杂过程。缺乏市场交易的制度基础,缺乏市场机制发挥作用的经济结构,企业作为最主要的经济主体缺乏适应市场经济的知识信息,没有争胜竞争的动态竞争过程,这些都是传统计划经济所遗留下的制度弊端,也是转型经济的制度起点。

转型伊始,政府着力培养市场体系,建立市场经济运行的合适制度基础和制度框架,为企业的生存和发展改换了情境。近20年,政府将培育市场发育、保护自发市场秩序、保护产权、确保民间契约得以履行等制度安排作为首要职能。政府致力于培育和保护市场内部各种自发与内生力量的成长,创造市场发育所需的必要制度条件,提供企业家精神得以充分释放的宽松环境,通过扩展市场规模和交易范围,促进市场过程的竞争化演化并保护动态竞争市场内生的社会效率。在这样的转型过程中,企业获得了全新的制度环境和发展机遇,在外部环境的推动下,开始逐步解决自身的内生性发展瓶颈,在与外界环境的动态博弈过程中,共同奠定市场经济所必需的微观基础。

政府是中国转型蓝图的勾画者,但是面对转型经济,中国企业并

----

① 转型(transition)与转轨(transformation)在本质上是存在一定区别的,但本研究中指出的转型既包含从计划经济到市场经济的过渡,也包括非工业化到工业化的转变,是一个复合的集合,下文不再特别说明。

② 热若尔·罗兰:《转型与经济学》,张帆等译,北京大学出版社2002年版,第6页。

非单纯的受体，而是转型过程中的中坚力量。要建立社会主义市场经济，关键在于实现社会主义公有制与市场经济的"契合"，问题是如何找到这个"契合点"。伴随着改革实践的不断深化，我们发现，只有通过企业改革，把国有企业建设成独立生产者和经营者，才能在公有制经济上为市场经济塑造它所必需的微观基础。这是整个经济改革中最基本或最关键的一环，其他各领域的改革（如财政、金融、价格、社会保障等）都须与之相适应或为之服务。

应该说，我们找到并且认定这个"契合点"，是经过一段时间摸索的。在改革初期，人们虽认识到旧体制的弊病在于权力过于集中，却多把目光凝聚在中央与地方之间的行政性分权上，希望通过扩大地方权限来搞活经济，但未能如愿，因为这种行政性分权不可能营造出市场经济所必需的微观基础。事实上，在改革前的 20 世纪 60—70 年代，中国曾多次反复搞行政性权力的"收"与"放"。经济实践的经验教训，驱使人们把目光转向凝聚到国家（或政府）与企业之间的经济性分权上。作为微观经济基础的不是任一基层经济单位，而必须是有"经济灵魂"或"生命线"的企业，即它有自己的产权、自主的经济行为和独立的经济利益，只有有了这个"灵魂"或"生命线"，企业才会有成本—收益这根中枢神经，才会有内在的激励机制和约束机制，所有的市场经济规律（价值规律、竞争规律、边际规律等）才起作用，市场机制才能成为分配社会资源的基本手段。

然而，传统的国有企业，在计划经济体制下完全成为政府的附属物，企业无权无责也无自身的经济利益，一切投资由财政部划拨，一切产品由国有商业部门收购，企业利润全部上缴财政，一切经济活动听命于政府的计划和指令。这种政企结合的体制，完全扼杀了企业的活力。要把这样的国有企业铸造为社会主义市场经济所必需的微观经济基础，就必须把它从政企结合或政企不分的体制中解脱出来，赋予它以经济生命。这就要求人们把目光凝聚到政府与企业的关系上，在公有制基础上给市场经济铸造出它所需要的微观基础。

中国的政企关系从政企结合或政企不分转型为政企分开，不仅直接关系到产权能否明晰，关系到国有企业是否能获得独立、自主的地位,而且关系到各方利益、权力格局的大调整,难度极大。

20世纪90年代以来,为了铸造微观基础,中国曾分别从几个层面推进政企分开。

一是从政府层面进行。先是一些政府主管部门(如石化、有色金属、兵器、航天、船舶、电力等),先后改组成全国性行业总公司和大型国有控股公司;另一些行业主管部门(如轻工、纺织等)则改组为全国性行业协会或总会;后是把经济实体从政府部门中分离出来,把原先各主管部门的行政性管理职能都归属综合部门(即经贸委)承担。责令党政军机关与所管的企业脱钩,取消企业的行政隶属关系的行政级别。随着中国加入世界贸易组织,政府部门增大政策透明度,精简审批制度,减少不必要的行政干预。特别值得提及的是,有的地区,如深圳近几年试行一种"三级框架体制"的国有资本管理和营运体系:建立地方国有资本管理局(或委员会)、国有资本经营机制(如投资公司或控股公司)、企业(或公司)等三级框架,第一级把政府的社会管理职能与国有资本所有者的职能分开,第二级把国有资本管理监督职能与国有资本经营的职能分开,第三级把国有资本的经营与国有资本的使用分开。这种"三级框架体制"能较好地实现政企分开,确立企业自主经营。

二是从企业层面进行。主要是找到适合在公有制基础上实现自主经营的企业组织形式。在20世纪80年代末到90年代初,有些地方国有企业曾试行过承包制,后来发现承包制并不适宜现代化经营,而且在中国这块有着长期封建文化传统的土地上,承包制容易导致"家长制"管理方式。不少地区的国有企业试行股份制。通过实践,中央明确提出以现代企业制度作为改组国有企业的基本企业组织形式,并强调要建立公司法人治理结构。这种以股份制为基本内容的现代企业制度,实现所有权与经营权的分离,非常适合于国有企业进行政企分开,而它所要求的治理结构,使企业具有自主经营的激励机制和约束机制。

三是从社会层面进行,即对国有经济布局进行战略性的调整。党的十五大和十五届四中全会提出从战略上对国有经济布局进行调整的任务，确定了有进有退、有所为和有所不为以及抓大放小的战略性方针。

五、研究问题的提出：Of China 和 In China 研究的理解

上述阐述的要点是中国企业战略管理问题情境在于兼顾国内外两种不同的力量，而在这两股力量对比过程中，中国的转型处于一个非常重要的地位，它本身就是充分吸收国际经济形势和发展态势后的综合产物，因而转型理应成为国内研究企业问题的情境核心。

（一）Of China 和 In China 研究的差异

事实上，把学术知识置于特定背景之中的重要性在组织研究领域中越来越受到关注（Rousseau 和 Fried，2001）。Cappelli 和 Sherer（1991）把组织研究中的情境定义为"与现象有关并且有助于解释现象的周边环境，通常是那些与超越研究中的分析单位有关的因素"。Johns（2001）勾勒出了两种方式用以丰富情境化知识：使用定性的方法来发展和检验在特定情境下的理论；进行比较研究，把环境中有理论意义的方面提取出来作为研究重点。与此类似，国内学者就转型期中国企业管理问题的研究方法产生了两种不同的研究思路和研究脉络。一方面是立足于主流理论的国际研究成果中的模型和研究量表，通过中国的本土数据进行检验，在数据驱动下取得研究结论，通过国别比较分析差别产生的原因以及国外理论在中国的适用性问题。这类研究我们称为 In China 研究，原因在于研究问题本身是一个普遍性问题或者是国外的特殊性问题，对于中国而言，这个问题的研究无异于其他国家的研究，其理论贡献也局限于某些假设在中国的检验，对于中国现实问题的解决仅仅存在借鉴意义，而非对症的良药。这类研究在将以企业作为研究对象的经济学研究中尤为明显。

另一类研究是以中国转型过程中发生的具体现象为研究切入点，根据中国现实抽象出问题，力求从理论上构建模型并对其进行揭示和解读，通过设计量表和搜集数据进行假设检验。由于这类研究的出发点是中国本土的经济现象，因此我们称为 Of China 研究，也称

为本土研究。这类研究集中体现在对于中国组织和管理相关研究。

Whetten(2004)特别比较了这两种情境研究的特点,如表1-1所示。

表1-1　两种情境研究对比

对比点	针对具体情境的研究 (叙述新现象)	对情境敏感的研究 (应用或一般化)
现有学术讨论的障碍	● 叙述难以理解(不熟悉) ● 观察被认为不合理或不相关	● 跨情境比较不系统 ● 调节变量的调节效用不显著
一般方法和相应的对话——介入策略	● 使新颖的显得熟悉(使用熟悉的构思、概念、量表和方法) ● 使熟悉的显得新颖(在新研究中使用新的观察机会,通告当前的观点并引起人们的兴趣)	● 将一般性知识情境化(检验特定的针对具体情境的预测) ● 将情境性的知识一般化(从观察中抽象出概念)
举例说明	中国经济改革及其对国有企业的影响	当代中国和西方商业环境的比较

资料来源:David A Whetten,《建设跨情境的学术对话》,载《中国企业管理的前沿研究》,北京大学出版社2004年版,第33页。笔者进行了修改。

徐淑英和刘忠明(2004)在回顾中国企业管理研究的现状与未来时,采用文献分析的方法,①对改革开放20多年来研究中国管理问题的成果进行了总结。他们将现有全球管理知识视为三种类型的模型

① 他们的研究主要基于4篇以中国管理问题的学术论文发表情况为主题的综述研究:Peng,Lu,Shenkar和Wang(2001)回顾了1978—1997年研究中国的管理和组织变化的学术论文,他们分析了发表在9种国际期刊和1种区域期刊的论文;Li和Tsui(2000)分析了1984—1998年的17份国际期刊上的论文。他们确定了145篇论文,总结了这些论文的研究主题和调查方法;White(2002)专注于亚洲的管理,从30份期刊中选取了840篇论文,其中包括中国内地和中国香港地区;Li和Tsui(2002)对1984年到1999年20种国际一流期刊上发表的226篇论文进行了引文分析,找出了引用次数超过10次的52篇文章。具体研究参见徐淑英、刘忠明:《中国企业管理研究:现状与未来》,《中国企业管理的前沿研究》,北京大学出版社2004年版,第1页。

综合。第一种是与情境无关的模型,也就是适用于任何社会、文化和政治背景的模型;第二种是"嵌入情境"模型,这是将情境作为自变量或调节变量的模型;第三种是将不属于前两者的研究看做针对具体情境的模型,也就是高度情境化的本土研究(highly contextualized indigenous research),研究在中国背景下的公司层次和个人层次的问题。在中国组织和管理研究中那些引用频率最高的论文绝大多数都是本土研究,这在一定程度上也说明了国际管理学界对于中国管理学研究的关注焦点。

随着管理研究的不断深入和管理知识的全球化普及,Of China和 In China 研究的差异会不断变小,最终会融合为一种系统的研究体系。但是就目前中国管理实践的发展而言,这种融合还是需要一定的理论基础和实践基础的,理论基础就是本土化研究的不断深入。

(二) 研究问题的提出

中国企业的战略决策问题可以从不同的角度加以分析和理解,现有的大量丰硕的研究成果也充分证明了这一点。但是就中国企业的战略过程而言,转型时期背景究竟意味着什么? 这个特殊的管理情境是如何影响企业的战略决策的? 这种影响是宏观层面的还是微观层面的? 这种特殊情境下企业的真正博弈对象是谁? 面对转型期,经典的战略集合①是否还能满足企业的需要? ……这些问题都困扰着企业。

伴随着转型,中国地方政府的行为方式及其对企业战略环境的影响也发生了一些相应的变化。这些变化在某种程度上构成或者改变了中国企业战略选择的特殊情境,影响着企业的应对策略。

在经济转型过程中,分权化的制度安排调动了地方政府发展本地经济的积极性,各级地方政府开始在制度、基础设施、投资环境、资

---

① 笔者认为,战略管理对于现实企业而言就是提供一个包含很多策略方案的工具集合,企业通过SWOT分析,在策略集合中选择出适合自己的方案,最终确立自己的竞争优势。因此战略管理在香港和台湾都翻译成策略管理,就学术成果而言,战略管理就是一个策略的集合。

本、人才、技术、原材料以及来自上级政府的倾斜性的地区优惠政策等方面展开了竞争。但体制转型时期的种种特征和制度上的不完善,却使地方政府的行为表现出明显不同于西方发达国家分权化体制下地方政府行为的特点。地方政府在过渡时期往往替代企业成为市场竞争的主角,而企业则较多地依附于地方政府寻求发展;地方政府的区域政策和企业的战略行为大大影响了市场对于要素和产品的空间配置及优化效率,其直接结果就是对于区域产业组织的结构和层次难以发挥有效的引导和配置作用,失去对于资源配置的基础性作用。因此,将地方政府行为和企业战略选择纳入同一个管理情境框架中进行分析,就显得非常必要。

综上所述,中国经济转型从某种意义而言,就是政府和企业博弈后的关系重构,从政企关系的角度来探讨企业战略管理的策略集合是非常有意义的。基于以上认识,本研究选择微观视角,将中国企业针对地方政府的应对策略作为讨论的内容,通过梳理现代企业理论和转型经济理论,来为中国企业的现实发展提供一种新的研究视角。

第二节 中国企业战略决策问题的理论描述

一、研究的基本框架

高质量本土研究的第一步就是要定义概念,并确定这个概念在本土情境下有意义的表现,并以此为基础对研究进行严格的设计,包括有一个审慎的抽样计划、恰当的数据搜集程序、严格的数据分析概括,以及在进行参数估计、假设检验或做出一般性推论时要考虑到的慎重过程。因此,对于中国转型情境下企业战略决策问题的研究,有必要在一个严谨的分析框架下进行。

图1-2提出了本研究所采用的基本思想框架(Panzar and

Rosse,1984)①。这个框架很简单,是由问题陈述和行为假定构成的理论。问题陈述明确说明我们想要研究什么、什么变量被认为是有关的变量。理论框架的重要方面包括:什么人制定决策、他们可以选择的各种可能性、选择的成本收益、信息的可得性和制度设定。行为假定触及理论的本质:决策者的认知能力和行为背后的动机。模型的解释称之为均衡,它决定了微观层面上的个人如何通过个人间的互动行为导致组织方面的结果。个体是均衡定义的基础,存在着描述性和规定性两类均衡。

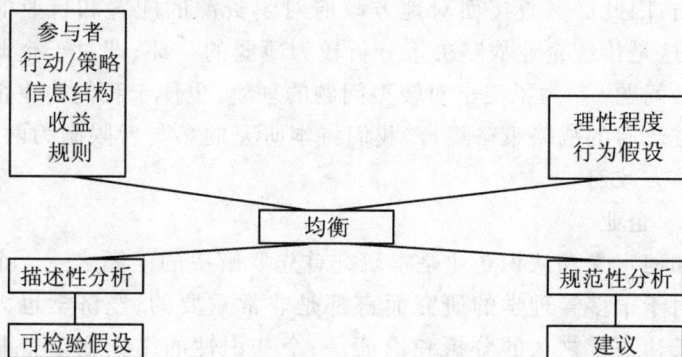

图 1-2　本研究采用的基本思想框架

二、研究问题描述

　　基于上述分析框架,我们分别详细界定问题描述的五个部分,将转型期中国企业战略决策问题逐步细化。②

（一）参与者

　　首先来界定参与者这个部分。

---

　　① 本研究框架转引自乔治·亨德里克斯:《组织的经济学和管理学:协调、激励与策略》,胡雅梅、张学渊、曹利群译,人民大学出版社 2007 年版,第 13 页。

　　② 这五个部分也是非合作博弈的五大要素,因此本研究将以博弈论作为研究工具。

参与者即决策者,参与者的数量、角色和认知能力直接影响到研究的复杂程度。中国企业战略决策涉及的决策者很多,从企业的角度而言,这些决策者可以概括为企业的利益相关者,包括企业内部的股东、经理人、员工和企业外部的消费者、供应商、政府、社区、其他企业等。

经过对中国转型经济的情境解读,我们认为对中国企业战略决策产生最直接影响的外部利益相关者就是政府,特别是地方政府。由于现有的中国企业特别是制造业企业,都存在于一个具体的区域环境内,因此必然直接面对地方政府对于资源的配置和行业的规制问题,这是传统企业战略决策分析较为薄弱的一环,即对于企业区位的选择问题①。为了突出对转型问题的理解,也便于我们构建企业针对地方政府的战略策略集合,我们将本研究的参与者限制为两个:企业和地方政府。

1. 企业

如何定义和认识企业是本研究首先要解决的问题之一。企业的性质对于很多管理学的研究而言都是非常重要的,经济学也为此展开了长达百年之久的分析和论证,一个共识性的结论在于企业是一组特殊的或者有着特别功能的契约的集合。由于对企业契约的认识不同,经济学的现代企业理论又划分出完全契约和不完全契约两个分析框架,也由此展开了对企业内部黑箱的探索历程。30 多年来,现代企业理论的蓬勃发展,似乎已经将企业的本质问题很好地解决了,从经济学的角度完成对企业存在的合理剖析,但是从管理学的角度而言,现实中的一些问题,甚至是核心的问题尚未解决。

按照科斯(R. Coase,1937)②经典的论断,企业存在的意义是为

---

① 这一问题的思考不等同于一般意义上的企业选址问题,而是包含更多要素的企业战略决策问题,它涉及企业是否进入或退出某个区域的决策问题。事实上,在 20 世纪末期就出现了关于这一问题的现实表现,诸如温州柳市电器企业迁至上海、海尔主张退出青岛、联想入驻香港等,都表现为企业对于区域选址的重视程度,而这些是经典战略管理策略集合中所没有涉猎的。

② Coase, Ronald H: *The Nature of the Firm*, Economica 4,1937: 386—405.

了节省交易费用,优化社会资源的有效配置。但这只是企业与市场两分法下的理论产物,而作为科斯的理论发展,企业是一组特殊的契约集合,其目的和作用是通过产权或者委托—代理关系来解决企业中由于信息不对称而导致的对于理论或者是企业剩余瓜分时的分歧,这些直白的经济学解释,还是很难对管理学的研究提供最为直接的理论依据,例如很难解释具有百年历史的企业的生存之道。

以上的主流经济学的观点是基于企业内部的,也是基于企业运作机理上的解释。与此相对应的一种非主流的经济学观点(杨其静,2005),认为企业是一种维护企业家的定价器,①企业家这种专有性的人力资本只有通过企业才能有效地体现其价值,为社会创造出更多的财富。此时原本向资本家倾斜的现代企业理论的天平开始向企业家一方略为缓和了,原因在于现代企业对于企业家的依赖以及我们对于企业家定义的宽泛,使得企业家这种专有性的人力资本在社会体系中,特别是在企业内部发挥出越来越大的作用。

但是企业家的企业理论背景显然是一种市场经济发育相对成熟,特别是买方市场下的企业理论,或者说是一种完全竞争市场并且要素普遍稀缺环境下产生的企业理论,这种市场环境依赖企业家,原因在于竞争的残酷。但是我们认为企业不是市场经济下的唯一产物,在高度计划的经济制度和卖方市场下,企业依然存在,并且同样有生命力,此时企业家的存在倒成了一个值得考证的问题。事实上,在高度计划的经济体制下,以及政府强烈管制的垄断性行业中,企业家的存在似乎并不突出。此时不依靠企业家,只有资本家或者只有管理者的企业中,企业存在的意义又是什么呢? 由此可见,企业家的企业理论也不是一个完备的理论体系。

从管理学研究的角度而言,我们一般默认企业的客观存在,不去过分探究企业的性质、边界问题,而把着眼点立足于企业内部的效率问题上,强调企业的竞争优势。从当前的管理学体系而言,对企业唯一的界定可能就是要素集合,有目标的一种组织,追求企业利润最大

---

① 杨其静:《企业家的企业理论》,中国人民大学出版社 2005 年版。

化、股东价值最大化或者是当前广为讨论的利益相关者的效用最大化是企业可供选择的目标。对企业目标的解释也是立足于主流经济学对于企业所有权配置、要素收益获取等企业内部的性质展开的。

但是,如果深究企业作为组织的特性,我们又必须把目标转移到组织行为学的学科子类中去,不再从整体的角度加以把握。事实上,组织行为学的研究现状更为关注的却是个体与群体的动机、情感、绩效等工业心理范畴的微观问题。因此,对于企业作为组织的本质研究就处于缺失的状态,企业的性质以及企业存在的价值究竟是什么依然是一个未被清晰认知或者未形成共识的问题。

综上所述,本研究定义的企业是一个实体状态的企业。作为一个承载不同利益相关者价值诉求的平台,企业的性质不仅仅局限于新制度经济学层面的完全或不完全契约的集合,而是不同利益相关者通过让渡自有要素的部分(乃至全部)所有权,将其转化为企业资本进行价值增殖创造,最终获得相应收益补偿的一个专有平台。企业经营活动也就相应体现为要素转化资本,资本转化为产出的两阶段过程,即"利益相关者要素—企业资本—企业产出"的逻辑过程。而实体企业中起决策作用的企业内部的利益相关者形成的企业治理结构,简称为企业。

2. 地方政府

在西方经济学文献中,地方政府(Local Government)与"地方主管机构"(Local authority)、"地方委员会"(Council)、"市政当局"(Municipality)交替使用,有时被简称为"次级中央政府机构"。这些提法尽管不失其准确性,但是很难反映出地方政府的本质特性。以西方民主政治体制而言,地方政府可以视为一个经由民主选举而产生的机构,它的管辖权仅限于当地范围并通过授权获得地方税收以及地方公共服务供应的自由裁量权(Cole 和 Boyne,1995)。这样的理论描述尽管较为严谨,但是与我国行政体制下的地方政府有一定的距离,因此要对我国具体情境下的地方政府进行界定和分析。

除了中央一级的国家枢纽机关外,我国的所谓地方政府还包括省级政府、市级政府、县级政府、区级政府,多级政府并未进行明确的区分。这主要是因为我国宪法和组织法中未就各级政府的职能范围做出明确的区分,在实践中表现为我国不同层级政府在纵向职能、职责和机构设置上的高度统一、一致,[①]中央职能部门、省级职能部门、市级职能部门、县级职能部门同时管理一件事情,机构设置上则是"上下对口,左右对齐",中央政府也需要并可以随时关心甚至直接干预某个县或者镇的具体个案,甚至连最基层的地方政府也需要从中央的角度来进行全局性的战略思考,这还只是问题的一个方面。另一方面,中国的干部制度是一种"向上负责"的制度,即下级政府接受上级的指令并对上级政府负责,因为"政府官员的考察、提拔、去留和待遇都取决于直接上级部门的决策"[②],下级政府与它们的上级政府在激励机制上具有明显的同构性。上述两个方面结合起来,我们就可以发现,尽管我国地方政府具有复杂的层级,但是就行为而言是层级之间互相强化,成为一体的,因此从经济学和管理学研究的角度而言,区分的必要性不大。

在我国每一个层级的地方政府机构设置中,通常又包含四个部分:地方各级党委、政府及其工作部门,地方各级人大、政协及其工作部门,地方各级法院、检察院及其他地方专政机构,承担行政管理的事业性单位。尽管就分工而言,地方政府不同部分发挥着不同的效力,但是就企业战略决策选址角度而言,第一部分产生的影响最为显著,特别是政府相关主管部门直接发挥的效力。因此,在本研究过程中不对地方政府的具体机构进行特指,仅仅将以党政机构为主,其他机构共同发生作用的地方政府作为一个整体对待。

此外,地方政府与中央政府的关系则随着经济社会的发展、中央与地方政治经济关系的演进而体现出极为复杂的历史动态过程,因此要最终确立"地方政府"这一概念,就必须明确"中央政府"和"地方政府"的关系。

---

① 朱光磊、张志红:《"职责同构"批判》,《北京大学学报(哲学社会科学版)》2005 年第 1 期。

② 周雪光:《逆向软预算约束:一个政府行为的组织分析》,《中国社会科学》2005 年第 2 期。

事实上,新中国成立以后至中央与地方分权改革之前,地方政府从性质上单纯属于中央政府的派出和代理机构,被动地履行中央一级政府所下达的各项使命。但从 1980 年以来的分权改革打破了计划经济下的传统关系,地方政府作为相对独立的行为主体地位逐步得到确立,这一过程主要表现在三个方面。

(1) 中央政府向地方政府下放了大量的财权和事权。包括:①1988 年实行的"划分税种、核定收支、分级包干"的财政包干体制,扩大了地方财政;1994 年为了克服财政包干体制的种种弊端,开始实施了分税制,进一步增强了财政调节经济发展和收入分配的能力,规范了中央和地方的关系,走出了中央和地方就财政收入的再分配不断讨价还价的困境;①②扩大了地方政府的事权,包括固定资产投资项目审批权、对外贸易和外汇管理权、物价管理权、物资分配权、旅游事务的外联权和签证通知权、工资调整权等;③在对外开放方面,在福建、广东两省设置经济特区,并在全国设置沿海、沿江、沿边开放城市和计划单列市,切实增强了地方政府的自主权。

(2) 地方政府机构改革和职能转换的相对滞后,形成所谓的产权地方化。中央政府通过了一系列对企业实施放权让利的文件和规定,旨在扩大企业的经营自主权,由于地方政府和企业关系改革的相对滞后,使得这些权力反而集中到地方政府手中,形成了一种既非公亦非私的独特的经济模式,如我们通常讨论的"红帽子"企业,这从某个意义上而言却是加大了地方政府的自主权。

(3) 伴随着私营经济的发展,地方市场化进程出现了差异,导致地方政府有意识地进行地方保护,扩大自主权。实践证明,非公有制

---

① 事实上,有学者指出分税制并没有有效地均衡地区间因经济发展不平衡而带来的区域差异。其中一个重要原因在于分税制带来的集权效应引起地方政府行为的一系列变化。在这种形势之下,地方政府开始积极从预算外、尤其是从土地征收中为自己聚集财力,"城市化"开始成为地方政府的新增长点。由此,分税制集权化的改革带来了一个意外后果,即形成了一种"二元财政"结构格局。笔者也较为赞同这一观点。详见周飞舟:《分税制十年:制度及其影响》,《中国社会科学》2006 年第 6 期,第 100—115 页。

经济的发展与地方政府存在着天然的联系，这不仅仅表现在政府和企业的互动关系上，更反映在各地非公有制企业主要控制在各级地方政府手中。换句话说，是这些企业生存所需要的核心资源都掌握在地方政府手中。地方政府为了本区域内经济发展，会有意识地通过资源约束的方式调整产业结构，缓解外部企业竞争压力，培育本地市场，最终将区域内的经济主导权牢牢地掌控在自己手上。

综上所述，从现实再次抽象到理论，本研究借鉴经济行政学文献的描述，认为完整意义上的地方政府是由三个要素构成的：一是相对稳定的区域，二是相对集中的人口，三是一个地方治理机构。① 此处仅仅区分地方政府和中央政府之间的层级关系，不再具体区分地方各级政府的层级和不同层级内的体系设置，仅强调本研究的另一个关键决策者是拥有较强自主权的地方政府治理机构，简称为地方政府。

（二）行动/策略

备选方案规定了参与者可以选择的各种可能性，即可供其选择的行动或策略。就经典战略管理而言，企业能够进行的选择是明确的，这些明确的战略类型是多年战略管理研究和企业实践形成的一般共识，如表 1-2 所示。

---

① 毛传新：《区域开发与地方政府的经济行为》，东南大学出版社 2007 年版，第 5 页。

表1-2　企业可供选择的各种战略类型

分类	战略	定义
基本战略 （generic strategy）	成本领先 （overall cost leadership）	企业强调以低单位成本价格为用户提供标准化产品，其目标是要成为其产业中的低成本生产厂商
	差别化 （differentiation）	企业力求就顾客广泛重视的一些方面在产业内独树一帜。它选择被产业内许多客户视为重要的一种或多种特质，并为其选择一种特殊地位以满足顾客的需要
	目标集聚 （cost-or-differentiation-focus）	企业选择产业内的一种或一组细分市场，并量体裁衣使其战略为他们服务，而不是为其他细分市场服务
成长战略 I： （development） 即核心能力 企业内扩张	一体化战略　前向一体化 （forward integration）	企业获得分销商或零售商的所有权或加强对他们的控制
	后向一体化 （backward integration）	企业获得供应商的所有权或加强对他们的控制
	横向一体化 （horizontal integration）	企业获得与自身生产同类产品的竞争对手的所有权或加强对他们的控制
	多元化战略　同心多元化 （concentric diversification）	企业增加新的，但与原有业务相关的产品与服务
	横向多元化 （horizontal diversification）	企业向现有顾客提供新的，与原有业务不相关的产品与服务
	混合多元化 （conglomerate diversification）	企业增加新的，与原有业务不相关的产品与服务
	加强型战略　市场渗透 （market penetration）	企业通过加强市场营销，提高现有产品或服务在现有市场上的市场份额
	市场开发 （market development）	企业将现有产品或服务打入新的区域市场
	产品开发 （product development）	企业通过改进或改变产品或服务而提高销售

续　表

分类	战略	定义
成长战略Ⅱ：即核心能力企业外扩张	战略联盟（strategic alliance）	企业与其他企业在研究开发、生产运作、市场销售等价值活动中进行合作，以相互利用对方资源
	虚拟运作（virtual operation）	企业通过合同、参少数股份、优先权、信贷帮助、技术支持等方式同其他企业建立较为稳定的关系，从而将企业价值活动集中于自己优势方面，其非专长方面外包出去
	出售核心产品（core products sailing）	企业将价值活动集中于自己少数优势方面，产出产品或服务，并将产品或服务通过市场交易出售给其他生产者作进一步的生产加工
防御战略（defensive strategy）	收缩战略（retrenchment）	通过减少成本和资产对企业进行重组，以加强企业所具有的基本和独特的竞争力
	剥离战略（divestiture）	企业出售分部、分公司或任一部分，以使企业摆脱那些不盈利、需要太多资金或与公司其他活动不相适应的业务
	清算战略（liquidation）	企业为实现其有形资产价值而将公司资产全部或分块销售

资料来源：周三多等著，《管理学——原理与方法（第四版）》，复旦大学出版社 2007 年版，第 320—321 页。笔者有改动。

　　但是，上述的战略管理策略集合是忽略中国管理情境的一般性成果，尽管对中国企业战略决策能提供很高的参考价值，但是缺乏对具体问题的针对性。

　　面对转型经济，我们认为中国企业最为关键的战略决策是针对地方政府做出的，这是当前企业发展所面临的最突出问题，因此企业必须拥有一个针对地方政府行为的战略决策集合，这个策略集合是基于经典战略管理集合，却又必须具有更强的针对性和实用性，这是本研究需要完成的最主要的任务。当然，建立这一策略集合需要对

地方政府行为进行充分的认识和评判,因此本研究对策略与行动的
分析包含地方政府和企业双方。

（三） 收益（支付）

收益或支付反映了有关参与者的成本与收益。作为本研究的两
个参与者,企业和地方政府在采取具体的策略行为时都会体现出相
应的收益水平,根据自身效用的偏好程度可以做出相应的决策判断。
在研究过程中我们要探究企业行为如何根据地方政府行为变化而变
化,也就是自身策略如何收到政府策略的影响机理。剖析这一问题
就要明确企业行为和地方政府行为背后所蕴含的变量,要构建两个
决策者的效用函数。

企业效用函数的思考要追溯到企业性质的本源问题上去,而地
方政府的效用函数则要反思中国转型过程中的阶段性历程,这也是
本研究两个最为重要的理论支柱部分。本研究的第二部分将对这两
个问题进行专门的分析。

（四） 信息结构

信息结构规定了谁知道什么和何时知道。企业和地方政府之间
存在着信息不对称,例如企业很多情况下不会发布真实的盈利水平
和雇员水平,会虚报对于能源、技术的需求水平;而地方政府也在政
策制定和发布之前采取保密制度,对产业政策的制定、环保水平的监
测、各种技术指标以及许可证的发放等问题上采取优势性信息拥有
状态。我们必须看到识别信息不对称会给企业的策略产生非常大的
影响,因此在本研究过程中也适当考虑了信息结构对于决策问题的
影响。

（五） 规则

规则确定了人们互动的方式。它们可以是非正式的,如风俗和
习惯,也可以是正式的,如条文和法规。组织规则的例子有:刚性的
或是弹性的工资和资金政策、会议议程、组织结构、防止敌意收购的
保护措施以及通过市场、契约或层级进行的交换等。这些制度引导
或决定着各种决策行为。参与者决策的顺序对方案决策、结果有着
重要影响。先发或后发优势都会影响到最终的决策结果,在对企业

的策略性研究过程中就需要特别强调规则的重要性。

三、研究的基本假设分析

理论研究往往需要一些准则加以验证,常用的准则包括实证准则、社会准则或实体论准则(Maki,2001)。实证准则可以是静态验证也可以是动态验证,它关注经验事实本身,强调所有的结论性理论必须经受事实的检验。社会准则反映了学界的认识,指出的是一种理论上的最优结果,是社会发展或道德期望中的标准,它们代表了理论的发展和社会发展的方向。实体论准则认为关于人性的一些基本概念是不能直接用经验加以检验的,比如决策者的认知能力、行为背后的驱动力、社会原因、社会模式。

实体论准则是本研究所采用的参照准则,对于决策问题而言,实体论准则提出决策者的认知能力和行为假定对于研究至关重要,对于本研究而言也着重关注这两个方面的问题。通常现有的组织理论也是通过这两个实体论准则加以划分的。

（一）认知能力与行为假定

决策者在对环境的反应方面各不相同,这种区别可以用理性程度予以把握,可以用他们认知能力和其面对问题的复杂程度的比值加以衡量(Heiner,1983)。当决策者的认知能力和问题的复杂程度的比值为1时,为完全理性。决策者能够毫不费力地迅速把握和解决问题。这只能在问题非常简单和调整非常迅速的情况下出现。这是我们分析问题的简化模式,也是我们构建成熟理论的良好出发点。

当决策者的认知能力不足以把握问题的复杂性时,这就属于有限理性的情况。此时,决策者的认知能力和问题的复杂程度的比值小于1,由于个体行为的“主观意图是理性的,但只能有限地做到这一点”(Simon,1961),或者是由于努力做出最佳决策但成本太高,决策者往往不可能把所有和决策有关的各个方面都考虑到。有限的时间和手段往往妨碍决策者从所有事实中提取有关信息,因此只能做出最满意的决策,而非最优决策。

当问题的复杂程度是决策者认知能力的数倍时,就属于程序理

性的情况。此时,认知能力和问题的复杂程度接近0。在特别复杂的
环境下,人们就只能按照经验法则行事,程序理性发生在环境调整非
常慢的情况下。转型经济是一个历史性的范畴,其复杂程度远远超
出了企业和政府的认知能力,因此从一个相对长的时间而言,程序理
性才是符合中国国情的认知水平,本研究也将就此问题进行适当的
探讨。

在组织理论中用来划分理论脉络的另一个准则是行为假定。行
为假定共有三种。第一种是自利行为假定,它反映出人们关心自身
利益并且是诚实可信的。为了获得一些利益,人们会信守允诺、正确
理解信息,会遵守规则。第二种行为假定是机会主义行为假定,按照
此假定,人们不惜采用欺骗的手段以获取自己的利益,可能采用各种
手段,如撒谎、偷窃或背信弃义,也可能采用一些更复杂的非诚实手
段,如只说出事实的一部分、过于乐观地估计新产品。第三种行为假
定是理想行为假定,假定人们为共同利益而奋斗,从整个组织的利益
出发做决策。

(二) 理论的选择与研究的设计

本研究认为中国企业针对地方政府的战略选择问题究其根本是
两个组织方面的问题:激励问题和协调问题。激励问题反映了企业
和地方政府在利益上的分歧和冲突。在需要对福利进行分配时,分
歧和冲突就会经常发生,因为很多情况下地方政府和企业之间对博
弈都是零和博弈,就像分蛋糕,一个人分得多了,另一个必然就会分
得少。协调问题反映了地方政府和企业之间对共同利益和联合利益
的调和,它要解决的是如何把蛋糕做大的问题。采取何种方法和理
论解决这些问题就显得非常重要。

事实上,可以根据理性程度和行为假设来划分组织理论,并设计
合理的研究路径来完成对上述问题的探究。表1-3区分了三种理
性程度和三种行为假定(Kreps,1990a),并指出了相应的研究理论。

表1-3 行为假定和组织理论

		行为假定		
		机会主义	自利行为	理想行为
理性程度	完全理性	完全契约理论	一般均衡理论	特征系统团队理论
	有限理性	不完全契约理论		
	程序理性	进化论方法		

资料来源：Kreps，*A Course in Microeconomic Theory*，Reprinted by permission of Pearson Education Limited，1990，P.747。

1. 一般均衡分析：研究的起点

完全理性和自利行为假定是一般均衡理论研究的起点，关心的主要问题是在何种环境下能够通过市场实现资源的最优配置。经典的结果是找到市场完美运行的环境，此时对政府采用的是一种自由放任的观点，即"看不见的手"模型。该模型的出发点是，市场运营良好，无需任何政府，企业是市场中唯一的主体。政府需要执行一些市场经济赖以运行所必需的基本职能，比如提供法律、秩序和国防。除了提供这些有限的公共品外，政府的干预越少越好，此时政府和企业之间关系就非常简单，阿罗-德布鲁模型从数学上证明了这一理论。

这一理论仅仅是作为一个对理想的有限政府的规范性描述，显然不能解释现实生活中政府对经济的干预程度，仅仅是作为一个研究问题的起点和参照系。

2. 完全契约分析：研究的主体 I

完全理性、机会主义行为假定在完全契约理论中予以分析，它关心的论题是是否存在一种合理的契约结构保证企业和地方政府之间能够满足各自的收益，在制订契约的过程中，决策者可能会采用保留或扭曲信息的方式进行。由于决策者是完全理性的，因此可以将所有的信息都纳入到思考的范畴，最终形成的契约会是完美的，但是又非常复杂。

在机会主义行为假定下，地方政府不再是一只"看不见的手"，而是一个"掠夺之手"①,该模型公正地看待政治,并把政治过程看成是政府行为的决定因素,该模型认为政府的政治目的不是社会福利的最大化,而是追求自己的私利。通过有效配置自己手中掌控的资源,地方政府通过合理化的政绩来追求自身的发展。在转型期的中国,地方政府之间存在激烈的辖区竞争,因此通过"掠夺之手"获取自身效用最大化从某种意义而言是贴近现实生活的,本研究采用这个颇有些激进的视角来为企业的战略做出规划。

3. 不完全契约分析:研究的主体 II

现实的种种迹象表明,地方政府和企业都不可能做到完全理性,因此他们更应该是在有限理性情况下,以机会主义的方式行事。有限理性假定排除了签订完全契约的可能性,只有不完全契约才是有可能的。企业和地方政府在签约时,由于契约的不完全性在事先签订契约时就会存在漏洞,当契约不能将所有或然时间包括,并且没有一个能充分识别所有信息的第三方存在时,就必须在事后签订新的契约。此时,企业和地方政府之间存在利益的冲突,因此就必须思考适当的激励措施。

4. 协调问题:研究的总结

企业和地方政府是在一个演化的背景下不断进行自身决策的,因此程序理性也应步入我们研究的视野。在程序理性下,企业依然具有自己的效用目标,但是他们的行为具有惯例和经验规则的特征。在频繁的重复和应用下,企业和地方政府的惯例有可能变化和缓慢地发展。

此时企业要获得自身的成长就必须具备协调环境、适应地方政府的适配机制和能力,在策略上优化自身战略,最终获得竞争优势。此时我们关注的重点在于什么决定了企业和地方政府之间的协调问题,企业和地方政府这两个独立的参与者之间实现活动的最佳匹配所需要的最小信息量是多少以及各种实现协调策略的有效性是怎样的。

---

① 安德烈·施莱弗、罗伯特·维什尼:《掠夺之手——政府病及其治疗》,赵红英译,中信出版社 2004 年版,第 3 页。

四、以往研究的相关理论综述

面对企业和地方政府的战略决策选择问题,国内外的众多学者在经历了较长的研究后,已经奠定了较为坚实的理论基础,同时也积累了丰富的实践经验。在众多的研究成果中主要可以归结为三个不同的研究视角,即立足于微观层面的企业战略管理研究视角、立足于中观层面的地方政府行为研究视角以及立足于宏观层面的要素流动与配置的市场行为视角。这三个不同层次的研究视角实际上面对的是影响企业区位战略决策的三类主体:企业本身、政府和投资者(要素所有者)。

(一) 立足于战略管理视角的研究现状

企业战略理论研究时间并不长,自 20 世纪 60 年代到现在仅有半个世纪。从时间跨度来看,主要经历了以下几个发展阶段。

1. 20 世纪 60、70 年代的战略管理理论

20 世纪 60 年代初美国著名管理学家钱德勒(Chandle,1962)的《战略与结构:工业企业史的考证》一书的出版,首开企业战略问题研究之先河。钱德勒在这本著作中,分析了环境、战略和组织之间的相互关系,提出了"结构追随战略"的论点。他认为,企业经营战略应当适应环境——满足市场需求,而组织结构又必须适应企业战略,随着战略的变化而变化。因此,他被公认为环境—战略—组织理论的第一位企业战略专家。在此基础上,关于战略构造问题的研究,形成了两个相近的学派:"设计学派"和"计划学派"。"设计学派"以哈佛商学院的安德鲁斯(Kenneth R. Andrews,1965)教授为代表,该学派认为在制订战略的过程中要分析企业的优势与劣势、环境所带来的机会与造成的威胁,战略构造模式应是简单而又非正式的,关键在于指导原则,优良的战略应该具有创造性和灵活性。由此建立了著名的SWOT(Strength,Weakness,Opportunity and Threat)模型,该模型强调了组织内外部关系对制订战略的重要性。以安索夫(Ansoff,1965)为杰出代表的"计划学派"主张,战略构造应是一个有控制、有意识的正式计划过程,并将战略定义为"一个组织打算如何去实现其目标和

使命,包括各种方案的拟定和评价,以及最终将要实施的方案"。"战略"一词随后成为管理学中的一个重要术语,在理论和实践中得到了广泛的运用。

这一时期学者的核心思想体现在三个方面。(1)企业战略的出发点是适应环境。环境是企业无法控制的,只有适应环境变化,企业才能生存和发展。(2)企业的战略目标是为了提高市场占有率。企业战略要适应环境变化,旨在满足市场需求,获得足够的市场占有率,这样才有利于企业生存与发展。(3)企业战略的实施要求组织结构变化及与之相适应。经典的企业战略实质是一个组织对其环境的适应过程以及由此带来的组织内部结构变化的过程。因而,在战略实施上,势必要求企业组织结构要与企业战略相适应。

2. 20世纪80年代的战略管理理论

以哈佛大学商学院的迈克尔·波特(Michael E. Porter,1980)为代表的竞争战略理论取得了战略管理理论的主流地位。波特认为,企业战略的核心是获取竞争优势,而影响竞争优势的因素有两个:一是企业所处产业的盈利能力,即产业的吸引力;二是企业在产业中的相对竞争地位。

因此,竞争战略的选择应基于以下两点考虑。(1)选择有吸引力的、高潜在利润的产业。不同产业所具有的吸引力以及带来的持续盈利机会是不同的,企业选择一个朝阳产业,要比选择夕阳产业更有利于提高自己的获利能力。(2)在已选择的产业中确定自己的优势竞争地位。在一个产业中,不管它的吸引力以及提供的盈利机会如何,处于竞争优势地位的企业要比劣势企业具有较大的盈利可能性。而要正确选择有吸引力的产业以及给自己的竞争优势定位,必须对将要进入的一个或几个产业结构状况和竞争环境进行分析。

概括起来,波特的竞争战略理论的基本逻辑是:(1)产业结构是决定企业盈利能力的关键因素;(2)企业可以通过选择和执行一种基本战略影响产业中的五种作用力量(即产业结构),以改善和加强企业的相对竞争地位,获取市场竞争优势(低成本或差异化);(3)价值链活动是竞争优势的来源,企业可以通过价值链活动和价值链关系（包括一条价值链内的活动之间及两条或多条价值链之间的关系）的调整来实施其基本战略。

迈克尔·波特所提出的行业竞争结构分析理论在过去 20 年里受到企业战略管理学界的普遍认同，并且成为进行外部环境分析与激发战略选择最为重要和广泛使用的模型。

3. 20 世纪 90 年代早期的战略管理理论

近些年来，信息技术迅猛发展，导致竞争环境日趋复杂，企业不得不把眼光从外部市场环境转向内部环境，注重对自身独特的资源和知识（技术）的积累，以形成企业独特的竞争力（核心竞争力）。普拉哈拉德和哈默（Prahalad C K 和 Hamel C，1990）在《哈佛商业评论》上发表了《企业核心能力》。从此，关于核心能力的研究热潮开始兴起，并且形成了战略理论中的"核心能力学派"。

该理论的理论假设是：假定企业具有不同的资源（包括知识、技术等），形成了独特的能力，资源不能在企业间自由流动，对于某企业独有的资源，其他企业无法得到或复制，企业利用这些资源的独特方式是企业形成竞争优势的基础。

该理论强调的是企业内部条件对于保持竞争优势以及获取超额利润的决定性作用。这表现在战略管理实践上，要求企业从自身资源和能力出发，在自己拥有一定优势的产业及其相关产业进行经营活动，从而避免受产业吸引力诱导而盲目进入不相关产业进行多元化经营。

但是，核心能力理论在弥补了注重企业外部分析的波特结构理论的缺陷之同时，本身也存在其固有的缺陷。由于过分关注企业的内部，致使企业内外部分析失衡。为了解决这一问题，David J. Collins 和 Cynthia A. Motgomery（1995）在《哈佛商业评论》上发表了《资源竞争：90 年代的战略》一文。该论文对企业的资源和能力的认识更深了一层，提出了企业的资源观（Resources on based view of the firm）。他们认为，价值的评估不能局限于企业内部，而且要将企业置身于其所在的产业环境，通过与其竞争对手的资源比较，从而发现企业拥有的有价值的资源。所谓的企业资源是指公司在向社会提供产品或服务的过程中能够实现公司战略目标的各种要素组合。公司可以看做是各种资源的不同组合,由于每个企业的资源组合不同,因此不存在完全一模一样的公司。只有公司拥有了预期业务和战略最相匹配的资源,该资源才最具价值。公司的竞争优势取决于其拥有的有价值的资源。

4. 20 世纪 90 年代后期战略管理理论的新发展

20 世纪 90 年代以前的企业战略管理理论,大多建立在对抗竞争的基础上,都比较侧重于讨论竞争和竞争优势。时至 90 年代,战略联盟理论的出现,使人们将关注的焦点转向了企业间各种形式的联合。这一理论强调竞争合作,认为竞争优势是构建在自身优势与他人竞争优势结合的基础上的。但是,联盟本身固有的缺陷,以及基于竞争基础上的合作,使得这种理论还存在许多有待完善之处,企业还在寻求一种更能体现众多优越之处的合理安排形式。进入 90 年代中期,随着产业环境的日益动态化,技术创新的加快,竞争的全球化和顾客需求的日益多样化,企业逐渐认识到,如果想要发展,无论是增强自己的能力,还是拓展新的市场,都得与其他公司共同创造消费者感兴趣的新价值。企业必须培养以发展为导向的协作性经济群体。在此背景下,通过创新和创造来超越竞争开始成为企业战略管理研究的一个新焦点。

美国学者穆尔(James F. Moore,1996)出版的《竞争的衰亡》标志着战略理论的指导思想发生了重大突破。作者以生物学中的生态系统这一独特的视角来描述当今市场中的企业活动,但又不同于将生物学的原理运用于商业研究的狭隘观念。后者认为,在市场经济中,达尔文的自然选择似乎仅仅表现为最合适的公司或产品才能生存,经济运行的过程就是驱逐弱者。而穆尔提出了"商业生态系统"这一全新的概念,打破了传统的以行业划分为前提的战略理论的限制,力求"共同进化"。穆尔站在企业生态系统均衡演化的层面上,把商业活动分为开拓、扩展、领导和更新四个阶段。商业生态系统在作者理论中的组成部分是非常丰富的,他建议高层经理人员经常从顾客、市场、产品、过程、组织、风险承担者、政府与社会等七个方面来考虑商业生态系统和自身所处的位置;系统内的公司通过竞争可以将毫不相关的贡献者联系起来，创造一种崭新的商业模式。在这种全新的模式下，作者认为制订战略应着眼于创造新的微观经济和财富，即以发展新的循环来代替狭隘的以行业为基础的战略设计。

5. 述评：两种导向之争

战略管理领域的基本问题就是企业如何获得与保持竞争优势。众多的理论学派都对此问题进行了深入研究，逐渐形成两种战略导向：定位导向和资源导向。定位导向认为竞争优势的来源主要存在于企业所处的行业之中；战略分析应该以行业结构分析为主，采取由外而内的分析过程；战略的关键任务是定位，即在行业中选择有利的竞争位置。定位导向的思路、方法主要来自战略大师迈克尔·波特的研究。资源导向则恰恰相反。它强调竞争优势主要来自企业所拥有的独特而有价值的资源；相应地，战略分析应该更加关注企业内部资源的分析，并采用由内而外的分析过程；战略的核心内容是培养和利用资源。

面对上述截然不同的两种战略导向，学者与企业管理者们最关心的问题莫过于"应该如何选择"了。为此，众多战略管理学者进行了大量实证研究。1985 年，Schm Alensee(1985)在《美国经济评论》上发表了《市场差别很大吗？》的文章，通过大样本的二手数据验证了行业差异对绩效有重要影响(研究者都使用企业绩效来表示竞争优势)，该结论正契合了定位理论的主要观点——行业影响企业行动进而影响企业绩效的理论，从而有力地推进了定位导向的应用。Cool 和 Schendel(1988) 则在其研究中发现在美国制药行业中，同一战略群组内的企业间存在系统的、显著的绩效差异，这说明，即使面临相同的行业环境，企业的绩效也会不同。该研究间接证明企业绩效的主要影响因素并非行业结构要素而是企业资源，从而表明资源导向比定位导向更可取。Rumelt(1991)针对 Schm Alensee 的研究，在《战略管理学报》上发表了《行业到底有多大影响？》的文章，实证研究表明行业内企业间的差异对企业绩效的影响确实比行业间的差异对绩效的影响更大。该研究直接表明资源导向是企业的最佳选择。随后，Roquebert 等(1996) 使用了不同的数据来源，验证了 Rumelt 的结论。但是 Mc Gahan 和波特

（1997）通过详细分析 Schm Alensee 和 Rumelt 所使用的研究方法和数据，指出 Rumelt 研究的不足，在此基础上采用更精确的方法和更大的样本进行研究，结果发现：行业是影响企业经济绩效的最主要因素。上述代表性研究得到的结论完全相反，这也引起更多研究者的兴趣。类似的研究还有 Jacobson（1988）、Wernerfelt 和 Montgomery（1988）、Hansen 和 Wernerfelt（1989）、Amit 和 Schoemaker（1993）、Powell（1996）、Spanos 和 Lioukas（2001）、Makhija（2003）等。

我国的学者在沿革国外学者的研究脉络上，提出了一些改进性的创新观点，如立足于复杂科学和不稳定理论的新战略理论（倪峻，1999），权变的导向观点（权小妍、董大海、刘瑞明，2005）等，但都没有产生更为革命性的理论创新。

需要特别指出的是，国内的一些研究工业区位的学者，如李小建（1991、1999、2002）、费洪平（1993）、苗长虹（1999）等，从传统的工业区位论入手，注重区域环境对企业发展的影响。在区域环境对企业发展影响的研究中，学者们集中探讨了区域资源状况、市场条件、产业环境、文化制度等因素对企业投资区位选择、空间组织等企业活动的影响，并首先站在企业的立场上研究企业如何利用区域环境形成竞争优势，将企业战略与区域环境结合起来，研究企业如何通过制订合适的发展战略整合区域优势因素，形成战略优势。这是一个刚兴起的研究方向。

因此国内外对于战略管理的研究，始终坚持产业定位和资源要素对于企业竞争优势的确立，而相对忽视了区位要素对于企业发展的重要影响，特别是缺乏树立企业是在特定的区域治理结构下发展的观点，仅仅将区位作为影响企业成本的环境变量来考虑，而没有深入思考地方政府行为和区域市场（产业）结构对于企业发展带来的决定性力量，这些都是现有的战略管理分析框架和分析结论中所不能解决的，而恰恰又是在区域经济一体化和国际化发展过程中，企业战略所必须考虑的核心问题，因此经典的战略管理范式就暴露出了其局限性。

（二）立足于地方政府行为视角的研究现状

面对区域一体化进程中的地方政府行为问题，特别是地方政府对于企业区位影响问题，国外的众多学者在经历了较长的研究后，已经奠定了较为坚实的理论基础，同时也积累了丰富的实践经验。在众多的研究成果中主要可以归结为两个不同的研究视角。

1．立足于行政管理视角，以地方政府为研究主体，采用新古典理论的分析框架，将问题聚焦于地方政府竞争，注重政治过程和经济过程的统一

近年来，无论是在欧美国家还是在中国，有关政府竞争的论述都日益增多。公共物品的提供就是政府竞争的核心内容之一。因此，能够纳入现代政府竞争分析框架的新古典理论中有助于说明政府竞争的内容，主要也是关于公共物品提供方面的。

有关政府竞争可追溯到亚当·斯密（1776），他分析了政府税收对可移动要素和不可移动要素的影响，以及对君主和社会收入的影响。这一研究为以后研究政府竞争的作用机制和效应提供了有益的启示。维克塞尔和林达尔的模型试图找出民主国家选定公共产品产出的合理水平和决定人们之间税负合理分布所需的原则和决策章程。布雷顿在其1996年出版的《竞争性政府》一书中，其分析就采用了基于这一模型的"维克塞尔-林达尔效率"（Wicksell-Lindahl eficiency）。萨缪尔森（1982）在维克塞尔-林达尔模型的基础上进一步建立了公共品供给模型，确立了公共品最佳供给条件。维克塞尔-林达尔模型主要是模仿私人物品在市场调节下完成供求均衡的路径，来确定公共物品均衡的位置（即有效供应的水平）及其实现条件，这一模型是在一个区域内部来考虑公共物品的供给问题的。而阿波尔特（1999）则在考虑有其他辖区存在且两个辖区之间存在竞争的状况下，在公共物品的提供上会形成什么样的影响，提出了辖区政府间竞争分析模型。西伯特（1990）的模型所关注的是两国间最优政府活动模型，它所要回答的问题是制度竞争是否会导致零管制。

新古典理论总是以制度作为给定的条件而抽象掉了制度，从而形成一种"制度真空"（institutional nirvana）。也就是说，新古典分析法是一种制度真空分析法（nirvana approach）。因此就引发了另一个注重制度和过程的进化论分析框架。

2．立足于制度分析视角，以地方政府的制度（政策）为研究主体，采用进化论的分析框架，将地方政府竞争归结为政府制度的竞争

在熊彼特（1934）、威廉姆森（1970、1975、1979、1981）、艾尔奇安（1950）、法雷尔（1970）、哈耶克（1988）等学者的努力下形成了进化论分析框架，这一框架在分析的前提和假设上突破了新古典的瓶颈，引入了制度要素，肯定了有限理性和信息不对称。进化论认为，经济发展过程是一个马尔科夫过程，即某一时期一个行业的状况决定它在下一时期状况的概率分布，即存在路径依赖现象。在政府间竞争中，也存在着路径依赖性，即某一时期政府体系的竞争格局和竞争力状况决定了一个政府的竞争力在下一时期的状况。除了路径依赖，政府竞争还体现在制度选择方面。对于两个地方政府来说，制度竞争之所以重要，是因为遵循最有利（或更有利）的制度的地方政府，在竞争中会比那些行为方式不利的地方政府占有优势。伯恩斯（2000）解释了这一原因，他认为，选择过程的进行分两种途径：其一是通过造成使某种行动无法发生的环境，或者使得这种行动的发生代价高昂，这是一种强制途径；其二是通过资源配置进行，有选择地分配资源是个体或群体行动的重要功能。由此可见，政府竞争的本质在于制度的依赖和选择，而且政府间竞争规则是不断进化的，是伴随竞争博弈规则的进化而进行的。

3．国外的官方以及半官方机构同样关注政府的角色定位问题

世界银行发布的《1997年世界发展报告：变革世界中的政府》，就从政府角度提出了具有建设性的命题，如政府能力的界定在于它能否有效地从事和推动公共事务；通过增强公共机构来提升政府的能力；要致力于增强政府的竞争力，全球化对于治理柔弱的政府是一个威胁；建立合作机制有利于控制地区危机，保证全球经济稳定，保护环境，培育基本点知识研究和生产，促进更有效的国际援助等。

4．国内研究现状

我国对于地方政府行为的研究继承了现代政府竞争理论的分析框架，更多的是综合了新古典和进化论的观点和方法，立足于转型期政府对于区域经济发展的战略布局，从多个角度对这一问题展开分析。

在肯定地方政府行为合理性和必要性的前提下（郝云宏、王淑贤，1999），何梦笔（2001）继承和发展了布雷顿（1996）和阿波尔特（1999）等人的政府竞争理论，并对政府竞争理论进行了系统的阐述，用来分析中国这样一个转型大国的政府竞争。这一理论分析范式包括纵向和横向的竞争；这意味着任何一个政府机构都与上级机构在资源和控制权的分配上处于互相竞争的状况，同时，这个政府机构又与类似机构在横向的层面上展开竞争。分析政府间竞争的框架条件包括初始结构条件、政治体制、政治文化和对外经济关系等。何梦笔（2001）、李扬和冯兴元（2001）等应用政府间竞争理论分析了中国地方政府竞争与公共产品融资问题。柯武刚和史漫飞（2000）是从国与国之间以及一国内部的各政区之间两个层次来分析制度竞争的，他们探讨了制度竞争过程中政治过程与经济过程的互动关系。冯兴元（2001）对布雷顿、阿波尔特、何梦笔、柯武刚和史漫飞等的政府竞争理论进行了系统的综述，并试图建立起中国辖区政府间竞争理论分析框架。

另有一些学者从另外的角度来探讨政府竞争问题。杨瑞龙（2000）深入研究了中国地方政府制度供给进入权竞争问题，提出了著名的中间扩散理论。李军鹏（2001）对政区竞争理论进行了归纳，探讨了政区竞争理论的内容、机制和作用以及规范竞争的原则。面对当前政府行为存在的弊端，李军杰（2005）指出转型期地方政府所面临的相对"软化"的制度约束环境导致其产生激励变异；缺乏微观主体有效监督和约束的上下级政府间直接的委托—代理关系导致其产生代理变异；"准联邦式"政府间竞争强化和放大了地方政府上述行为的变异程度。刘君德和舒庆（2000）研究的则是由于行政区划这一"看不见的墙"对区域经济的刚性约束而产生的一种奇特的区域经济现象——"行政区经济"。针对这一现象，王健、鲍静、刘小康、王佃利（2004）提出"复合行政"是解决当代中国区域经济一体化与行政区划冲突的新思路。

区域经济一体化把空间这一维度引入到经济发展理论当中，研究资源在空间的不同配置对区域经济发展的不同影响和效应。姚先国、谢晓波（2004）指出，尽管区域经济发展理论也强调政府的作用，但是从主体上来说,区域经济发展理论并未对同一国家内不同区域政府间的竞争问题予以足够重视。正因为如此,政府竞争理论中对地方政府竞争的分析,可以作为区域经济一体化分析的重要补充。魏后凯(2003)研究了中国加入 WTO 后外商在华投资的区位特征及其变化趋势,在此基础上讨论了地区不均衡引发的地方政府行为特别是地方政策的差异,正是从政府和空间这两个维度的结合上,使市场竞争与政府竞争在区域经济一体化当中紧密联系起来,这两种竞争的结合及规范有序无疑将推动区域经济一体化的进程。

就政府视角而言,我国地方政府行为和政策也是伴随我国的区域政策演变经历了三个大的发展阶段,不同时期以及同一时期的不同区域都呈现出不同的特征,如表 1-4 所示。

表 1-4　不同时期区域政策导向及地方政府行为特征

发展阶段	时期	区域政策导向	地方政府行为特征
第一阶段	新中国成立后—改革开放前	以注重区域均衡发展为主:"一五"、"二五"计划均提出了努力平衡沿海与内地关系,重点加快重工业发展的主张;"三五"、"四五"计划则更加明确地提出了"大三线"建设。	中央政府直接支配地方政府与企业的行为。地方政府不能统筹安排自己的资源开发与经济发展活动,地方经济计划多是中央计划的延伸,地方作为独立利益主体的特性被抑制,自身增长能力和自我组织能力比较缺乏。
第二阶段	改革开放—20世纪90年代	以追求区域总体效率为中心的"非均衡发展"导向:"六五"计划明确提出支援沿海地区经济的发展。"七五"计划首次提出了我国经济区域按东、中、西三大地带划分的模式,并继续突出沿海地区的快速发展。	改革开放后,在东部地区加工业逐步实行市场价格的情况下,国家对中西部地区的原材料仍实行计划价格和计划调拨,导致地方政府行为差异显著。东部地区实行了特殊优惠的财税政策,东部地方财政和企业的财力自主权增大,收益显著增强,市场导向型地方产业得以发展,自我发展能力迅速提高,并逐步获得了市场化所需要的原始积累,培育了激励机制。相反,受政策约束,中西部地区资源产业无法成为带动地方经济发展的优势产业。

续　表

发展阶段	时期	区域政策导向	地方政府行为特征
第三阶段	20世纪90年代至今	以兼顾效率与公平为特征的区域"协调发展"为基本导向："九五"计划和2010年远景目标纲要中，把"坚持区域经济协调发展，逐步缩小地区发展差距"作为今后15年必须认真贯彻的重要方针之一。	1994年以来的财政分权化恰好强化了地方政府的主体利益，使得地方政府为达成增加财政收入、就业机会等社会目标而产生了扩张的冲动。 　　一方面，这种地区间的差异促进地方政府改善服务的效率，切切实实地为地方经济发展、人民生活水平的改善做出积极的努力。 　　另一方面，在地区间竞争的压力下，有些地方政府会纵容当地部分企业不顾成本与资源约束，快速扩张，此举带来的资金链、产业链、生态链的隐患不可小视。

5.国内外研究现状评述

国内外对于地方政府行为的相关研究已经取得了较大的成绩和进步，其中一个十分清晰的发展趋势就是，在研究地方政府行为的时候都引入空间变量，在一个区域发展的背景下进行探讨，这使得从区域治理角度研究地方政府行为有可能成为一个新兴的研究方向。

但是，在现有的研究成果中，仍然存在一些不足和欠缺，主要是没有建立起一个涵盖区域内部资源配置主体，即体现企业、市场和政府博弈关系的区域治理结构分析框架，进而难以形成一个旨在提高区域竞争力和可持续发展水平的区域政府行为及其政策机理的研究体系。具体表现为：(1)在地方政府行为研究的出发点上，以往的研究往往服从于区域间协调发展的宏观经济导向，相对忽视在区域内部地方政府行为与企业和市场之间存在的必然联系，忽视企业、市场和政府在配置区域资源、提升区域竞争力和可持续发展能力过程中的运行机理，实际上否认了区域治理结构的存在；(2)在研究地方政府行为的竞争机理时，无论是新古典还是进化论观点，都没有立足于区域内部资源配置主体——政府、企业和市场之间的博弈关系，而是单纯从行政主体政府出发，将企业和市场作为外生变量或产出结果，将地方政府行为引入政治体系,将当前存在的弊端都归结为体制问题,在分析和解决问题上存在偏差;(3)在对地方政策的分析研究上,以往的研究往往将其作为地方政府行为行政产出品或中央政策的体现,因而不存在政策的边界和底线,这就相对忽视了区域内部治理结构中企业和市场对政府行为的约束,造成政策的低效率甚至负效率;(4)在研究区域之间的协同关系时,现有的研究往往集中于政府层面的沟通、协商,缺乏一个涵盖企业、市场和政府的多角度、多层面的交流界面研究;(5)在地方政府行为研究的规范和应用方面,以往的研究偏好于自身体系内的逻辑关系分析和系统封闭,相对忽略对于地方政府行为的优化机理研究,缺乏基于系统分析思想的开放式分析框架,使得研究结果及对策难以被检验和广泛认可,实际上限制了现有的地方政府行为研究的规范性、适用性。

(三) 立足于要素流动与配置的市场行为视角

除去企业战略管理的分析框架和地方政府对于招商引资的理论分析,现有学术界对于企业选择投资和发展区域的另一个研究侧重就是对于 FDI 的研究,就学术背景和发展渊源而言,这一理论是立足于国际经济学和国际投资学发展起来的,因此其研究的思路和脉络是立足于要素流动与配置的市场行为分析的。FDI 区位研究虽没有形成一般性理论,但学者们从不同的角度出发进行了大量研究,形成区位理论、国际贸易理论、产业组织理论、折中理论等学派。对于受资方,吸引 FDI 是发展经济的重要手段,希望吸引更多的 FDI;对于投资方,对外直接投资是企业或一国参与国际分工的主要形式,投资何处影响企业的国际生产布局和收益。实质上,两者的行为都指向同一问题,即区位选择。目前对 FDI 的区位已有大量的理论和实证研究,但还没有形成统一的或一般性的 FDI 区位理论。

1. 区位论学派

区位论流派的学者利用工业区位论、市场区位论、城市区位论、区位空间结构论、增长极理论、土地利用区位论等从不同侧面阐述的区位选择原则:靠近原材料地、市场、劳动力丰富地区和产业集聚区域等研究成果来解释 FDI 区位的形成。区位论学派对 FDI 区位的研究主要有两个方向。一是 FDI 倾向成本最小的区位分析：FDI 倾向于各种生产要素组合成本最小、交易成本低、信息成本低的区位、以出口替代为目的的 FDI 区位选择（也是为降低成本）。另一个是 FDI 区位选择的影响因素分析：Dunning 在折中理论中提出区位优势决定FDI 区位流向，对区位优势因素进行了总结，Howells 在对英联邦国家进行调查的基础上继续拓展了区位优势的内涵，认为区位优势应是对一国总体吸引力的评价，许多学者研究了对 FDI 流入有负面影响的区位因素，把影响 FDI 的区位优势研究上升到更一般性的影响FDI 区位因素研究，并进行了系统的归纳总结。

2．国际贸易论学派

Koiima 的理论吸收了亚当·斯密的绝对成本理论和李嘉图的比较优势成本理论。Koiima 提出了顺贸易型直接投资理论，强调区位要素禀赋对 FDI 区位的影响，较为有效地解释了发达国家对发展中国家直接投资的区位形成；后来发表的一系列论著发展了顺贸易型的边际产业扩张理论。Helpman、Markusen 和 Krugman 等经济学家从国际贸易角度出发试图建立跨国公司的一般均衡模型，进一步发展了国际贸易学派的 FDI 区位理论，他们认为 FDI 一般会在技术偏好和资源禀赋相似的国家之间流动，从具有垄断优势企业所在国流向贸易壁垒（关税）和运输成本很高但直接投资壁垒较低的国家。

3．产业组织论学派

这一学派的学者主要从产业组织理论的角度解释 FDI 区位的形成。这一学派的理论是在不完全竞争理论、垄断竞争理论、产业组织理论及交易费用理论基础上直接形成的。Hymer-Kindieberger 理论指出，FDI 流向有差异的、投资环境不同的市场，流向拥有发达银行系统和资本市场的国家，流向具有寡占型市场结构的国家。Johnson（1970）在《在国际公司的效率与福利》中认为，FDI 从知识资本和企业管理技术优势国家流向没有这种优势的国家。Caves 的产品差异论，Hymer 的跨国公司绩效论，Knickerbocke（1973）的寡占论，Vernon 在产品生命周期理论中探讨的创新导向寡头、成熟期寡头、衰老期寡头，Parry 系统探讨的跨国制造业企业的国际生产区位论，Buckley 和 Casson 创立的内部优势理论,都进一步发展了产业组织理论中的投资区位理论。但该学派的区位含义仅是这些理论的推论或副产品。

4．折中理论学派

Dunning 将 Hymer 的垄断优势论、Buckley 和 Casson 的内部优势论、Ohlin 的区位优势理论综合成著名的折中理论。Dunning 认为,跨国公司的 FDI 活动必须同时具有所有权优势、内部优势和区位优势,三者缺一不可,这就是所谓的 OLI 模式。该理论仅能有效地解释发达国家之间的投资,而且是静态分析。针对这一缺陷,Dunning 和 Narula 将其动态化,进一步发展该理论,提出了发展水平理论,认为各国对 FDI 吸引力的大小主要取决于人均 GDP,一个国家人均 GDP 越高,那么该国吸引 FDI 就越多,反之亦然;人均 GDP 不断提高,人均 FDI 也不断增加,处于第一阶段的落后国家和第二阶段的欠发达国家因全球化而形势更加严峻,同时投资者不同的投资动机与产业结构调整的进程相联系。

5．述评

对 FDI 区位的研究,虽有不少实证研究,但远远不能满足实践的要求,距成熟的理论体系尚存在相当长的距离。从 FDI 区位研究发展现状看,对 FDI 空间区位理论研究有许多方面值得探讨:一是各种影响因素对 FDI 区位选择所起作用原理系统分析;二是对影响 FDI 区位的因素深入分析,如信息不对称性对 FDI 区位的影响,虽有学者从集聚经济、交易费用、文化因素等角度涉及信息不对称对 FDI 的影响,但不明确,而且对投资方和引资方面临信息不对称性时的逆向选择、激励、道德风险对 FDI 区位选择的影响没有分析;三是投资方和引资方对 FDI 区位选择中的博弈分析。

但是我们应该看到,上述三个研究方向都需要一个微观基础,也就是从企业的角度出发进行实证和深入的分析。FDI 研究的最终方向是以企业为切入点的分析框架。

五、研究的内容安排

本研究的基本内容和章节安排,如图 1－3 所示。

第 一 章	定位与解读：中国企业战略决策问题的提出及界定 通过对中国管理情境的解读，确立研究的具体问题，基于博弈论的框架，定义研究的具体要素，从一个较为规范的角度浓缩出具体的问题。概括而言就是中国企业的问题是基于企业和地方政府之间的博弈问题。

第 二 章

基于资源依赖观的企业实体论

中国转型阶段论

提出转型期企业相应地方政府行为的策略假设集合

第 三 章

实证检验：过去30年国有企业和民营企业响应地方政府行为的策略集合

理论重构：用实证检验结果与前期理论假设结合，修正理论体系，形成基于政府规制放松的企业策略性行为集合

第 四 章

博弈与适配：立足当前和未来，探索企业和地方政府作为非完全利益群体合作条件下，企业响应地方政府的合作策略

第 五 章

研究结论及研究展望

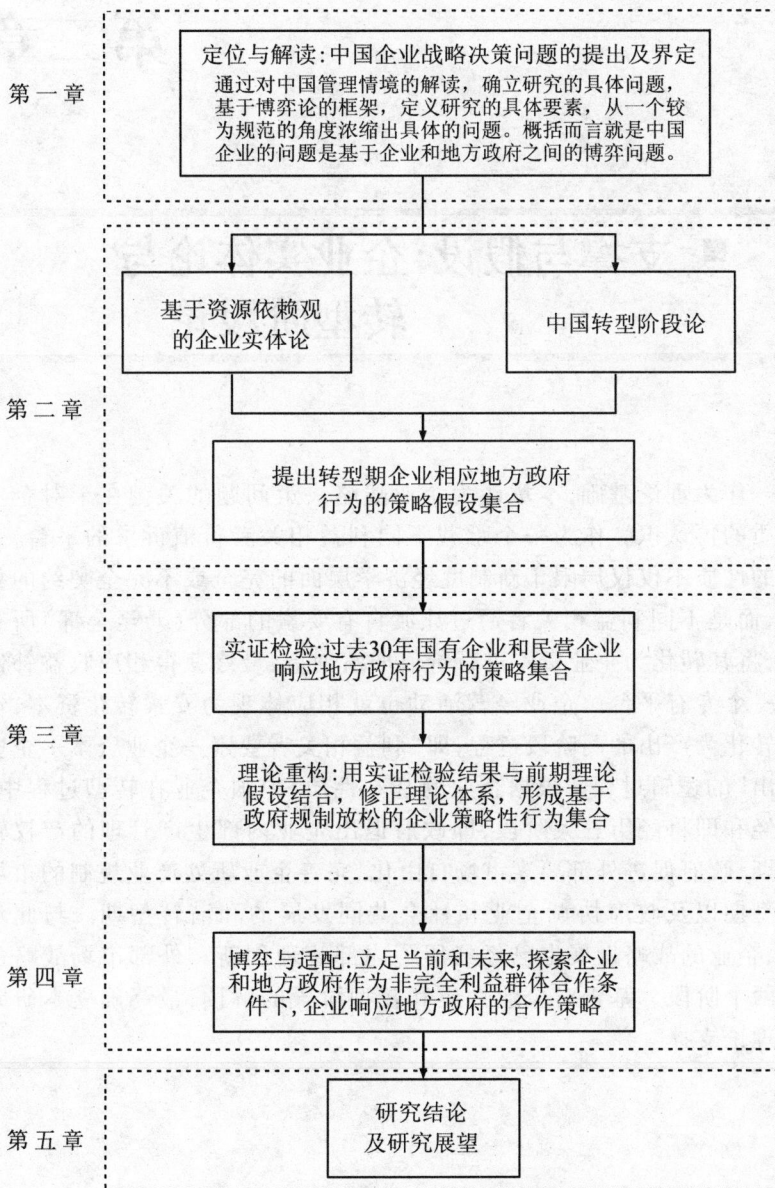

图 1 - 3　本研究的基本内容和章节安排

第二章

■ 支撑与假设：企业实体论与转型阶段论

作为理论基础,本章认为企业战略决策问题的关键在于对企业本质的再认识。作为一个承载不同利益相关者价值诉求的平台,企业的性质不仅仅局限于新制度经济学层面的完全或不完全契约的集合,而是不同利益相关者通过让渡自有要素的部分(乃至全部)所有权,将其转化为企业资本进行价值增殖创造,最终获得相应收益补偿的一个专有平台。企业经营活动也就相应体现为要素转化资本,资本转化为产出的两阶段过程,即"利益相关者要素—企业资本—企业产出"的逻辑过程。根据企业的基本性质,中国企业在转型过程中,已经和即将经历三大阶段,即政府退出企业内部生产管理的产权转型期、政府促进外部要素市场自由化、完善企业所处产业规制的市场转型期以及政府协调企业和社会共同发展的和谐转型期。与此对应,企业的战略发展也已经经历了内部管理创新和外部市场战略创新两个阶段。基于对企业性质和转型阶段的解读,最终确立本研究的理论支撑。

第一节 资源约束下的实体企业论

一、企业本质及经营目标回溯

长期以来,连同家庭一起,企业是解释经济现象的重要组织。以简单价格理论为例,企业是作为一种描绘内生经济变量如何变化,从而引起外生变量变化的传导机制的一部分存在的。然而,作为解释经济现象的最基本单位,企业和家庭本身并没有经过仔细的思考。在一段相当长的时期里,经济学研究企业,仅仅因为它是现实存在的,这一状况延续至 20 世纪 70 年代。这仅仅是相对而言的,理论的空白使经济学家感到迫切需要企业理论来解决相应问题:企业作为一种制度安排为什么存在? 企业与市场如何划分以及现代经济组织中最主要的部分——企业内部组织是如何安排的?(Milgrom 和 Roberts,1988;Hart,1989;HolmstrÖm 和 Tirole,1989)

尽管奈特(1921)和科斯(1937)等理论先驱进行了早期的研究,但直至 20 世纪 70 年代中期,这一领域的研究成果才不断涌现,并进一步推动了诸如市场失灵经济学、产权经济学、信息经济学等理论的发展。实事求是地讲,现代企业理论已经成为现代经济学中内容最丰富、领域扩展最为迅捷的学科分支之一。

(一) 新古典经济学对于企业性质的认识

在科斯以前的企业理论中,萨缪尔森等新古典经济学家认为,经济体系就是一个由参数和变量构成的联合方程组表示的一般化的均衡体系,其中参数代表经济环境,是外生的;变量是由体系本身决定的,需要解出的结果;方程代表均衡条件。这种视角中的企业就成了将若干种投入转化为产出的生产性单位,其关系可以用生产函数表示:

$$Y = F(X_1, X_2 \cdots X_i \cdots X_n), i = 1, 2, \cdots n \qquad (2-1)$$

式中 Y 代表产出,X_i 代表第 i 种要素。企业所能做的一切工作就是从这个公式所表达的均衡体系中得出最优均衡解或均衡条件。如果要涉及不同企业的行为绩效比较，那么新古典范式可把其中一个看做是初始均衡，而另一个看做是参数变动引致的新的均衡，通过比较两种均衡结果即可知道孰优孰劣了。

新古典对于企业的理解从积极意义上讲强调了技术的作用，强调了规模收益对于确定企业规模的重要作用。另外，在完全竞争的假设下，该理论对于分析企业最优生产选择如何随着投入和产出价格变动而变动方面、在理解一个产业的整体行为方面、在研究企业之间的策略相互作用的结果方面，都是十分有用的。如我们在进行博弈分析时，往往都是按照新古典的企业假设进行推导的。

与此同时，新古典理论存在三个严重的理论不足。第一，它完全忽略了企业内部的激励问题。企业被看做是一个完全有效的"黑匣子"，在它内部，任何东西都十分顺利地运行着，每个人都做着制订给他的任务，这与现实的企业差别太大了。第二，这个理论丝毫没有涉及企业的内部组织——它们的层级结构如何、如何决策、委托代理关系和权威如何确立等。第三，这个理论没有明确地界定企业的边界。

（二）科斯对企业理论的发展

科斯对新古典企业理论提出了批判，他通过对揭开新古典理论基础之上的面纱，掀起了一场企业理论的"革命"，使人们关注企业内部的利益关系，回溯到亚当·斯密、马歇尔等人一直强调的内容上。与其不同的是，科斯将其引入了一个更为古老和深厚的传统，契约理论的领域。科斯对新古典企业理论的不满在于，如果企业仅仅是一个生产函数，那么企业就没有存在的理由，以为任何个体都可以作为一个生产单位来替代企业的功能。科斯指出企业能够存在必然有某种特别因素，这种因素是市场在协调个体生产时所不能完成的。

正如科斯观察到的那样，在新古典的价格理论框架下，企业没有存在的理由。根据以往的教科书，分散的价格机制是促进经济协调的理想结构。那为什么我们会观察到一些交易行为抛弃了价格机制，而转向成为企业的内部组织呢？科斯详细论述了这一现象的产生原因一定在于存在"使用价格机制的成本"（Coase，1937），由此诞生了交易费用的概念,即除去正常生产成本以外,与生产成本相分离的那部分成本。企业组织可以避免这一成本,因而存在。

在科斯看来,企业实质上就是一个长期雇佣契约,这个契约是不完全的,因为劳动难以测度和计量,这个契约是长期的,意味着劳动的权益需要更有力的保护。这个契约包含了权威,因为劳动协调需要花费成本,"通过契约,生产要素为获得一定的报酬同意在一定限度内服从企业家的指挥"(Coase,1937)。

科斯强调了交易成本是企业产生的原因,如果交易活动通过组织并允许以"权威"方式来组织的费用低于通过市场机制来组织的费用,那么该交易活动就倾向于以"权威"方式来组织,即"内部化"。这里的权威就是指企业内部的行政和管理,因此企业可以被看做是对市场的一种替代;而内部化过程就是企业规模不断扩大的过程,当企业和市场对于组织一项交易所花费的成本相等时,企业的规模就确定了。

尽管科斯并没有进一步揭示交易费用的来源和解决途径,而且对于企业的契约本质也没有详细地拓展,但是科斯打破了新古典经济学立足于各当事人总体上表现出的一种专业化生产功能,将企业表现为生产函数的狭隘观点,确立了侧重于研究企业内部利益分配和效率问题的企业契约分析领域,因而具有跨时代的意义。

(三) 现代契约理论的发展

科斯早期的贡献在 1972 年以前一直没有被纳入主流经济学的框架,科斯本人也遗憾地称他 1937 年的论文是"高引用低采纳"。然而,正当科斯悲哀的同时,企业理论的重量级成果开始出现,特别是威廉姆森(1971)和阿尔钦等(1972)开创性的经典论文从全新的角度诠释了现代组织经济学,这一理论还被认为是在拓展新古典经济学过程中的一次重要尝试(现在称为新制度经济学),它超越了市场制度的边界,并且探究交易机制对于资源配置的基本原理和机制(Arrow,1987;Eggertson,1990)。张五常(Cheung,1983)在此基础上又指出,科斯所说的企业替代市场不是十分确切,应该说是一种契约形式代替了另一种企业形式,即要素市场契约代替了产品市场契约。

至此,科斯的交易费用理论被逐步完善,并且真正将对企业性质的分析建立在一种契约观的基础上,现代企业理论也是在此基础上开始发展起来的。

基于企业契约观的认识,现代企业理论借助于传统的契约经济学模型阿罗－德布鲁模型,并通过引入信息不对称和有限理性等假设条件,形成了多样性的学术分支,而学术分支争论的焦点主要集中在阿罗－德布鲁模型的两个基本假设上,由此构建不同的企业理论。(1)完全契约假设:代理人能够实现预知未来发生的所有或然时间,并能够无成本地全部写进契约中去,因而不存在不完全契约。(2)假设对于"自然状态"("states of nature")的信息对称,因此不存在委托代理的激励问题。

根据以上假设的不同,现有的企业理论可以粗略地分为以下两类。(1)不完全契约模型。它是建立在书写完全契约是存在成本,由此存在事后进行治理的假设基础上的,以威廉姆森、格鲁斯曼－哈特－穆尔、科斯以及西蒙等为代表,默认契约(或隐契约)理论和科层信息交流理论(The Theory of Communication in Hierarchies)也都属于这一类别。(2)委托—代理模型。该理论基于存在信息不对称的约束下,允许代理人设计详细的契约,并以契约履行前的激励调整为特征,以阿尔钦等为代表。

对于这种文献划分的一种解释是,他们关注于不同种类的交易费用,科斯(Coase,1937)当时仅仅加以定义却没有详细解释。较为典型的是,不完全契约理论强调事先制订契约的成本以及事后契约调整的成本,而委托—代理理论则忽略这部分成本,而将重点集中在契约履行的监督成本以及设置激励机制的成本,而这恰恰又是不完全契约理论所忽略的。很明显,这些观点是互相补充的,并且应该能够相互综合。有迹象表明,这种综合已经缓慢开始了。(如 HolmstrÖm 和 Milgrom,1994)

1. 完全契约的委托—代理理论及其发展

回顾历史,委托—代理理论(或简称代理理论)可以追溯到早期关于股东和经营者关系的争论。Berle 和 Means(1932)经过研究发现,美国企业的所有权开始分化为经营权和控制权。经理主义理论构建了一个模型,指出企业行为是在利润条件约束下,追求经营者目标(企业规模、增长率)最大化。(Marris 和 Mueller,1980;Williamson,1964)经营者目标如企业规模或增长率是作为变量对待的,部分原因在于它是与经营者的收益和权利相关联的。所有者和经营者利益冲突的实例就是企业中激励方式或委托代理方式的冲突,这也可以解释企业组织中的重要问题。

在 20 世纪 70 年代,正式的代理理论诞生了(最早的贡献当属 Ross,1973)。就经典意义而言,这一模型解决了明确定义任务下委托人(如所有者)和代理人(如经营者)的关系问题。尽管这一理论不能解决多重代理、科层结构(如某些中层管理者既是委托人又是代理人)和多任务的情况。事实上,这一时期的许多代理问题研究都是从这一基本模型拓展而来的。(Hart 和 Holmström,1987)

委托—代理理论的一个基本假设就是存在委托方和代理方之间的信息不对称,这使委托方不能直接监督代理人的行动,或者代理方知道一些委托方不知道的企业形势。以往的文献(Arrow,1985)对"隐藏行为"和"隐藏信息"加以区别。当然委托人可以通过观察企业的产出(如利润)来推断代理人的行为,但是不确定的产出值不是一个反映代理人行为的完美指标。在这种情况下,最好(追求产出最大化)的契约应该是规定代理人向委托人上缴一个固定的数额,而将剩余部分作为给代理人的报酬。然而厌恶风险的代理人会抵制这种契约。而其他可行的解决方案都必须付出交易成本。在实际中,有的经济学家暗示经营者会自觉履行契约(如保证高效工作),原因在于兼并威胁(Manne,1965;Jensen,1986)、债务压力(Jensen,1986)、竞争的职业经理人市场(Fama,1980)等。

在此基础上,阿尔钦等(1972)、Jensen 和 Meckling(1976)、巴泽尔(1997),特别是 Fama(1980)和张五常(1983)都从经济学的角度指出,在企业和市场之间做出明确界定是一种误导。尽管企业确实是法人实体,并且这一事实有着十分重要的经济学意义(如有限责任、在商品税中抵扣的权利、无限的生存时间等),但是企业说到底还是一种特殊的市场契约形式。相对于其他市场契约形式,企业最根本的区别在于要素所有者之间建立了一种持续的契约关系。

在阿尔钦的表述中,与雇佣关系相联系的权威联系就是定义企业的本质。一个雇主对雇员失去了权威要比顾客对杂货店失去权威更严重。雇主和顾客都依赖"解雇"的方式惩罚"不服从"的行为,也就是不再与同类的人或店打交道。就经济学角度而言,顾客不再光顾某个商店与雇主解雇某个雇员是没有任何区别的。

简言之,企业就是一组由特殊法律形式支持,并且以要素所有者之间建立连续持久联盟为特征的关联契约。我们可以把一组关联契约看成"准企业"。

阿尔钦(1972)强调,不是仅仅通过企业的法律地位就能够概括其全部特点,此外还有队生产能力,凭借这种能力,企业有一个非个体的生产函数。这就暗示着他们论证了边际产品的测度需要花费巨大的成本。他们认为企业是解决团队道德风险的措施。在此基础上,HolmstrÖm(1982)讨论了队领导的激励问题以及解决方法(假设一个附加生产函数,从团队协作中加以抽象)。但无论是阿尔钦的,还是HolmstrÖm的企业理论,都给我们提供了有关企业边界的理论。一个基本的问题是为什么激励问题不能够像企业一样通过契约的方式在市场中解决,他们的理论都不能做出解释。

对于激励问题的研究开始深入,HolmstrÖm和Milgrom(1994)提出企业的本质是一个激励系统的观点,他们解释了所有权同雇佣两者之间的联系,强调了将企业作为一个"系统"认识的重要性,特别是作为一系列联系、互补的契约安排来降低激励摩擦的系统。在他们看来,关注连续整体契约的某个单一方面是一种研究误导:企业的特征就是雇员不拥有企业资产,雇员受一种低效能的激励制度支配,同时还受雇主的权威支配。

需要指出的是,HolmstrÖm-Milgrom模型同样考虑了财产权配置在决定讨价还价能力和激励中的重要性,这恰恰是不完全契约理论的一个研究重点,因此HolmstrÖm和Milgrom(1994)奠定了从完全契约理论向不完全契约理论过渡的理论基础。

2. 不完全契约理论

不完全契约理论可以被看成是脱离完全契约理论假设的一种理论重构。由于不同的原因,契约不能包含所有的或然事件。这就使将权威和财产所有权理论化成为可能。科斯(1937)和 Simon(1951)的观点即企业的本质在于雇佣契约和与之相联系的权威关系,也同样属于不完全契约的理论范畴。原因在于他们强调达成一个完全契约以及由于外界环境变化而对契约进行修改的成本并没有包含在契约中。威廉姆森、格鲁斯曼和哈特的研究同样属于不完全契约理论范畴,尽管他们关注的焦点有所不同:他们关注的是对于财产所有权的讨价还价能够避免契约中未能包括的或然事件的发生。

不完全契约理论的代表人物格鲁斯曼、哈特、穆尔(Grossman-Hart-Moore)指出,企业产生交易成本的原因在于契约的不完全性。哈特认为,交易成本的来源在于:第一,在复杂的无法预测的世界中,人们很难预测未来时间,无法根据未来情况做出计划,往往计划不如变化;第二,即使能够对单个时间做出计划,缔约双方也很难对这些计划达成一致,因为他们很难找到一种共同的背景来理解、描述各种情况和行为;第三,即使缔约双方能对未来的计划达成一致,也很难将其写清楚,比如在出现纠纷时,法院不能明确这些契约条款的意思而无法执行。近十年,在吸收威廉姆森核心原理的基础上,哈特、穆尔和其他学者发展了“不完全契约理论”或称“财产权”企业理论。(Grossman 和 Hart,1986;Hart 和 Moore,1990;Hart,1995)

不完全契约理论的核心假设在于由于交易成本和有限理性存在,契约不可能是完全的,不可能规定对未来所有事件的处置和控制权。这一理论定义的产权是对剩余控制权的占有,即在契约没有规定的或然事件中对财产的控制权。作为结论,对于财产权的分配将影响个体行为和资源的配置。例如,如果代理人不拥有专有性资产和与其相关的资产,那么他们很少会对这些资产投资。让投资专有性资产的人拥有这些资产是非常重要的。雇佣一名员工(在企业中生产产品)意味着这名员工冒着被工厂要挟的风险,因为经理会用“解雇他”来威胁他(如不让他使用公司的财产)。工资雇佣一个独立承包人(在市场中采购)意味着给了他一些要挟公司的权利,因为他可以撤资。企业最理想的规模就在于这两股相反力量的平衡。Grossman – Hart – Moore 理论是最早能够解释企业组织优势和劣势的正式模型,这个理论能够令人信服地界定企业的边界。在他们看来,企业是一个所有制的单元,企业经营目标在于通过有效的产权界定确保企业相关契约的收益最大,这是对科斯理论一个巨大的发展。

尽管前人做了许多贡献,科斯关于通过企业的内部化要比市场更能节约交易费用的观点,始终很难在理论上加以发展。在威廉姆森的观点中,科斯的基本观点终于得以"实施"。特别是威廉姆森完善了在科斯论著中没有明确定义的交易费用的本质和决定因素。通过一系列的理论贡献,威廉姆森在科斯的基石上树立起了一座丰碑。在威廉姆森的理论化体系中,行为主义开始发展,体现在两个方面:首先是西蒙的有限理性的思想,它产生了适应性、连续决策的需要;其次是机会主义倾向,即"自私的投机倾向",它暗示契约制订需要多样的安全保证机制,例如"抵押"(如引入第三方)。威廉姆森将契约制订和安全保证机制统称为"治理机制",分配交易活动的基本观点在于他们的交易方式转换治理结构。此时,企业不仅仅是一个契约的集合,更重要的是作为一种治理结构而存在,企业的经济性质与管理学研究的领域出现了实质性的交汇。企业作为一种保证契约制订和执行的"治理结构"与管理学中的公司治理理论存在了同质性。

在不完全契约理论的进一步发展过程中,企业作为经济契约的认识被不断突破,由于对企业中人力资本的行为主义认识的强化,主流经济学家关注的焦点也越来越强调企业内部的管理作用和企业的组织结构,在研究对象上同现代管理学是一致的,只是研究的方法和沿用的范式有所不同。

沿用企业契约观的研究范式,不完全契约理论提出了"隐契约理论"。当制订完备或然事件契约十分困难时,如事先和事后都充满不确定性变量时,人们往往依靠"不成文的规定",即隐契约,企业是一个隐契约的集合。这些可以是自我约束,每一方都按照对方期望中的情况去行动,原因在于害怕对方报复或是合作破裂。不完全契约理论的一个基本观点就是隐契约在企业内部比在企业之间更能发挥作用。即同样一个人,作为企业雇员或作为独立承包人,当与其协调需要一种隐契约时,前者在企业内要比后者在市场中更容易执行契约。贝克尔等(Baker、Gibbons 和 Murphy,1997)强调隐契约不仅在企业内(雇佣关系之间)而且在企业间(相关契约关系间)都会发生。讨价还价机制可以看做企业内隐契约自我约束系统的一部分。

　　继承信息经济学和以往队理论的研究成果,不完全契约理论提出了"信息交流理论",认为企业是信息交流的层级结构。当前在"层级组织的信息交流理论"的研究是基于组织理论(如 Simon 和 March,1958)的著名观点:企业的一个重要作用就是非常适合处理新的信息。在绝大多数译文中,这一理论最早是由 Marschak 和 Radner (1972)作为队理论的经典贡献而直接提出的,与此同时团队激励理论也刚刚兴起。该观点指出了研究经济组织的一条完全不同的道路,这一观点忽略激励摩擦或是假设摩擦可以解决,而将协调和信息交流放在非常突出的位置。在一段时期中,对企业新理论研究的焦点都集中在激励摩擦问题上,这股热潮淹没了人们对队理论的兴趣。但是最近一些基于队理论框架、关注协调问题的研究已经兴起。(Arrow,1985;Aoki,1986;Crémer,1990;Radner,1992、1996;Bolton 和 Dewatripont,1994;Casson,1997)

　　"信息交流理论"是将企业作为最小化处理新信息,并且在代理者之间传递这些信息的一个信息沟通网络。信息交流需要成本的原因在于代理者需要时间从他们那里收集、理解信息,但是这个时间可以通过研究专门的信息类型加以缩短。在早期,团队理论很难解释企业的边界问题。队理论将企业作为科层信息交流体系加以应用。但它不能解释科层信息交流为什么不能在企业之间存在。一旦这一理论能够解释企业的边界问题,这一解释连同将企业作为科层信息交流体系的理论就可以构建一套企业理论。

(四) 其他理论对于现代契约理论的补充

　　当现代契约理论在关注契约的不完全和企业的治理机制时,针对企业绩效的经济解释也应运而生。面对企业经营绩效的提升途径,主流企业理论以现代契约理论为基础提出了两个主要途径:一是通过产权的界定和划分,通过产权的私有化对企业经营者进行激励,即现代产权学派;二是通过引入不同的公司法人治理结构,通过激励约束机制设计,解决企业内部的委托—代理摩擦,即委托—代理学派。但是,这些观点主要是针对企业内部的契约结构,相对忽视企业之间形成的市场契约关系。

而超产权理论的提出恰恰弥补了这方面的不足。以刘芍佳、李骥(1998)为代表的超产权论认为利润激励只有在市场竞争的前提条件下才能发挥其刺激经营者增加努力与投入的作用。换言之,超产权论不认为利润激励与经营者努力投入有一定必然的正向关系。超产权论认为单纯的产权配置不能直接导致企业经营绩效的真正提高。在垄断的市场环境下,企业经营者完全可以依靠提高价格,获取超额垄断利润来提高企业经营绩效,而不是依靠提高经营者的努力程度。英国经济学家马丁和帕克(Martin 和 Parker,1997)发现在垄断市场上,企业私有化后效益改善不明显,这就对传统产权理论提出了质疑。

超产权论把竞争作为激励的一个基本因素,其逻辑依据是 20 世纪 90 年代发展起来的竞争理论,具体内容包括竞争激励论、竞争发展论、竞争激发论与竞争信息完善论。超产权理论提出"改善企业治理机制应该比讨论产权归属更具有现实和长远意义"[①],具体原因如下。(1)产权变化对改变企业的治理机制有积极作用,但是治理机制的改善才是产权变换的真正含义及目的。西方国家国有企业私有化的目的就是改变行政式治理机制转变为商业化的治理机制。(2)当不同产权下的治理机制趋于完善后,产权变换不会给企业绩效带来本质的变化,但是却能带来发展资金和新的发展机会。(3)产权变换不等于治理机制一定会改善,竞争才是保证治理机制的先决条件。

主流经济学的观点是基于企业内部的,也是基于企业运作机理上的解释。与此相对应的一种非主流的经济学观点(杨其静,2005),

---

① 刘芍佳、李骥:《超产权论与企业绩效》,北京大学中国经济研究中心讨论稿系列,1998 年第 7 期,第 6 页。

认为企业是一种维护企业家的定价器,①企业家这种专有性的人力资本只有通过企业才能有效地体现其价值,为社会创造出更多的财富。此时原本向资本家倾斜的现代企业理论的天平开始向企业家一方略为缓和了,原因在于现代企业对于企业家的依赖以及我们对于企业家定义的宽泛,使得企业家这种专有性的人力资本在社会体系中特别是在企业内部发挥出越来越大的作用。

二、现代企业理论的契约本质与当前管理学研究的困惑

现代企业理论是现代经济学中最复杂、最有吸引力的领域。企业是现代日益复杂的经济关系的载体,不仅是微观经济学研究的主要对象,也是宏观经济学的重要基础。主流现代企业理论,从其所运用的方法上划分,可分为四大理论:交易费用经济学理论、委托—代理理论、产权理论、其他理论。这前三大理论都是与现代契约理论分不开的。从上文的理论沿革来看,现代企业理论就等于契约经济学的一个分支,同时根据研究假设的不同,划分为完全契约理论和不完全契约理论以及超产权理论三个主要分支。因此,现代企业理论是以契约理论为主体,围绕三个问题展开研究:(1)企业是什么,它为什么存在;(2)企业的边界在哪里;(3)企业的所有者和经营者之间的关系以及企业内部管理组织结构应该如何安排。这三个问题概括了现代企业理论分析的全部核心问题。

简言之,在现代企业理论看来,企业的经济性质就是一个企业与企业的利益相关者制订的关系契约的集合。因此企业的经营目标必然是保证企业与企业的利益相关者之间的关系契约能够有效地制订和执行。

这种高度抽象的企业契约理论似乎已经将企业的本质问题很好地解决了,从经济学的角度完成对企业存在的合理剖析,但是从管理学的角度而言,现实中的一些问题,甚至是核心的问题尚未解决。问

---

① 杨其静:《企业家的企业理论》,中国人民大学出版社 2005 年版。

题的关键在于,高度抽象的企业理论是建立在企业同质性假设基础上,忽略企业微观生产行为过程的虚体企业理论,这种理论很难与作为社会实体组织的企业紧密联系起来。因此,在解决管理学的问题上就存在不足,这只是问题的一个方面。另一方面,从管理学研究的角度而言,我们一般默认企业作为社会中组织的客观存在,不去过分探究企业的性质、边界问题,而把着眼点立足于企业内部的效率问题上,强调企业的竞争优势。如果深究企业作为组织的特性,我们又必须把目标转移到组织行为学的学科子类中去,不再从整体的角度加以把握。事实上,组织行为学的研究现状更为关注的却是个体与群体的动机、情感、绩效等工业心理范畴的微观问题。

因此,从管理学角度而言,对于企业作为组织的本质研究就处于缺失的状态,企业的性质以及企业存在的价值究竟是什么依然是一个未被清晰认知或形成共识的问题。这种理论缺失必然引起管理学相关学科或问题研究进程的混乱或失衡发展,一个突出的学科就是战略管理领域。战略管理产生、发展了近半个世纪,应该说是企业管理学中一个完备并且重要的学科领域。尽管学说林立,但是从基本的定位观点和企业内部的资源观点还是能够解决这一个学科的主要问题,其目标也非常明确,即通过企业战略的设计、选择、执行和控制,让企业获得竞争优势,最终实现良好的利润或现金流等绩效。

为了实现企业的目标,战略管理理论越来越强调企业要不断成长、不断扩张、不断做大,与此对应的一个大样本研究的基本结论在于,企业成长和利润是弱相关的。另一个突出的实例是在全球分布的无数产业集群中,中小企业都是在保持规模的情况下,持续赢得利润,可谓"基业常青"。这就让我们反思,单纯追求企业成长的战略导向是否存在问题,或者说,现实中企业普遍存在的追求成长问题,是不是有别的原因支撑,而这个原因恰恰又是当前战略管理理论所不能解释的。从另一个角度看,由于市场竞争激烈,要素的稀缺和环境的变化,特别是地方政府行为的差异,使企业原有的以行业和内部能力为着力点的战略管理难以适应现有的经济状况,而需要将区位因素重新考虑到战略选择中去,这是不同于以往 FDI 理论和基于价格机制的企业选择理论的,而是立足于企业对于目标区位中政府和企业的应对策略,换言之是环境决定企业的战略决策,而不是以往将环境因素作为企业为中心的战略选择的条件来处理。

至此,我们会渐渐澄清一个问题,战略管理本身也非常强调环境对于企业的重要性,但是这种强调或关注是在企业利润或成长目标支配下的,如果我们不能明确论证和验证企业存在的目标就是成长或利润,没有了逻辑基础的战略管理框架就岌岌可危了,而由此制订出的战略组合也会剑走偏锋。其他管理学的分支也大致存在类似问题。

由此可以得出这样一个结论,在进行管理决策的理论研究时,必须建立一个可供支撑的理论基础,这一理论要包含三个范畴的内容:(1)要能回答企业性质和企业目标;(2)要能将企业的现实经营过程有机地体现出来,明确管理在企业中的作用;(3)要充分体现企业作为组织的社会属性,在理论中与中国转型的政府行为能有机地结合。

三、基于组织资源依赖观的企业实体论

为了满足上述的理论要求,我们首先肯定企业作为一种社会组织存在的客观事实:一方面要概括和抽象企业作为组织的一般性特征,另一方面要通过理论剖析指出企业作为一种社会组织区别于政府、学校等其他组织的显著特征。因此,我们从上述两个层面构建本研究所采用的企业理论,如图2-1所示。

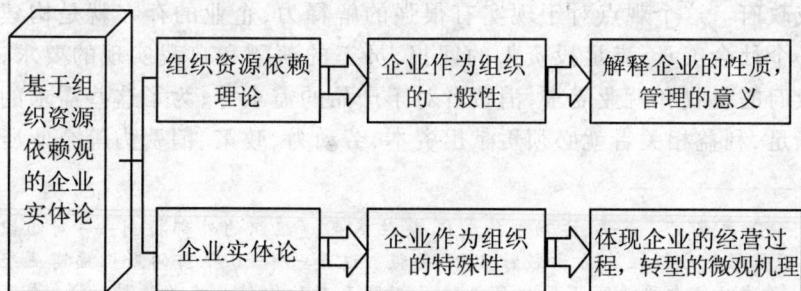

图2-1 基于组织资源依赖观的企业实体

59

组织资源依赖理论源自斯坦福大学的商业经典,杰弗里·菲佛和杰勒尔德·R.萨兰基克所著的《组织的外部控制——对组织资源依赖的分析》[①]一书。具体而言即:"组织是充满巨大的力量和能量的社会工具,其存在的意义在于提供一个场所或框架,组织行为参与者用自身的诱使因素与组织的贡献相互交换的场所"。为了实现这个意义,组织的唯一目标就是生存。"为了生存,组织需要资源,为了获取资源,组织就必须与控制管理的组织相互交往。在这一意义上,组织就会依赖它们的环境。由于组织对它需要的资源没有控制力,资源需求就会成为问题并具有不确定性。组织为了获取资源而与其他组织进行交易,资源控制权使得其他组织具有对组织的控制权,组织的生存在一定程度上取决于组织对环境偶然性进行管理的能力。因此大多数组织活动的焦点在于通过交换协商来确保所需资源的供给。"此时,评价组织的绩效就不仅仅要关注内部效率,同时更在于组织外部效率的评价。立足于组织的资源依赖理论,我们演绎出这一理论映射下的企业理论。

(一) 企业的性质、目标和行为的基本描述

企业存在的意义在于构造一个平台或场所,让企业的利益相关者在这个平台上实现自己的目标,同时提供自己的资源,即一种用企业所需资源换取自身收益的交易行为。此时在企业中有一个中心实体,它是企业产生的发起者,可以是企业家、资本家也可以是消费者或政府。这个观点对于现实有很强的解释力,企业的存在就是构建一个社会工具,满足投资人的回报,员工的薪酬和自我实现的要求,政府的税收和就业需求,消费者对于产品的需求等,为了这些需求的满足,利益相关者就必须贡献出资本、劳动力、政策、消费力等企业所

---

① 杰弗里·菲佛、杰勒尔德·R.萨兰基克:《组织的外部控制——对组织资源依赖的分析》,东方出版社 2006 年版。这是一本 30 年前的斯坦福商业经典,该书从一个更为宽泛的视角诠释了组织存在的价值。略为遗憾的是,在笔者看来这本有着划时代意义著作的中文版于 2006 年 3 月才正式出版,在国务院发展研究中心的组织下,成为"国研·斯坦福中国企业新领袖培养计划"的重要成果之一。

依赖的资源。在这个平台上,存在一个发起者和协调者,但没有谁更重要的观点,各个利益相关者都是在用等价交换的方式,各取所需。基于这个观点,可以很好地解答现有的困扰企业管理研究的许多问题,如企业的社会责任问题和绩效评估问题,也强有力地论证了企业在当今社会越来越重要的原因,现在企业已经成为一个社会保障的重要组成部分,家庭的和谐、社会的稳定很大程度上都依附在企业上。

　　企业存在的意义决定了企业存在的目标就是要生存,要基业常青。既然企业的性质是一个让利益相关者各尽所能、各取所需的平台组织,那么企业存在就成为多方共赢的前提。企业唯一的目标就是要生存下去。此时,如何维系企业生存就成为企业最初控制权所有者所要唯一思考的问题。根据组织的资源依赖理论,企业要生存就必须与自身所需的资源所有者建立联系,解决资源需求引发的具有不确定性的问题。企业的最初控制权所有者(可能是企业利益相关者的任何一方)都必须要对外界环境产生的偶然性进行管理,并且通过交易企业的控制权来换取对资源的控制权,确保生存所需资源的供给。与此同时,企业还必须通过交换的协商来协调不同利益相关者对企业的不同需求,经济学中委托—代理理论和产权理论实际上都是对这一协商机制的有力分析,[①]尽管这些理论都过于抽象,并不能解释企业现实经营过程中价值创造过程。

（二）企业资源依赖观的经济学解释：一个简单的模型

　　资源依赖观体现的是利益相关者之间的共生关系,现代企业理论最重要的发现是把企业看做利益相关者之间的契约集合,进而构建了企业契约分析的理论框架。将利益相关者纳入企业理论的分析

---

① Grossman, Sanford and Hart, Oliver. *The Costsand Benefits of Ownership: A Theory of Verticaland Lateral Integration. Journal of Political Economy* 94:691; Moore, John. 1992. *The Firmasa Collection of Assets, European Economic Review* 36: 493—507; Holmstrom, Bengtand Paul Milgrom. 1991. *Multitask Principal—Agent Analyses: Incentive Contracts, Asset Owner ship, and Job Design, Journal of Law, Economics, and Organization* 7:24—52.

框架是现代企业产权理论以及公司治理结构演化的结果,其经济学的理论支撑在于企业所有权的状态依存特征被证明。

企业所有权的状态依附是指在不同的企业经营状态下,对应着不同的企业治理结构(Aghion 和 Bolton,1992)。张维迎(1996)继承了哈特的不完全契约理论,对非正常状态下企业所有权的状态依存进行了分析。当企业出现经营危机时,企业的利益相关者都试图保全自己的资本,当利益相关者之间的契约关系难以持续下去时,预期损失最大的利益相关者就会相机地取得支配权。

假设 X 为企业的总收入,π 为股东最低的预期收益率,W 为应付工人的合同工资,γ 为债权人的合同收入。假定 $X \in [0, X_{\max}]$,$X_{\max}$ 为最大可能收入;工人的索取权优先于债权人,则:

当事后的既得利益状态为 $W + \gamma < X \leqslant W + \gamma + \pi$ 时,股东在企业治理中处于支配地位;

当事后的既得利益状态为 $W \leqslant X < W + \gamma$ 时,债权人在企业治理中处于支配地位;

当事后的既得利益状态为 $X < W$ 时,工人在企业治理中处于支配地位。

由此可见,状态依存的企业所有权与企业治理结构主体的多元化是趋于一致的,这也是现代产权的内涵和"相机治理"的本质体现。不仅仅在企业处于经营危机时,在企业的正常经营状态下,企业所有权依存状态特征也同样显著。所谓正常状态,可以简单认为企业处于 $X \geqslant W + \gamma + \pi$ 时,此时企业要持续发展必须至少满足每个利益相关者的产权权益要求。我们可以通过一个简单的模型加以说明。[①]

假定 t_0 时点存在两类产权主体——非人力资本所有者 S 与人力资本所有者 H(或称 S 为雇主,H 为雇员),S 一次性投入资本并雇佣 H 组成一个初始的企业合约。假定存在一个理想的最优契约 C^* (π^*, W^*),式中 π^* 和 W^* 分别代表雇主和雇员分享企业所有权的

----

① 以下采用的模型根据杨瑞龙、周业安著《企业的利益相关者理论及其应用》,经济科学出版社 2000 年版第 92 页模型拓展而来。

份额,它是双方理性预期的结果。再假定信息的分布是不对称的,企业雇主拥有市场信息优势。t_0 时点雇主 S 与雇员 H 之间展开博弈,并达到初始契约 $C_0(\pi_0, W_0)$。由于初始状态雇主 S 拥有信息优势,并且雇员 H 的人力资本价值还没有充分体现,则必然有:

$$\pi_0 > \frac{\pi^*}{\pi^* + W^*}(\pi_0 + W_0) \; ; \; W_0 < \frac{W^*}{\pi^* + W^*}(\pi_0 + W_0) \qquad (2-2)$$

假定 t_1 期开始执行初始契约 C_0。由于雇员 H 在 t_1 期投入了专有性资源(如拥有专门的技能和特别的信息等)而提高了人力资本价值,内部劳动力市场的信号显示机制开始有效地显示 H 的真实人力资本,进一步,雇员 H 的学习能力及谈判能力提高,采取一致行动能力增强以及企业发展的需要促使雇主 S 让雇员 H 分享一部分事实上的剩余索取权和控制权。因此,当 t_1 期结束时,S 和 H 重新谈判达成新的企业所有权安排契约 $C_1(\pi_1, W_1)$,从而有:

$$\frac{\pi^*}{\pi^* + W^*}(\pi_1 + W_1) < \pi_1 < \frac{\pi_0}{\pi_0 + W_0}(\pi_1 + W_1)$$

$$\frac{W^*}{\pi^* + W^*}(\pi_1 + W_1) < W_1 < \frac{W_0}{\pi_0 + W_0}(\pi_1 + W_1) \qquad (2-3)$$

从理论上讲,企业所有权的最优安排结果可以在某一时期(如第 n 期)达到:

$$\frac{\pi^*}{\pi^* + W^*} = \frac{\pi_n}{\pi_n + W_n} \; ; \; \frac{W^*}{\pi^* + W^*} = \frac{W_n}{\pi_n + W_n} \qquad (2-4)$$

进一步将该结论拓展,当企业的利益相关者都纳入该模型时,最优契约安排为 $C^*(\pi^*, W^*, \cdots\cdots)$,则通过更为漫长的谈判过程,当利益相关者都愿意长期合作下去,保证企业所有权安排的稳定性时,必然会有以下结果:

$$\frac{\pi^*}{\pi^* + W^* + \cdots\cdots} = \frac{\pi_n}{\pi_n + W_n + \cdots\cdots} \; ;$$

$$\frac{W^*}{\pi^* + W^* + \cdots\cdots} = \frac{W_n}{\pi_n + W_n + \cdots\cdots} \; ; \cdots\cdots \qquad (2-5)$$

综上所述,状态依存的企业所有权充分证明了企业是一个利益相关者共同维系的平台,不同利益相关者在企业构建的初期通过投入相应的资本,构建一个稳固的契约关系,并通过维系企业的成长,获得各自的收益。

(三) 资源依赖观的企业理论的微观过程:上述模型的进一步深化

作为一个承载不同利益相关者价值诉求的平台,企业的性质不仅仅局限于新制度经济学层面的完全或不完全契约的集合,而是不同利益相关者通过让渡自有要素的部分(乃至全部)所有权,将其转化为企业资本进行价值增殖创造,最终获得相应收益补偿的一个专有平台。企业经营活动也就相应体现为要素转化资本,资本转化为产出的两阶段过程,即"利益相关者要素—企业资本—企业产出"的逻辑过程。

1. 企业生产的第一阶段:利益相关者要素转化为企业资本

企业的中心实体[①]非人力资本所有者作为企业的发起者建立企业,为了获得比较优势因此向具有专有性要素的利益相关者发出要约,希望以让渡企业部分所有权的代价获得利益相关者的加盟,签订初始契约 $C_0(\pi_0, W_0)$。此时企业利益相关者的代表企业家所有者根据自身拥有人力资本的预期效应,对现有企业要约进行匹配,这一过程可以抽象为以下模型。

我们首先构建企业中心实体,即非人力资本所有者的效用函数 $U_F = U(A, K, C, r(k))$,其中 K 为企业拥有的可供人力资本组织用于实现创新的资源;A 为企业家的人力资本;C 为企业为雇佣企业家实现创新付出的成本,它是企业家能力 A 的线性增函数,系数为 c;r 为企业家流动技术外溢形成的风险损失;w 为企业家流动的不同类型,主要有两种不同的方式(直接流动,如跳槽;或间接流动,通过人才市场中介等)。企业的产出采用柯布 – 道格拉斯函数适配形式,即企业

---

① 正如前文所言,企业的中心实体可以是企业家,也可以是资本家、消费者、政府,为了不失研究的一般性也同时为了简化分析过程,我们不妨将企业非人力资本所有者作为企业的中心实体,将企业家作为企业的利益相关者代表。

的产出由 A、K 中较小的那个决定,记为符号 $\Omega(\alpha,\beta)$。[①] 则企业非人力资本所有者的效用函数为:

$$U_E = \Omega(A^\alpha K^{1-\alpha}) - C(A) - r(w) \qquad (2-6)$$

根据企业家的属性[②],我们认为,企业家在不断追求自身人力资本发挥作用,是否放弃自身专有性人力资本的所有权与企业签订出让契约的判断准则在于企业家人力资源能否找到发挥其价值的环境。构建企业家的效用函数为 $U_E = U(A,S,T(k))$,其中 A 为企业家拥有的人力资源;T 为企业家在将自身能力投入到企业中后获得的社会声誉,这个社会声誉取决于企业家流动过程中采取的途径 w;S 是企业家获得的薪酬总和。我们构建企业家效用函数如(2-7)式。

$$U_E = \frac{\Omega(A^\alpha K^{1-\alpha})}{A}[S(A) + T(w)] \qquad (2-7)$$

企业家的效用包含三个部分:薪酬效用 S,是企业家能力的增函数;声誉效用 T;企业家自我实现的效用 $\frac{\Omega(A^\alpha K^{1-\alpha})}{A}$,表现为企业家价值的放大乘数,即企业产出与企业家人力资本的比值。

签订初始契约 $C_0(\pi_0, W_0)$,本质上是企业非人力资本所有者和企业家的双向搜索—匹配的过程。我们接下来分别从企业家、企业非人力资本所有者效用最大化的角度,分析企业家将自身拥有的要素转化为企业资本的过程。对于企业非人力资本所有者,追求自身效用最大化,即:

$$MAX(U_E) = MAX[\Omega(A^\alpha K^{1-\alpha}) - C(A) - r(w)] \qquad (2-8)$$

要使企业非人力资本所有者的收益最大,则有 $\Omega(A^\alpha K^{1-\alpha})$ 最大化,同时使 $C(A) + r(w)$ 最小。一方面,由于企业的产出函数是适配函数,则为了使企业的产出最大化,就必须消除企业的资源瓶颈,企

[①] 适配的生产函数可以根据管理学的木桶原理解释。

[②] 对于企业家的属性,笔者认为企业家定义符合"企业家人力资本=提出创意的能力+整合投入品的企业家能力"。因此对于企业家的相关主体行为有值得分析的必要,详见拙作曲亮:《企业家流动的本质及其引发的信任危机研究》,《科学与科学技术管理》2007 年第 2 期。

业非人力资本所有者的理性决策就是选择与企业资本 K 相匹配的企业家能力 A；另一方面，要降低企业的成本 C，C 为企业家能力 A 的增函数，则降低 A 是一个企业主的明智选择。最后，要使企业主的收益最大，就必须降低由于企业家流动带来的风险。

我们假设企业家流动带来的风险是可以预期的，对于直接的流动是风险较大的，由此会产生技术或创意的泄漏，我们记为 R_{Max}。当企业家选择间接流动时，企业非人力资本所有者承担的风险会降低，原因在于企业家需要通过中介进行的声誉评估，如果有不好的声誉记录会影响今后的就业，我们记此时的风险为 R_{Min}。当然，也会存在企业家不流动而不产生风险。对 $(2-8)$ 式对 A 求偏导，则有：

$$\frac{\partial [\,\Omega(A^{\alpha}K^{1-\alpha})\,]}{\partial A} - \frac{\partial C(A)}{\partial A} = 0 \qquad (2-9)$$

即 $\alpha K^{1-\alpha}A^{\alpha-1} - c = 0$ $\qquad\qquad (2-10)$

可以得出一个最优的企业家能力选择：

$$A^{*} = \sqrt[\alpha-1]{\frac{c}{\alpha}K^{1-\alpha}} \qquad\qquad (2-11)$$

由此，企业非人力资本所有者会倾向于选择与企业能力匹配，并且尽可能小的企业家才干 A^{*}，一旦企业非人力资本所有者发现了合适的企业家要素，就会有意识地通过契约方式将其转化为企业内部资本，进而发挥其效力。

从另一个角度而言，对于企业家：

$$\mathrm{MAX}(U_{E}) = \mathrm{MAX}\left[\frac{\Omega(A^{\alpha}K^{1-\alpha})}{A}[\,S(A) + T(w)\,]\right] \qquad (2-12)$$

类似地，要企业家获得最大收益就要充分考虑到企业家在薪酬、成就感和声誉方面的激励，要让企业家的成就感系数最大，就必须寻找一个与企业家能力最优匹配的企业资源 K，与此同时，企业家会获得一个最高的薪酬水平，同时企业家为了保持自身良好的声誉记录，会选择一个有利于自身声誉的流动方式，即采用间接流动的方式。

对式 $(2-12)$ 对 K 求偏导，即：

$$\mathrm{MAX}(U_{E}) = \mathrm{MAX}\left[\frac{\Omega(A^{\alpha}K^{1-\alpha})}{A}[\,S(A) + T(\omega)\,]\right] \qquad (2-13)$$

也可以类似地求出企业家所追寻的目标企业资源:

$$K^* = \sqrt[\alpha]{A^{\alpha-1}\left[S(A) + T(w)\right]} \qquad (2-14)$$

由此,我们也可以发现企业家通过选择与自身企业能力匹配的企业资源,就会通过与企业非人力资本所有者签订契约让渡自身专有人力资本的所有权。因为他们清楚没有企业其他要素,自身的能力是不能发挥作用的。

2. 企业生产的第二阶段:企业资本转化为企业产出

基于上述分析,企业的其他利益相关者也能够通过搜索—匹配同企业的中心组织签订契约,从而在让渡自身专有性要素的情况下获得相应的收益。当然,签订契约的过程是双方反复博弈的复杂过程,根据前文对于企业契约的认识,完全契约理论提出,由于可能存在的道德风险和逆向选择,要通过委托—代理关系在事先将契约尽可能制订得完美;而不完全契约理论根据有限理性和第三方不可识别等理由注重对产权的配置。但本研究暂时对这一过程不做详细考察,仅仅强调利益相关者要素转化为企业资本的过程,注重财富的创造过程。

当企业利益相关者通过契约关系构建了企业这一共有平台后,企业就完全符合新古典的企业模型,即企业是一个要素投入后的生产函数。此时,企业资本通过专业化分工和协作,[①]转化为产品,通过不同市场结构的产品定价法则,企业将产品转化为企业的产出。需要特别指出的是,企业的产出既包括企业创造社会财富、承担社会责任、构建社会和谐的积极型产出,也包含企业消耗资源、排放污染、裁员等具有外部性影响的产出。沿用新古典模型,生产函数具体为适配形式,即企业的产出由利益相关者要素中较小的那个决定,记为符号 Ω,即:

$$Y = y_+ + y_- = \Omega(X_1, X_2 \cdots X_i \cdots X_n), i = 1, 2, 3 \cdots n \qquad (2-15)$$

---

① 亚当·斯密特别强调了分工对于财富创造发挥的巨大作用,而马克思在肯定分工的基础上,特别强调了协作在企业中的巨大作用。因此笔者认为分工和合作是一切生产函数的基础,当前研究的热点如创新和知识等无非是要素的升级或分工合作的进化,本质上都没有发生变化。

式中 Y 代表产出，y_+ 为积极型产出，y_- 为消极型产出，X 代表第 i 种要素。企业所能做的一切工作就是从这个公式所表达的均衡体系中得出最优均衡解或均衡条件。

我们从社会福利最大化的角度再对上述的企业家同企业非人力资本所有者活动进行分析。我们构建社会福利的效用函数，为简化分析，我们将其看做是企业家和企业非人力资本所有者效用函数的加总，即：

$$U_S = U_E + U_F = \frac{\Omega(A^\alpha K^{1-\alpha})}{A}[S(A) + T(w)] + (A^\alpha K^{1-\alpha}) -$$
$$C(A) - r(w) \qquad (2-16)$$

此时，我们可以看出企业非人力资本所有者付出的主要成本在于企业的薪酬，因此在社会福利效用函数中是作为内部转移的，因此，最终的社会财富包含企业的产出，企业家的声誉净值。即：

$$目标函数：MAX(U_S) = MAX\left[\Omega(A^\alpha K^{1-\alpha}) + \right.$$
$$\left.\left[\frac{\Omega(A^\alpha K^{1-\alpha})}{A}T(w) - r(w)\right]\right] \qquad (2-17)$$
$$约束条件：MAX(U_E) = MAX\left[\Omega(A^\alpha K^{1-\alpha}) - C(A) - r(w)\right]$$
$$\qquad (2-8)$$
$$MAX(U_E) = MAX\left[\frac{\Omega(A^\alpha K^{1-\alpha})}{A}[S(A) + T(w)]\right] \qquad (2-12)$$

构建拉格朗日函数，可以解得 U_S 最大化的充要条件是式(2-11)、式(2-14)以及 w 最小。即：我们可以容易得出，当企业家和企业非人力资本所有者的充分适配，是企业产出最大化的充要条件，此时会有一个要素到企业产出的放大效用，及企业在支付各个利益相关者报酬后，会有剩余存在，即有价值增殖过程。[①]

① 剩余是指企业超过合约收入(工资、成本、利息等)以外的收入(张维迎，1996)。剩余价值是指劳动力创造的超过自身价值以上的价值。按照马克思的理论，企业获得的超过预付资本的所有收入都是劳动力创造的，因此，剩余价值包含企业的剩余。尽管这两个概念存在差别，但是都肯定了一点，就是企业在生产过程中，出现了财富放大效用，即产生了价值增殖。

基于上述分析，企业生产的微观过程就是"利益相关者要素—企业资本—企业产出"的逻辑过程的体现。简言之就是不同利益相关者要素资本化的过程，企业要素资本化的关键在于不同要素所有者资产专有性投资的差异性，在专有性投资过程中会体现出不同的绩效诉求，因此现实生活中企业才会涌现出种种问题，因此组织的激励和协调这些被新古典模型忽略的问题才会成为关注的焦点。

（四）基于价值创造的企业实体理论

资源依赖的企业理论强调了企业作为社会组织的属性，兼容了企业作为契约存在的经济学抽象，回避了企业作为某一类利益相关者收益体现而产生的价值分歧，将企业的生存放在了首位，强调了实用主义的哲学理念，解决了现有企业研究中部分理论困境，但一个突出的问题在于，资源依赖理论是一个适用于所有组织的共性理论，政府、医院、学校同样都适用于这一理论，因此必然抹杀了企业作为社会组织存在的特殊价值，还是不能回答"企业为什么存在"这个企业理论不能回答的关键命题。因此，我们还必须深刻思考企业有别于其他组织存在的特征属性，这一属性就是价值创造，或者说财富创造。

前文的模型已经突出了企业财富放大效应，我们现在关注的是其他组织是否也同样具有价值创造的属性。围绕"要素—资本—产出"的逻辑，我们认为，要想为社会创造价值，要具备两个条件：（1）在要素转化为资本投入财富创造过程时，要有要素报酬以外的收益存在，这个存在的背景是分工与协作的存在；（2）完成价值增殖过程后的组织产品，要能够通过产品市场得到定价，即存在市场交易的需求。这两个条件其实就是经济学本源性的命题：分工和交换。

自给自足的家庭，尽管通过分工能带来组织的剩余，由于不参与交换，因而不能为社会带来财富；政府在进行财政税收操作时，原则上是不产生剩余的，因而也不能为社会带来财富；公立学校进行人类资本的追加投资，尽管为社会产生巨大贡献，但由于产品不能由市场定价，因此也难以衡量其贡献，所以也不同于企业；私立的学校和医院将服务过程首先通过市场化定价，然后进行要素投入，来进行财富创造，因而能明确衡量其为社会创造的财富，所以其本质就是企业。

事实上,就个体而言,企业生产的微观过程围绕"利益相关者要素—企业资本—企业产出"的逻辑过程,但是就全社会角度而言,我们将利益相关者要素汇总后就会发现"利益相关者要素—企业资本—企业产出"的宏观表现形成为 G—W—G′,即马克思政治经济学的资本总公式。作为资本的货币的流通形式是 G—W—G′(货币—商品—货币′)。在这个公式中,前后两端的货币是不同的量,预付一定量的货币,经过一个流通过程,收回更多的货币。这是资本运动最一般的形式,集中反映了资本最本质的特征,即资本增殖性。

随着新经济的产生和发展,机器大工业时代资本处于绝对支配地位的局面已经彻底得到了改变,信息、技术、人力资本在企业生产中发挥出越来越大,甚至是决定性的作用,因此马克思资本总公式的 G 已经逐渐演化为利益相关者所持有的要素,这是现有经济形态与马克思抽象出的经济运行规律存在差别的一个方面;另一方面,要素转化为企业资本,经过人类分工、协作的劳动最终成为能够在流通领域产生价值的商品。这一过程是符合马克思对于价值增殖以及财富来源与创造的高度概括的,但是在最终企业的产出中,能够在流通领域为企业创造价值的产品仅仅是企业产出的一个部分。此外,企业还具有很多难以在流通领域中转化为货币的其他无形资产,例如企业的声誉、企业的品牌等,这些产出是可以直接作为企业要素再次投入企业价值创造过程的,但是难以转化为货币。此外,企业还有一些负外部性的产出,如污染,也是难以纳入马克思资本总公式的。

四、理论应用:基于资源依赖观的企业实体论对管理行为的解释

基于资源依赖观的企业实体理论,强调了"利益相关者要素—企业资本—企业产出"的逻辑过程,解释了企业产生和存在的价值,特别是在西方主流经济学和马克思政治经济学之间搭建了一个纽带,为研究企业经营问题构建了一个具有一定理论和现实解释力的分析框架,对今后研究企业绩效评估、企业成长、企业战略等问题具有一定的参考价值。

企业理论不仅仅要对企业的性质进行理论抽象，也要对现实中的企业行为进行解释，特别是应该将企业的管理行为纳入企业理论解释的范畴。基于资源依赖观的企业实体论明确了企业中管理的三大作用。需要指出的是，此处管理的作用就等同于最高管理者的作用。

（一）管理的象征性作用

企业中管理的首要职能就是一个象征作用，这与赫兹博格对管理者的角色分析非常吻合。由于企业的存在是一个协调不同利益相关者满足自身需求的交易平台，从一个角度而言，当外界环境产生偶然性问题并让企业出现困境时，撤换管理者，就会成为平息利益相关者（如股民、政府）非常有效的方式，就是我们所说的"替罪羊"作用，现实中这样的案例不胜枚举；另一个角度，由于最高管理者的存在，就可以在组织结构上产生众多次一级管理者的可能，这样就会更多地协调利益相关者对于权利的需求，例如现有的企业中往往是总裁或总经理下列许多副总，副总来自不同的利益集团，如投资方、技术方、政府等。

（二）管理的响应作用

由于企业面对环境存在很大的不确定性，而且利益相关者会不断更新或变化它们的需求，因此对环境的响应是非常关键的。资源依赖理论对环境的一个特殊认识是：环境不是客观存在的，而是主观的，环境取决于管理者对它的认知。我们认为这是非常重要的认识，由于外界信息的复杂和多样，以及企业管理者的认识特点，特别是企业内部对于信息处理系统的不同，使得一个广义的环境对于不同企业而言是存在巨大差异的。而管理者必须通过建立有效的信息系统来甄别信息，判断利益相关者对于企业资源控制程度的变化和其需求的波动，做出最快的反应来适应环境变化。这里最为关键的是建立有效的程序来识别环境，其中最为关键的是明确企业环境维度之间的关系以及有效地评价企业的外部效力，如图 2-2、图 2-3 所示。

环境的结构性特点   集中   丰富   相关性

利益相关者之间的关系   冲突   相互依赖

结果   不确定性

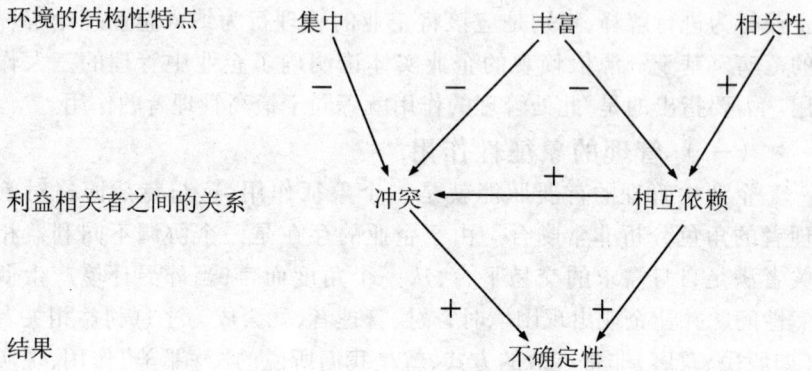

图 2-2   企业环境的维度之间的关系

资料来源:杰弗里·菲佛、杰勒尔德·R.萨兰基克,《组织的外部控制——对组织资源依赖的分析》,东方出版社 2006 年版,第 75 页。笔者有改动。

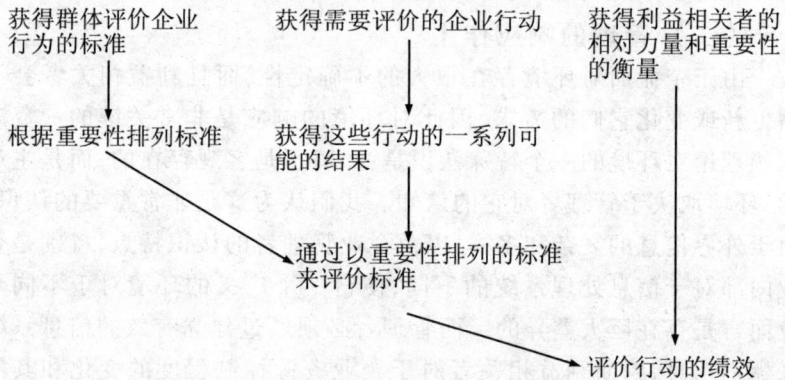

获得群体评价企业   获得需要评价的企业行动   获得利益相关者的
行为的标准   相对力量和重要性
                                                                  的衡量

根据重要性排列标准   获得这些行动的一系列可
能的结果

通过以重要性排列的标准
来评价标准

评价行动的绩效

图 2-3   评价组织效力的方法

资料来源:杰弗里·菲佛、杰勒尔德·R.萨兰基克,《组织的外部控制——对组织资源依赖的分析》,东方出版社 2006 年版,第 98 页。笔者有改动。

此时,有效识别环境后的管理者对环境做出的响应主要有两种:对外部控制的顺从或者适应,避免外部影响力的影响。此时,对于资源的依赖就真正与企业的行为特别是企业的战略选择紧密联合起来,经典战略管理中的 SWOT 分析框架就能够得到有效的丰富和提升,形成的战略也不会仅仅强调企业成长一个方面;相反,必要的示弱更能够保证企业的永续发展,在现有成功企业中,许多企业信奉的"隐形冠军理论"就是管理者对于环境有效响应的结果。

（三）管理的自主决策作用

从资源依赖的角度而言,管理者能够有效地识别企业仅仅是对于外界控制的一个应对策略。而另一个非常重要的作用是管理者要能够通过自身自主决策去改变环境。首先,如果某一个利益相关者所处的领域对企业而言非常重要,企业应该通过自己的控制力深入到这些领域去管理与这类利益相关者的相互依赖,一个典型的例子就是欧洲企业常常使用"商业游说"①或支持选举等方式去影响政府;其次,企业可以通过改变自己同利益相关者联系的方式来影响同某类资源控制方在相互依赖中所处的地位,企业的并购和企业一体化行为都是管理自主决策的行为;最后,企业可以通过减少对单一关键交换的依赖来削弱其他组织的优势,多元化就是一个值得选择的方式。

第二节 中国转型的微观机理:转型阶段论

中国的经济改革就性质而言是贯穿了从计划经济到市场经济的转型过程,最为突出的特征是市场化转型、现代化转型、全球化转型。转型,不仅是中国几十年来最为显著的经济社会特征,而且是中国企业经营发展和战略选择的宏观环境。与转型相伴随,中国地方政府的行为方式及其对企业战略环境的影响也发生了一些相应的变化,这些变化在某种程度上构成或者改变了中国企业战略选择的特殊情景,影响着企业的应对策略。

在经济转型过程中,分权化的制度安排调动了地方政府发展本

---

① 2005 年给中国纺织业造成巨大损失的欧洲"压港"事件就充分说明了这一商业游说的巨大影响。

地经济的积极性,各级地方政府开始在制度、基础设施、投资环境、资本、人才、技术、原材料以及来自上级政府的倾斜性的地区优惠政策等方面展开了竞争。但体制转型时期的种种特征和制度上的不完善,却使地方政府的行为表现出明显不同于西方发达国家分权化体制下地方政府行为的特点。地方政府在过渡时期往往替代企业成为市场竞争的主角,而企业则较多地依附于地方政府寻求发展;地方政府的区域政策和企业的战略行为大大地影响了市场对于要素和产品的空间配置和优化效率,其直接结果就是对于区域产业组织的结构和层次难以发挥有效的引导和配置作用,失去对于资源配置的基础性作用。因此,将地方政府行为和企业战略选择纳入同一个管理情境框架中进行分析,就显得非常必要。

明确上述研究目标后的一个首要任务就是从微观角度剖析中国转型的内在机理,进而才能在制度和策略上构建中国转型过程中地方政府和企业之间的和谐关系。

一、关于转型问题的国内外研究现状及分析

(一) 国内外研究现状

转型经济中的政府行为和企业行为对现有的经济理论和战略管理构成了重大挑战。在转型经济学的众多研究成果中,无论是传统的社会主义理论还是主流的西方经济学都不能提供一个令人满意的解释。由于不同的研究选择的角度、支撑的理论以及处理的方法的差异,导致了对转型环境下政府行为和企业行为研究结论的多样性,个别结论间还存在着矛盾,彼此相互冲突。但与其他具体问题的研究不同,作为一个社会性的普遍命题,在广泛的学术交流基础上,国内外学者形成了相对集中的研究分支,在沿袭国外研究共识的基础上,产生了各自的研究成果。

1. 对转型路径以及研究方法的基本共识:从"华盛顿共识"到"北京共识"的转变

现在许多经济条件下的主体研究都从批判新古典主流经济学的转轨逻辑开始。萨克斯等人为经济转轨设计的"休克疗法"以及所谓

的"华盛顿共识"被认为是典型的新古典主流经济学逻辑线路的产物。这一方法在波兰、捷克、俄罗斯等国家推行,通过价格完全放开,全面大规模的私有化以及消除财政赤字,维持宏观经济稳定三个方面的举措加以实行,通过转型的"阵痛"最终实现经济的有效运行。(Lipton 和 Sachs,1990;Blanchard,Dornbusch,Krugman,Layard 和 Sunmers,1991; Boycko,Shleifer 和 Vishiny,1995)与此对应的是中国进行的渐进式的转型,"摸着石头过河"的改革过程,两条不同的转型路径产生了不同的现实结果。2004 年 5 月,基于国际主流媒体和国际学术界的广泛宣传和认可(Romo,2004),"北京共识"问世,其提出:对于转型国家,不仅要解决体制问题,更要解决发展问题,转型中的路径选择对于这两个问题的解决至关重要,各国应该结合各自的国情,走适合自己的发展道路,这实际上从一个角度说明了"华盛顿共识"的失败。

"华盛顿共识"到"北京共识"的转变直接表现为对转型经济研究方法的融合。以往对于转型研究有两种主要的方式:一种是采用内生交易费用的正式模型来分析经济转型,清楚地说明假设和预测,主要采用局部均衡模型,在解释问题上具有普适性,但是难以对复杂的分工和制度进行准确描述,以 Dewatripont 和 Roland(2000)、Blanchard(1999)及 Roland(2000)等为代表;另一种是不涉及正式模型的转轨经济学研究,迄今为止在政策制定中非常有影响,这类研究包括以 Lardy(1998)为代表的对制度和政策变化及它们的经济后果非常注意细节的文件记录,和以 North(1989,1997)、Weingast(1989,1997)、Sachs 和 Woo(1999)为代表的对政策和历史的描述性分析。在"北京共识"得到理论界的重视后,以中国的经济改革作为案例,并将宪政和制度纳入正式的模型分析成为当前转型经济学的一个趋势,以 Roland(2002)的《转型与经济学》为代表。

2. 构筑转型(轨)经济学的理论范式和系统框架

对于中国转型经济学的理论探讨的一个焦点就是对转轨经济学研究范式和理论框架的思考,并由此形成了对于转型条件下企业和政府关系的整体性认识。其一是以洪银兴(2006)、刘志彪(2006)等为代表的一批学者,强调对于中国转型问题以及转型经济学的系统研究。这一研究团体强调 20 多年的改革历程要求我们不能始终"摸着石头过河",而是要理性地,有明确目标地,在科学的理论指导下进行,这就提出了在中国转型背景下建设指导经济转型的转型经济学的任务。其研究的部分成果回答了中国转型的内容在于市场化转型、现代化转型和全球化转型,其目标在于确立效率、和谐以及安全。

对于转型经济学范式关注较多的是以吕炜(2003,2004,2005等)为代表的研究团队。吕炜确立了"经济转轨可通约于史论结合的思维范式"以及"转轨的收获是重新求证了近代落后国家社会转型"等结论,构成了研究经济转轨的基本方法论,并在此基础上确立了中国转轨的民生导向,归纳了转轨的理论命题,将转轨作为一个完整的过程来考察,将转轨的目标、绩效的评价、费用的结算、政策的选择联系起来,从全局、从转轨完成后的经济社会考虑,形成了一套思路。

3. 以资源配置为核心,产权改革为导向的转型方式研究

当前一个较为普遍的认识在于中国经济转型的典型特征就是对于资源的再次配置,并以此提升效率,推动经济和社会发展。围绕不同的核心资源,不同的学者采用了不同的研究路径,但一个共同的改革工具是采用产权变革的方式进行的。

中国经济转型的一个主要内容就是国有资本的产权改革。萨克斯(2000)指出,中国改革初始的经济结构是中国经济转轨的主要原因,国有资本对于劳动力的吸纳有限,为非国有企业的发展提供了条件。与此观点相对应,张维迎(2003),刘小玄(2003a,2003b,2003c)等学者认为中国转型的关键在于通过产权改革优化资源配置,其中最为关键的就是国有资本,通过国有企业改革,提升企业的竞争力,最终通过市场均衡实现效率的提升,推动经济和社会发展。在这一思路下,我国国有企业改革的历程、遇到的困难以及民营企业的兴起成为研究的切入点。

与此观点不尽相同的是以张军(2002),李治国、唐国兴(2003),罗长远(2003)为代表的学者,他们认为资本的迅速积累是中国最近20 年来经济增长的主要源泉。通过把中国的经济转轨和资本形成与工业化有机结合起来,这些学者指出中国在改革后的高速增长主要由资本在部门间的配置所产生,因而是一种静态的增长,不具备持续动态改变的力量,高速的增长来源于过度的工业化进程。这实际上也同萨克斯的观点相一致。

立足于资源配置的另一种观点是中国选择不同于俄罗斯等国的路径进行转型,根源在于人力资本约束。以姚先国、盛乐(2002)为代表的观点认为中国经济转型的过程说到底是一个人力资本存量、结构以及人力资本产权与市场经济体制要求不断适应和吻合的过程,也是经济转型中人力资本约束、人力资本产权约束不断得到调整的过程,这是中国经济转型具有成效的一个重要原因。

4. 以制度安排为核心,分权让利为导向的政企关系研究

钱颖一等(1994,1997,1998,2000)对中国的转型进行了分析,强调用"中国式的联邦主义"来解释所谓的中国奇迹。钱颖一指出,在大多数转型国家中,地方政府构成了经济增长障碍,而通过中央政府和地方政府之间的分权,中央政府可以对地方政府对企业的干预方向进行约束,并诱导后者向有利于地方经济的方向发展。通过引用"预算软约束"的概念,钱颖一等分析了中国改革过程中中央政府和地方政府之间的关系,并认为中国改革的特征就是中央政府向地方政府分权,特别是财政分权。林毅夫等(1994,1997,1999,2004)对转型经济中国有企业的预算软约束问题进行了系统的分析,认为国有企业所承担的"政策性负担"是形成企业预算软约束的根本原因,而剥离这一负担就是问题的关键,也就是向企业让利。追随上述思路,国内对于通过制度层面研究转型问题形成了三个不同的侧重点:关注政府分权,如何梦笔(2001)、周业安等(2004)、Young(2000)以及Blanchard 和 Shleifer(2000)等;关注企业让利,如黄少安(2000)、韩朝华(2003)等;关注政企关系,如朱光华、陈国富等(2005)。

在制度分析框架下,地方政府行为成为关注的重点,这明显区别于产权分析框架。王振中(2006)特别分析了转型期我国地方政府行为的特征并用经验数据加以描述。杨瑞龙(1998)基于放权让利的改革背景,认为分享剩余索取权和拥有资源配置权的地方政府在我国向市场经济体制过渡过程的一定阶段中扮演了制度变迁的"第一行动集团",进而提出了"中间扩散型制度变迁方式"的理论假说。此后杨瑞龙、杨其静(2000)还提出"地方政府是连接中央治国者的制度供给意愿和微观主体制度需求的重要中介"。

5. 以阶段监控为核心,实证检验为主要途径的政府行为和企业行为研究

经济转型是一个过程,随着改革的不断深入,越来越多的学者倾向于采用实证性的方法对以往的研究成果进行检验,用以证明理论假说和构建更为完善的理论体系。在实证研究中,大致分为两类:一类是通过构建指标体系来探究我国转型的阶段性进程以及市场化程度;另一类是通过样本的选择揭示现实的转型特征,对以往的理论假说进行验证。

国际组织对于转型阶段性进程较为关注,欧洲复兴与开发银行(EBRD)通过构建改革进程指数(IRP)系统对转型国家向市场经济过渡进程的跟踪研究;世界银行(WB)在1996年和2002年两次专题对转型国家的自由化、产权与企业改革、机构和社会政策三个领域进行评估。我国学者也一直对国内的市场化水平进行关注,卢中原、胡鞍钢(1995),江晓蔚、宋红旭(1995),顾海兵(1995,1997,1999,2000),赵彦云、李静萍(2000),赵雯(2003),景维民、张慧君(2006)等都在这一课题上做出了大量的努力。

对于转型期地方政府行为和企业行为的实证研究数量很多,龚冰琳、徐立新、陈光炎(2005)连同国务院发展研究中心和国际银行对我国省份的地方保护主义进行了验证,并指出其影响;李善同、刘云中、陈波(2005)通过企业问卷调查也对中国国内地方保护主义的程度和内容进行了剖析。

6. 通过企业重构和所有制结构调整为线索的转型研究

在分析转型问题时,很多学者都将焦点集中于产权改革和私有化的浪潮,但是为什么中国激烈的产权改革或大规模的私有化比俄罗斯滞后很久,单纯的意识形态问题是不能解释这种滞后的,因此从企业重构和所有制调整的微观角度寻求答案就成为一个值得探索的角度,表2-1能够基本涵盖这一研究领域的典型成果。

表 2-1　企业重构与所有制结构调整研究内容等分类

企业重构	企业重构的微观机理	政府推动（硬化预算约束、放松管制）	理论研究：Aghion，Blanchard and Carlin（1994）；Blanchard（1994） 实证研究：Pinto et al.（1993）	
		经营者推动（产权改革及对产权改革的预期、新经营者的进入、对职业生涯的考虑）	理论研究：Aghion，Blanchard and Carlin（1994）；Dyck（1997）；Roland et al.（2000）；Shleifer and Vishny（1994） 实证研究：Estrin et al.（1995），Barberis et al.（1996），Claessens et al.（1999）	
		职工（内部人）的作用	理论研究：Kenway（1996），Blanchard et al.（1996） 实证研究：Carlin et al.（1997），Pohl et al.（1997），Frydman et al.（1997）	
	企业重构的最优路径	产权改革主导的经济转轨	Katz et al.（1993），Aghion and Blanchard（1994）	所有制结构调整
		非产权改革主导的经济转轨	考虑由所有制本身造成的企业效率差异	Burda（1993），Chadha et al.（1997）
			不考虑由所有制本身造成的企业效率差异	陈钊（2004）
			由所有制本身造成的企业效率差异	张维迎（1998），樊纲（2000），Lietal（2000）
			其他原因（制度、意识形态等）	平新乔（2000）

资料来源：陈钊，《经济转轨中的企业重构：产权改革与放松管制》，上海人民出版社2004年版，第15页。笔者有改动。

（二）对国内外研究的述评

国内外对于转型期地方政府行为和企业行为的研究沿袭了从"华盛顿共识"到"北京共识"的转变，并且对中国的转型引起了高度的关注。与此同时，地方政府对于转型的特殊作用也引起了学者的广泛关注，特别是国内外学者从产权和资源配置等层面对我国转型的机理进行了多角度的探究。但是以往的研究还是没有从微观角度解释我国转型经济的机理及其对企业战略环境的影响，以及企业如何适应转型期的特殊情景。

究其根源，以往的国内外研究在本质上还源于我国改革开放是在实践领先于理论、"摸着石头过河"的逻辑前提下进行的，并且对于中国转型的绩效导向是"民生"导向的,即所有的制度安排均以满足人民的需求为最终目标。由于消费者的有限理性和地方政府行为的有限理性,势必导致中国转型中现实的问题层出不穷,致使相关研究停留于具体实践问题的解读上,缺乏对于过去20多年转型历程的全局把握。此外,在对于中国经济转型的研究过程中,政府行为和企业行为之间的必然联系还没有完全厘清。企业对于社会财富创造和国计民生的现实功效没有被充分认识,致使企业往往成为新古典经济学定义中的生产函数以及新制度经济学拓展下的制度安排等抽象层面的组织,往往忽略了在马克思理论体系下价值创造层面的特殊实体组织,这就难以有效地从政治层面与地方政府建立最为充分的价值联系,使中国转型情境下的经济学和企业战略管理都没有得到充分的发展。

综上所述,以往的研究还存在可供进一步拓展的研究空间。具体而言,包括以下三个层次:其一,以往的研究没有将企业的价值本质作为经济学和战略管理研究的理论前提,没有充分剖析企业在经济和社会转型中发挥的巨大作用;其二,在缺乏企业实体认识的前提下,中国经济转型的微观机理尚未有效地澄清,没有在企业和政府这两个转型过程中最为关键的行为主体之间建立明确的联系;其三,以往研究的重点在于解释"民生"导向下的现实问题,因而难以从一个历史发展规律的角度对现实中企业的战略行为做出有效的前瞻性指导,致使企业还停留在"摸着石头过河"的尴尬境地,难以把握中国转型和全球化背景下的客观规律。

二、中国转型的微观机理:一个基本的模型

30多年的改革历程已经给转型研究提供了大量的现实素材,如何用理论诠释这一过程就是摆在理论研究者面前的紧迫任务,这不仅关系到我们能够在过去的改革中汲取足够的经验,更意味着我们要通过一个适当的理论描述对转型、对未来进行预测。中国转型中得到学界共识的基本结论在于:中国经济转型的本质是一次大范围的诱导式制度变迁,制度变迁的主导者是政府。

尽管多年国内外的研究取得了丰硕的成果,但是我们依然存在

很多困惑:政府主导转型的动力是什么,为什么转型后中国经济的活力会如此巨大地迸发出来,作为制度变迁核心力量的制度供给方和需求方是谁,这样的制度变迁会持续多久,今后的发展方向是什么……特别是作为市场经济的主体,面对中国的经济转型,能否把握未来的方向将直接决定企业是否可以确立竞争优势,获得持久发展。因此,明晰企业在中国转型所处的位置,在微观角度把握中国经济转型的机理就成为一个非常值得我们思考的问题。

在前文的分析中,我们始终坚信中国转型的关键问题是政府和企业的制度构建,是政府和企业之间博弈的动态演化过程。我们将用以下模型来探讨政府和企业之间的微观博弈,力图以此解释中国经济转型的微观机理。

(一) 模型的基本假设

假设 1:中国的经济转型是民生导向的

吕炜(2005)[①]指出中国模式的本质是始终以民生为转轨的根本目的,以民意为转轨路径选择的基本导向,这两个原则决定了绩效是评价转轨的核心。笔者认为,中国经济转型确实是以百姓民生为导向的制度变迁过程。目前"中国模式"和"北京共识"试图概括的核心内容正是:以经济绩效改善、民众生活质量提高作为改革的目标和实现改革的唯一途径,以大胆试验、慎重推广的方式把握民众对改革的反馈,摸索适宜的改革路径,以创新(包括制度创新和技术创新)作为经济发展的发动机和持续进步的手段。因此,以民众的需求作为转型的风向标是符合中国 30 多年转型历程的。

假设 2:中国经济转型中的地方政府作为微观主体是一个"掠夺型"政府

古典经济对于政府采用一种自由放任的观点,认为政府应该是对市场机制"看不见的手"进行补充;为了纠正市场失灵,新古典经济学家将政府界定为"扶持之手",认为政府必须干预经济,通过宏观调

[①] 吕炜:《基于中国经济转轨实践的分析方法研究——兼作对"北京共识"合理逻辑的一种解释》,《经济研究》2005 年第 2 期。

控使经济运行有效;上述两种政府理论,无论作为一个实证模型还是作为一个规范模型都是失败的。本研究借鉴施莱弗和维什尼(2004)将地方政府界定为一个"掠夺之手"①的模型,该模型公正地看待政治,并把政治过程看成是政府行为的决定因素,该模型认为政府的政治目的不是社会福利的最大化,而是追求自己的私利。通过有效配置自己手中掌控的资源,地方政府通过合理化的政绩来追求自身的发展。在转型期的中国,地方政府之间存在激烈的辖区竞争,因此通过"掠夺之手"获取自身效用最大化从某种意义而言是贴近现实生活的。一个需要说明的问题是本研究中地方政府和中央政府的关系:本研究认为中国转型的微观主体之一是地方政府,在 1994 年分税制改革前,中央政府和地方政府是没有利益冲突的,两者仅仅是官僚层级不同;1994 年分税制改税制改革后,地方政府有了很大的自主权,作为主体直接与企业博弈,推动经济体制的转型历程。②

假设 3:中国经济转型中的企业是资源约束下的实体论企业

由于本研究是立足于微观视角,同时强调政府和企业作为组织的共性,因此根据前文对于企业理论的梳理,本研究中的企业是一个资源约束下的实体论企业。这一企业的基本特征在于:作为一个承载不同利益相关者价值诉求的平台,企业的性质不仅仅局限于新制度经济学层面的完全或不完全契约的集合,而是不同利益相关者通过让渡自有要素的部分(乃至全部)所有权,将其转化为企业资本进行价值增殖创造,最终获得相应收益补偿的一个专有平台。企业经营活动也就相应地体现为利益相关者要素转化为企业资本,企业资本转化为企业产出的两个阶段过程,即符合"利益相关者要素—企业

---

① 安德烈·施莱弗、罗伯特·维什尼:《掠夺之手——政府病及其治疗》,赵红英译,中信出版社 2004 年版,第 3 页。

② 这里对于中央政府和地方政府的关系分析是一种简单的抽象。事实上,国内近期的学者对于分税制改革前的地方政府行为也进行了详尽的研究,发现在行为上也与中央政府之间存在一定的差异。本研究的关注焦点在于政府和企业博弈过程,以此解释中国转型的微观机理,对中央政府和地方政府行为的差异不做进一步的探讨,这可以作为本研究今后值得进一步探讨的方向之一。

资本—企业产出"的逻辑过程。从企业行为的角度而言,上述逻辑过程可描述为"要素投入—企业生产—企业产出"三个阶段。

(二) 模型的构建:民众[①]、企业和地方政府的效用函数

我们假设在经济运行环境中包括民众、企业和政府,民众代表了全社会的总需求,企业代表了全社会的总供给,政府是社会制度的制定者,也是对全社会资源的规制者。

我们构建民众的效用函数: $U_{consumer} = f(x_1, x_2)$, x_1, x_2 是企业生产的两种产品,前者是生活必需品,后者是奢侈品,民众满足预算约束 $q_1 x_1 + q_2 x_2 \leq I$, q_1、q_2 是两种商品的数量, I 是民众的收入。

构建企业的效用函数: $U_{firm} = f(Y, c, w, r)$, Y 是企业的总产出,也是社会的总产出, c 是企业的生产成本, w 是企业产生的外部性净值。根据假设,企业是资源约束下的实体论企业,遵循"要素投入—企业生产—企业产出"三个阶段,因此企业三个阶段对应的政府规制分别为 r_1、r_2、r_3、r_4,如图 2-4 所示。

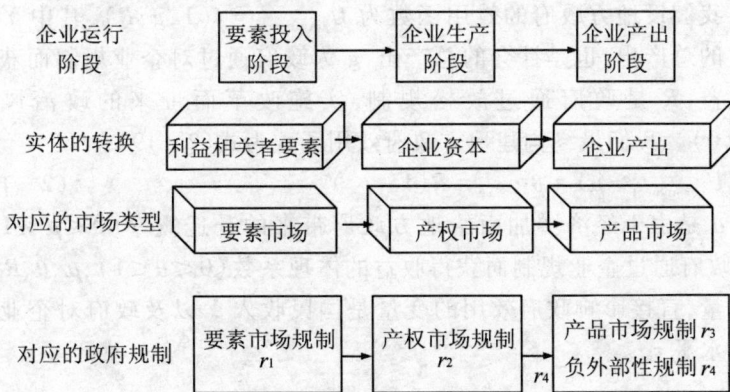

图 2-4 企业运行阶段、实体转换、市场类型一级对应的政府规制

我们设企业的总产出 $Y = f(p, q)$, p 是单位产品的竞争优势,根据波特的竞争优势理论, $p = (1-k)c_l + k \cdot d_f$,其中 c_l 是单位产品成

---

① 民众与消费者的区别在于:除了对产品进行消费,代表社会的总需求外,还拥有政治上的民主权利,能够对政府进行要求,是制度变迁的诱发者。

本领先优势，d_f 是单位产品差别化领先优势，k 是差别化程度系数 $(0 \leqslant k \leqslant 1)$ [1]；q 是企业产品的产量，满足适配条件的柯布 - 道格拉斯函数不变报酬型函数形式，$q = \Omega A(t) L^{1-\alpha} K^\alpha$，$A(t)$ 是综合技术水平，L 是投入的劳动力数（单位是万人或人），K 是投入的资本，一般指固定资产净值（单位是亿元或万元，与劳动力数的单位相对应），$1-\alpha$ 是劳动力产出的弹性系数，α 是资本产出的弹性系数，由于是适配函数，因此企业的产出水平取决于技术、资本和劳动力较小的一方。我们将企业受政府的规制水平设为 r_{eg} $(0 \leqslant r_{eg} \leqslant 1)$，$r_{eg} = r_1 + r_2 + r_3 + r_4$，则 $(1 - r_{eg})$ 就是企业的自主权。由于企业是创造价值的组织，会对利益相关者投入的要素起到放大作用，因此，我们最终构建企业效用函数为式 $(2-18)$。

$$U_{firm} = Y - c - w = p \cdot q - (c + w)$$
$$= [\Omega A(t) L^{1-\alpha} K^\alpha]^{(1-r_{eg})} \{ [(1-k)c_l + k \cdot d_f] - (c + w) \}^{(1-r_{eg})} \qquad (2-18)$$

我们设地方政府的效用函数为 $U_{government} = f(Y, g, R)$，其中 Y 是企业的总产出，也是社会的总产出，g 为政府通过对企业规制而获得的收益，R 是政府通过放松规制，实施改革而带来的政治风险 $(R < 0)$。我们最终构建地方政府效用函数为式 $(2-19)$。

$$U_{government} = \mu Y + \theta \cdot r_{eg} + R(1 - r_{eg}) \qquad (2-19)$$

μ 是由于经济增加而给地方政府带来的升迁概率 $(0 \leqslant \mu \leqslant 1)$，$\theta$ 为政府通过企业规制而获得收益的体现系数 $(0 \leqslant \theta \leqslant 1)$，$\mu$、$\theta$、$R$ 均为常量，直接影响政府效用的变量是国民收入 Y 以及政府对企业的规制水平 r_{eg}。

---

① 根据波特的竞争优势理论，企业的竞争优势包括成本领先、差别化和目标集聚，当 k 取 0 时，企业表现出的竞争优势为成本领先；当 k 取 1 时，企业表现出的竞争优势为差别化；当 k 取 0.5 时，企业表现出的竞争优势为目标集聚；当 k 取 $(0, 0.5) \cup (0.5, 1)$ 中的其他值时，企业表现为混合战略。

（三）模型的推导：政府解除规制[①]与经济转型

1．转型的初始化条件分析

我们设 t_0 为经济转型的时间起点，由于生产力水平较低，企业的产出水平 q^{t_0} 难以满足民众对于物质生活的需求 $q^{t_0} < q_1^{t_0} + q_2^{t_0}$，民众的效用水平如图 2-5 的 A 点所示。此时，政府对企业采用完全规制的计划经济体制，$r_{eg}^{t_0} = 1$，企业由于没有经营自主权，企业内部缺乏激励效应，因此产出与劳动力相对应，尽管资本充裕但是产出水平低；社会处于一个物质产品极不丰富的卖方市场，老百姓有钱买不到商品（社会总供给水平低于其与民众的预算线的交点 B），存在凭票供应的现象，企业不考虑竞争优势的问题，即 $k^{t_0} = 0$；民众提出改革的要求，要求政府拿出举措提高社会产出，进行经济转型。

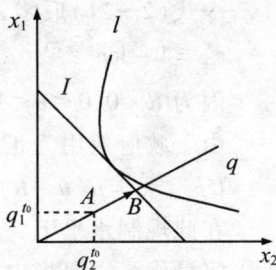

图 2-5　转型前的民众
　　　　效用水平

2．转型期制度产生的均衡条件：地方政府放松规制

作为制度变迁的制度供给方，地方政府不仅仅考虑到民众的需求，还要追求自身效用最大化，即 $\mathrm{Max} U_{\mathrm{government}}$，将式（2-18）代入式（2-19），整理后得到：

$$U_{\mathrm{government}} = \left[\mu\, c_l \Omega A(t) L^{1-\alpha} K^{\alpha}\right]^{(1-r_{\mathrm{eg}})} + \theta \cdot r_{\mathrm{eg}} + R(1-r_{\mathrm{eg}}) \quad (2-20)$$

由于各个系数为常量，企业内部的技术水平、劳动力投入以及资本投入既定，因此变量就是地方政府的规制程度 r_{eg}。我们在式（2-20）

---

　　① 对于解除规制与中国经济转型问题，学界有两种不同的诠释方法：一种观点认为中国经济转型产生的巨大经济变化归结于中央政府放松对地方政府的规制，通过体制外的增量改革来提高效率，并不涉及体制内微观主体的行为（杨开忠、陶然、刘明兴，2003）；另一种观点则以微观企业重构为视角，认为政府放松对国有企业的"就业管制"才是转型期经济增长的内生性源泉（陈钊，2004）。笔者研究的视角始终立足于微观企业，因此解除规制更符合后者的认识，但对于解除规制的具体内容和过程，笔者则从企业价值创造过程进行分析，而不特别关注某一种企业要素行为。

中,对 r_{eg} 一阶求导,解出政府效用最大化的极值以及所需要的条件。我们令 $c_i \Omega A(t) L^{1-\alpha} K^{\alpha} = z$,将式(2-20)转换后求导得式(2-21):

$$\frac{\partial U_{\text{government}}}{\partial r_{eg}} = [\mu z^{(1-r_{eg})} + \theta \cdot r_{eg} + R(1-r_{eg})]' = -\mu z^{(1-r_{eg})} \ln z + \theta - R$$

$$(2-21)$$

令式(2-21)取零,解得

$$r_{eg}^* = 1 - \log_z^{(\theta-R)} \qquad (2-22)$$

因为 $R < 0, 0 \leq \theta \leq 1$,因此 $r_{eg}^* < 1$,政府要放松规制。

由于政府效用为正,并且符合连续凸函数性质,因此有极大值:

$$U_{\text{government}}^* = \mu(\theta - R) + \theta(1 - \log_z^{(\theta-R)}) + R \log_z^{(\theta-R)} \qquad (2-23)$$

在此规制水平下,企业也存在一个效用水平,尽管这一效用水平不一定最优。需要指出的是,中国转型是民生导向的,转型初期企业没有自主权,难以对制度设计提出要求,因此对于转型制度的供给方和需求方是地方政府和民众。

但是作为社会财富的创造者,企业同样期望得到自身效用最大化的结果,尽管这一目标在很大程度上取决于地方政府的行为。通过对式(2-18)进行分析,我们可以发现,企业效用最大化的条件是尽可能地优化内部的资源,让适配函数发挥最大的效用[1],同时降低成本,提升企业的竞争优势,这些策略的最终运用取决于企业自主权 $(1-r_{eg})$。通过上述模型分析,我们可以得出转型的焦点问题在于对政府规制水平的调节与控制。在民生导向下,政府必须通过放松规制来缓解产品市场供给不足的压力,这是一个一般性的结论,并不会存在过多的争议。而本研究接下来关注的重点在于政府如何放松对企业的规制,针对企业的不同领域和环节,放松的顺序和程度是如何把握的,因此我们将 r_{eg} 分解为4个部分 $r_{eg} = r_1 + r_2 + r_3 + r_4$,通过具体

---

① 根据前文企业理论的论述,企业是一个利益相关者资源共同产出的过程,但是由于各种要素不是完全适配的,因此企业会出现"短板"而影响产出,从式(2-18)可以看出企业通过调整技术水平、资本和劳动力可以缓解企业的瓶颈效应,提高企业的产出水平。

分析来解释中国转型的微观机理。

3. 转型的第一阶段:满足民众对产品数量的需求

转型的首要目标是满足民众对于物质产品的数量需求,将效用水平从 A 点提升到 B 点,满足预算约束 I 下的民众效用最大化。

地方政府在放松对企业的规制过程中,可以选择 r_1、r_2、r_3、r_4,单一或者是其组合,如何选择就成为地方政府行为的关键。根据我们的假设 2,地方政府是一只"掠夺之手",在追求其政治利益最大化的同时,也要规避政治风险,在同样能够加大企业自主权,提高企业效率的众多方案中,政治风险最小的就成为地方政府的首选。

比较来看,在控制住要素市场的渠道,以及产品市场的价格时,放松对企业生产领域的规制,对于地方政府而言是风险最小的。因为控制了"源头"和"下游",企业能够带来的政治变化有限,而对产品产出的影响确实最直接的,最能缓解民众的呼声,在政治市场上获利,因此地方政府首先会选择对企业生产领域放权的方式,释放企业活力,即降低 r_2。

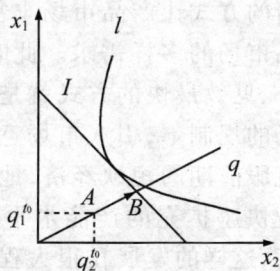

图 2-6　转型第一阶段的民众效用水平

增加社会产品产量,缓解短缺经济可以有两个途径。一方面,对于原有企业而言,放松对生产领域的规制,在一定程度上实行包干制、承包制,有利于调动劳动者的积极性,对于加大研发(此时更多的是技术改造)和降低成本的努力就会增加,因此企业内部要素适配程度大大提升,企业产量增加。由于当时所处的市场环境是卖方市场,产量提升就意味着企业效益的提升,而且产品价格由国家控制,因此企业会强调内部挖潜来减低成本,通过低成本给企业带来收益。另一方面,由于企业内部生产环节的放松,专有技术以及知识会以多样的形式产生扩散,降低行业的进入壁垒,大量新的企业产生,同样起到扩充市场规模的目标。

在这一阶段过程中,由于短缺经济的市场环境以及政府对于要素配置的低效率使得此时地方政府与企业的目标具有一致性,只要政治风险可控,放松规制就会达成共赢。随着社会产品的丰富,民众的需求基本得到了满足,市场从卖方市场向买方市场转变,此时民众力图达到更高的效用水平,即不仅在数量上满足预算要求,而且要追求预算约束下的效用最大化,追求产品结构的差异。

4. 转型的第二阶段:满足民众对产品结构的需求

随着市场供求关系的转变,民众在满足基本物质需求的情况下,追求自身效用最大化,如图2-7所示。民众效用最大化的点位于无差异曲线和预算线点的切点位置C,因此地方政府后继的工作就是通过放松规制满足民众日益增长的物质需求。

对政府而言,一方面进一步放松对企业生产领域的规制;另一方面要寻求新的方式让产品市场丰富起来,满足产品市场的多样需求。此时,政治风险最小、见效最快的方式就是放松对产品市场的规制 r_3,引入市场竞争机制。为了克服前期的短缺经济,地方政府对于企业快速扩充的产能水平采取了放任态度,这样的发展在很大程度上会出现资源配置的低效率。此时,已经放松的规

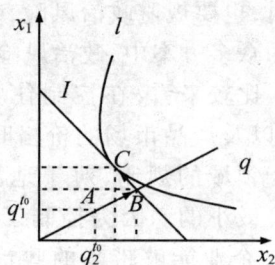

图 2 - 7 转型第二阶段的
民众效用水平

制难以再次收紧,因此最为可行的方式就是通过价格机制优胜劣汰,提高资源的配置效率,保证地方政府对于经济增长和资源配置效率的双重要求,通过市场机制塑造企业的竞争优势去赢得民众的需求。

在竞争过程中,企业为了降低自身的成本就需要政府放开对要素(原材料)市场的规制,打破对于关键要素的垄断经营。基于式(2-19),地方政府在满足民生需要后(μY 已达到最大化水平),为了自身效用最大化,就要考虑规制收益 $\theta \cdot r_{eg}$ 和政治风险 $R(1-r_{eg})$ 两项的变化。此时,要素市场给政府带来的垄断收益是非常可观的,地方政府已经在此形成既得利益集团,难以打破;而要素市场中土地、资本市场放开带来的政治风险是难以估计的,因此地方政府最终决策会选择暂时不放松 r_1。

而企业面对激烈的竞争,为了获得竞争优势可以选择通过技术研发提高企业内部要素适配能力提高竞争力,也可以选择差别化的方式来赢得民众的货币选票,但是还有众多企业采取低成本策略,为

降低成本不惜采取污染环境、降低工资等回避社会责任的方式。

此时民众在满足物质需求的同时,逐步关注环境问题、公平问题等有碍社会和谐发展的问题,因此向地方政府呼吁要求将自身的效用向一个新的层次提升。

5. 转型的第三个阶段:满足民众对于和谐生活的需求

基于前文的分析,企业面对激烈的市场竞争迫切需要地方政府放松对于要素市场的规制 r_1,而民众则更关注地方政府对于企业产生的负外部性的规制 r_4 的加强,此时地方政府和企业之间就出现较强的利益冲突,必然以此进行复杂的博弈。这一复杂的博弈也决定了转型的发展趋势以及中国企业的发展方向。

仔细分析这一阶段地方政府和企业的行为,我们就会发现问题的复杂性。对于地方政府而言,要素市场规制背后是若干既得利益集团形成的错综复杂的利益关系,对这一市场放松规制意味着深层次的利益关系被打破并根据市场化的透明运作方式重新进行分配,其面对的压力可想而知,紧随其而至的必然是深层次的政府机构改革,这往往是企业所难以影响和预测的,这仅仅是问题的一个方面。另一方面,地方政府放松要素市场的规制,要面对很大的不确定性因素。土地、资本等稀缺性关键生产要素一旦放开,紧随而至的很可能是大范围的投资行为和巨大的市场波动,其中房地产、证券市场以及关系到民生的命脉产业形成的波动将会给地方政府带来极大的政治风险。

第三节 中国转型过程中企业响应地方政府的策略假说

基于上述分析,中国转型发展是在伴随着地方政府对企业规制放松的基础上逐步进行的。在不同的阶段,企业面对政府不断出台的政策,及时根据市场需求变化调整自身策略,最终完成政府的既定政策目标,推动转型走向成功。根据前文转型阶段论的基本模型,本节提出企业面对地方政府放松规制的行为,可能以及应该采取的响应策略,归纳为图2－8以及表2－2作为本研究的一个结论,并作为假说提出,为下文的历史检验提供基础。图2－8给出了转型期地方政府决策以及企业响应地方政府的策略分析流程,通过这一流程的分析,可以让企业充分熟悉自身所处的策略位置以及可供选择的策略走向。表2－2则是概括了企业响应地方政府行为的策略集合。

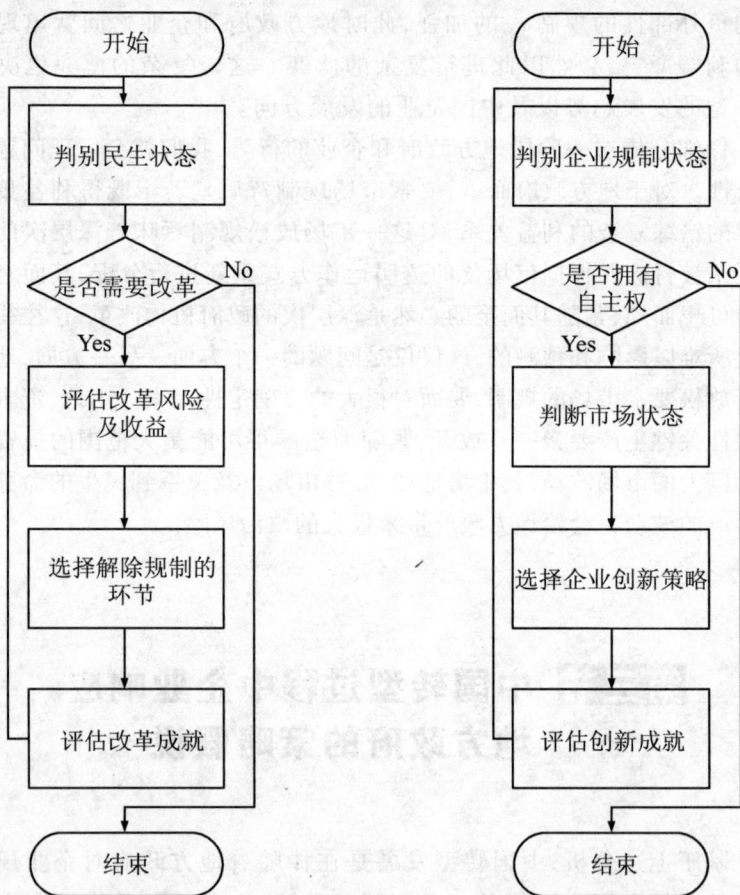

图2－8　转型期地方政府决策以及企业响应地方政府的策略分析流程

表 2 - 2　企业响应地方政府行为的策略集合

转型阶段	地方政府策略	新增策略	具体含义	企业响应策略	具体含义
第一阶段:产权转型为主	放松 r_2	—	放松对企业生产领域的规制,企业自由组织生产	进行"管理创新策略"	改变所有制结构,进行产权创新;改变技术结构,进行科技创新
第二阶段:市场转型为主	放松 r_2、r_3	r_3	在放松对生产领域规制的基础上,放松对产品市场的规制,表现为价格的放松	进行"市场创新策略"	加大产品成本控制,追求成本领先;加大差别化研发,追求差别化策略;进行市场影响活动
第三阶段:和谐转型为主	放松 r_2、r_3、r_1	r_1	适当放松部分要素市场的控制,允许企业通过市场组织要素进行生产,但是仍保留部分要素市场不放开	进行"社会资本创新策略"	加强对政府合作博弈,在社会关系网络构建中取得竞争优势,获得稀缺要素
	放松 r_2、r_3、r_1,加强规制 r_4	r_4	在上述改革的基础上,加大对企业外部性影响的控制,加大资源利用效率和环境保护政策,维护劳工权益	进行"社会资本创新策略"	加强对社会资本的投入,在利益相关者网络中获得竞争优势,承担社会责任,与政府合作构建和谐社会

第三章

■ 检验与重构:改革 30 年企业响应地方政府策略回顾

　　理论的假设与实践的差距,往往需要通过历史的发展轨迹加以检验。通过对新中国工业发展历史(1979—2008)的检验,我们发现了理论和现实之间存在的距离,这种距离不仅仅体现在理论抽象和现实具体之间的复杂性的差距,而且体现在"改革逻辑"与"发展逻辑"的冲突和对立上。通过仔细梳理改革 30 年来国有企业和民营企业在成长过程中响应地方政府行为的策略,本部分对原有的理论模型进行了修正和完善,对地方政府行为模式进行了再梳理,最后确立了以政府放松规制为核心的企业响应地方政府的策略集合。

第一节　中国经济转型过程中企业行为的两重逻辑

　　前文的静态模型假设中,我们单纯从企业和地方政府相互关系的角度,尝试性地探讨了中国转型过程中地方政府和企业之间的互动背景、互动过程以及企业采取的响应策略进行了分析和思考,提出了一个阶段性的假说和企业策略性集合。但是,仔细研读新中国工业发展的历史（1979—2008），我们发现了理论和现实之间存在的距离，这种距离不仅仅体现在理论抽象和现实具体之间的复杂性的差距，而且体现在逻辑思路的冲突和对立上。

一、"改革逻辑"与"发展逻辑"[①]

在过去中国经济体制转型的 30 多年间，企业并非以一种完全单一的形态存在，尽管在抽象概念上都符合我们理论中提出的"资源依赖观的实体企业"，但是在行为路径和历史轨迹上所发挥的效应和采取的策略是存在很大差别，突出地体现为国有企业和民营企业两种不同的形态。此处我们谈到的形态差异性，并不单纯是从所有制关系上所体现出的所有者属性的差异，而是直接表现在这两种企业在中国转型过程中的本质逻辑。

前文对于转型阶段论模型中的企业，是国民经济中存在的存量经济，政府对企业一开始就具有绝大部分的规制权力，鉴于中国转型的一个主要内容就是由计划经济向市场经济的转变，因此国有企业改革就成为中国转型过程中的一个核心命题，在很大程度上决定了中国经济发展的活力和导向，国有企业在中国经济转型过程中是一个明确的"改革逻辑"。如何通过有效的改革方式解决计划经济条件下给企业遗留下来的外部制度障碍，如何通过有效的改革方式解决企业内在机理约束机制，以及如何通过有效的改革方式让企业在要素市场、产品市场以及公共品市场中获得维系企业长期发展的资源，这些就是企业策略性行为的主导思想。因此，国有企业改革的一个关键途径就是通过要求企业放松规制来释放企业原有的活力，这是符合我们前文模型的基本逻辑的。

相对国有企业而言，民营企业在中国转型的历史进程中是一个全新的经济力量，是中国经济发展过程中的增量，由于民营经济的产

[①] 就一般意义而言，发展的概念范畴是涵盖改革的，因为改革是一种特殊的发展模式，但是本研究将两者对立分析，仅仅是从历史的角度，审视经济改革的增量和存量之间的差异，借以从微观的角度来判别民营经济和国有经济之间的行为差异。

生有其自发性的内生变量存在,因此先天就具有很强的活力,但是由于外在制度供给过程滞后于其发展过程,民营经济发展的核心要务就是在适应当时制度环境下,寻求最好的生存方式,并且尽可能地获取利润,为了这一目标可以同地方政府主动合作,也会同地方政府彻底决裂,因此发展逻辑贯穿于民营经济的主体行为。这个特殊的经济主体体现出的行为特征和初始条件是与前文的转型阶段具有一定的差异性的,它们更加关注地方政府的行为特征,具有更强的策略性行为倾向,这些是我们要着重审视的新问题。

二、"强制性制度变迁"与"诱导性制度变迁"

诺思在分析制度变迁的基本模式时,将制度变迁方式划分为强制性制度变迁和诱导性制度变迁,借此分析两种制度变迁的外在表现形式和内在动力来源。长久以来,学界基本的共识在于中国是采用诱导性制度变迁来完成转型的,相对于东欧国家"阵痛疗法"的强制性制度变迁,中国体现出更为突出的优越性,因而就出现了"华盛顿共识"应被"北京共识"取代的理论呼声。事实上,笔者认为就宏观经济而言,诱导性制度变迁是符合中国转型实际情况的,但是从微观角度而言这个理论假说就有很大的商榷余地,理由就在于"改革逻辑"与"发展逻辑"之间的差异。

中国的国有企业改革在很长一段时期内都体现为一种政府引导下的规制放松和企业活力释放过程,中央政府和地方政府对于国有企业改革采用的是以行政性命令为主,市场化手段为辅的策略组合。对于国有企业而言,在不断变化的制度环境下,满足政府改革目标就成为要任,技术改革、产权改革、兼并重组、下岗分流、股权分置等措施都是一种被动式的策略行为。从这个意义上讲,国有企业改革在很大程度上都符合强制性制度变迁的范畴。当然,我们同样承认在政府允许的范围内,国有企业有很多自发性的创新行为,其中也包含对制度的诱导性变迁因素,但是从整个发展过程而言,"改革逻辑"更多体现为强制性制度变迁。

而民营经济因为有先天的自发性内生变量存在,为了自身的发展往往向政府要政策，向国企要技术，在制度不能提供的情况下，自发地创造自身需要的制度环境，戴"红帽子"、引进先进设备、发展国际贸易、形成产业集群都是可供选择的策略。从这个意义而言，民营经济的发展确实体现出诱导性制度变迁的典型特征。但是，由于意识形态和政治因素以及产业发展等外部因素存在，民营企业的发展也经历了强制性的行业整顿、清理，有高潮，有低谷，也是强制性制度变迁下的受体，但是正如前文所述，从整个发展过程而言，"发展逻辑"更多地体现了民生意愿，体现了诱导性制度变迁的基本属性。

三、地方政府效用最大：两种逻辑的统一

尽管上述两种逻辑存在着形式上的差异，但还是能够统一在一个分析框架下的，一个最主要的原因就是两者背后都体现出了地方政府的效用最大化原则。

国有企业的改革初衷在于盘活现有的要素和资本，将低效率的资本运作管理模式转变为高效率的资源配置方式，其最终的目的就是要国有企业所蕴含的利益相关者要素发挥出最大效率，这种效率的提升既能够满足区域内的民生需求，也能够给地方政府带来政治上的收益，此时我们关注的角度是资本产出的最大化水平。因此，无论是放权让利还是民营化改革都是在实现这一目标。

我们还要注意，在地方政府掌控下还存在或多或少的以要素形式存在的物质财富，特别是资本要素，地方政府为了追求自身效用最大化，就必须让这些要素在有效的配置下保值增值，民营企业就是最有效的资本运作模式，民营企业因此产生并逐渐发展。当地方政府为了保证自身效用最大化而播下民营经济的种子时，同时也设置了适合这一种子生存发展的制度环境，这一环境为后期民间资本的发展提供了必要的条件，民营经济就此产生和发展起来。

根据上述分析，地方政府追求效用最大化的目标使国有企业和民营企业采用不同的路径步入转型经济。虽然企业决策的客观背景、经济基础和制度环境存在很大的差异，但是仅仅是"殊途同归"而已，并没有本质性的矛盾，是可以统一在地方政府行为—企业策略行

为这一分析框架下的,仅仅需要对转型过程中的具体微观机理进行
丰富和完善。而完善理论构建的基础就在于对新中国工业经济史的
梳理。以下两节我们将采用历史检验的实证方法,分别回顾国有企
业和民营企业在转型过程中的策略性行为。

第二节 国有企业转型过程中响应地方政府的策略性行为分析

一、研究方法以及论据来源

对于国有企业转型过程中响应地方政府的策略性行为分析,笔
者采用工业经济史研究的方法,主要论据来源于以下文献:

《邓小平文选》第 2、3 卷;

《陈云文选》第 3 卷;

《新中国工业经济史(1978—2000)》,经济管理出版社,2001
年版;

1978 年以来,党的历次全国代表大会和中央全会的文件;

1978 年以来,历次全国人民代表大会上的政府工作报告;

《人民日报》、《光明日报》、《经济日报》(有关年份);

《中国统计年鉴》(1981—2006);

《中国经济年鉴》(1981—2006);

《中国工业经济统计年鉴》、《中国农村统计年鉴》、《中国国民收
入统计资料》、《中国固定投资统计资料》、《中国国内市场统计年
鉴》、《中国物价统计年鉴》、《中国劳动工资统计年鉴》、《中国金融年
鉴》、《中国工商年鉴》、《中国对外经济贸易年鉴》、《中国社会统计年
鉴》和《世界经济年鉴》(有关年份);

《中国工业发展报告》(1996—2006);

《中国工业五十年》(1949—1999)。

二、国有企业转型过程中响应地方政府的策略性行为分析

(一) 中国国有企业转型的政策背景

从 1976 年 10 月粉碎"四人帮"到 1978 年底这段时间,我国基本完成了揭批林彪、"四人帮"两个反党集团的政治任务,受到"文化大革命"严重破坏的处于危险性边缘的国民经济也得到了恢复和一定的发展,但物质产品的极大匮乏是当时经济的一个突出表现。在这样的背景下,1978 年 12 月 18—22 日在北京召开了党的十一届三中全会。在此之前的 12 月 11—13 日在北京召开了中央工作会议,邓小平在这次中央会议闭幕式上的讲话《解放思想,实事求是,团结一致向前看》为十一届三中全会做了充分准备,这实际上就是三中全会的主题报告,它"为全会确定具有划时代意义的新认识和新决策奠定了重要基础"[1]。十一届三中全会做出了把全党的工作重点转移到社会主义现代化建设上来的战略决策。

为了贯彻落实十一届三中全会的决议,1979 年 4 月,党中央召开了工作会议,会议全面分析了我国经济建设的现状,决定集中三年的时间,搞好国民经济中的调整工作,正式提出了对整个国民经济实施"调整、改革、整顿、提高"的方针,坚决纠正前两年经济工作中的失误,认真清理过去在这方面长期存在的"左"倾错误思想。会议指出调整的内容在于协调消费和积累的比例;改革的关键在于解决经济管理体制中生产和流通环节违背商品生产的价值法则,以及分配环节违背按劳分配原则的情况;整顿的重点是管理混乱的企业,实施党委领导的厂长负责制;提高生产水平、技术水平和管理水平。这次会议实际上已经吹起了国有企业改革的号角,而且首先针对的就是企业中的生产领域。

---

[1] 江泽民:《在纪念党的十一届三中全会召开二十周年大会上的讲话》,《人民日报》1998 年 12 月 19 日第 1 版。

1981 年 11 月,赵紫阳总理在五届人大四次会议上所做的《当前经济形式和今后经济建设的方针》的政府工作报告中,总结了新中国成立 32 年以来的经验,特别是党的十一届三中全会以来积累的经验,提出了此后经济建设的十条方针,这十条方针的要点就是围绕提高经济效益,走出一条经济建设的新路子。在十条方针中,第二条指出"要把消费品工业的发展放到重要地位,进一步调整重工业的服务方向",第十条指出"从一切为人民的思想出发,统筹安排生产建设和人民生活"①,这些方针明确了中国改革的民生导向。

正是基于这样的时代背景,中国国有企业拉开了调整、改革、整顿、提高的序幕。

(二) 国有企业改革的政策阶段性举措以及国有企业的应对策略

自从 1978 年以来,中国国有企业改革已经通过"渐进"方式走过了几个阶段:扩大企业经营自主权,实行利润留成,改变高度集中的计划体制,推动企业走向市场;颁布《企业法》,推行承包经营责任制,实行厂长(经理)负责制,明确企业是相对独立的商品生产者、经营者,促使资产所有权与经营权相分离;贯彻《国有企业转换经营机制条例》,划分政府和企业的权限,推动企业转换机制,政府转变职能,进而推行企业法人治理结构,建立现代企业制度;颁布《公司法》,实施国有企业抓大放小方针,进行国有企业的改组、改造和加强管理,从战略全局进行国有企业改革,进行国有企业民营化发展。

应该说,国有企业改革的历程基本符合前文转型阶段论的基本结论:改革首先是从政治风险较小的生产领域开始的,并且是逐步、渐进地展开的。但是,我们同样发现国有企业改革存在与理论模型并非完全一致的地方:一方面,国有企业生产领域的规制放松过程是极为复杂的,不仅持续时间长,而且政策的演变也是非常频繁的,这是在理论模型过度抽象后所忽视的;另一方面,尽管政府对于国有企

① 赵紫阳:《当前经济形式和今后经济建设的方针》,人民出版社 1981 年版,第 16—46 页。

业的规制放松始于生产领域,但并非是在生产领域规制完全放松后再进入产品市场的,而是一种螺旋状的动态过程,如图 3 - 1 所示。

形成上述不一致的原因究其根本在于民生导向的改革具有很强的不确定性,地方政府为了自身效用最大化必然选择"摸着石头过河"的渐进式特征,而企业在这种渐进性的政府行为下,也体现出了相应的策略行为。

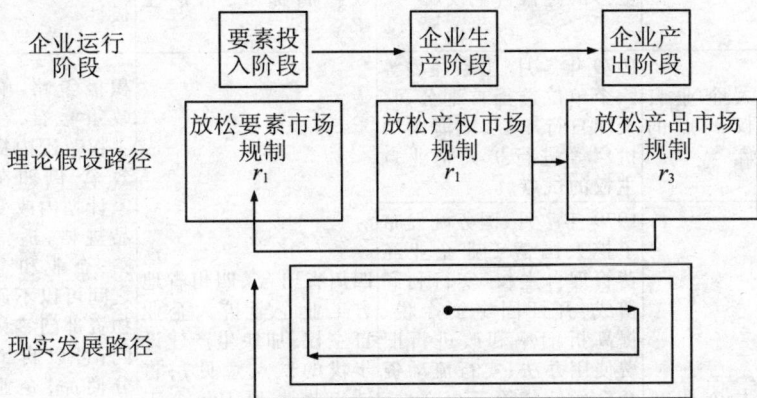

图 3 - 1   政府规制路径的理论和现实差异

以下部分,本书将按照国有企业改革的阶段,按照中央政策、地方政府行为、企业策略的框架分析不同时期企业的策略性行为。需要指出的是,在 1994 年分税制改革以前,中央和地方政府更多的是体现为上下级关系,地方政府贯彻中央的政策精神,地方政府行为的独立性在成为中央试点过程中会凸显出来;而 1994 年分税制改革后,地方政府与中央政府之间存在明确的利益关系时,地方政府的主体行为就会特别突出。

1. 国企改革的第一阶段:实施放权让利阶段

(1) 改革背景。

十一届三中全会指出应该由领导大胆下放,让地方和工业、农业企业在国家统一计划的指导下有更多的经营自主权。

(2) 政策举措和企业策略行为,如表 3 - 1 所示。

表 3-1 "放权让利"阶段中央政策、地方政府行为、国有企业策略汇总

改革进程	中央政策	地方政府行为	国有企业策略
设置"放权让利"试点	十一届三中全会指出应该由领导大胆下放,让地方和工业农业企业在国家统一计划的指导下有更多的经营自主权。	1978年10月四川选择宁江机床厂等六个企业进行扩权试点:讨论增产节约计划,在确定增产增收的基础上,提取利润提成,给职工奖金。	执行试点,以增产节约为内容,鼓励技术革新,收效显著,调动企业和职工的积极性。
扩大企业自主权试点的开始	1979年5月,国家经委等六个单位选择首钢公司、天津自行车厂、上海柴油机厂等进行扩大企业自主权的试点。	四川省出台《四川省地方工业企业扩大企业自主权,加快生产建设步伐的试点意见》,将试点扩大到100个工业企业。	积极策略:响应政策号召,在自主权范围内提高效率,例如在国家计划内改变产品规格,适销对路;企业和企业之间可以不通过物资部门签订合同;可以自销部分商品;企业挖潜革新的收益可以作为福利发放;自行选拔中层干部;招工择优录取和辞退职工。 消极策略:"工资侵蚀利润"。
扩大企业自主权试点的展开	1979年7月,国务院发布了扩大国营工业企业经营管理自主权、实行利润留成、开征固定资产税、提高折旧率和改进折旧费使用办法、实行流动资金全额信贷等五个文件,要求地方部门按照统一规定的办法选择少数企业试点;1979年底,试点企业扩大到4200个,1980年又发展到6000个,约占全国预算内工业企业数的16%、产值的60%、利润的70%。		

（3）效果评述。

这一以放权让利为主要内容的改革,确实在一定程度上缓解了国有企业的困境,改变了以往旧体制下国有企业被动地根据行政机关所制订的指令性计划进行生产的状况。由于利润留成制度的施行和生产经营自主权的下放,使国有企业具有超额完成计划和增产增收的主动性。尤为重要的是,这些措施的实施极大地冲击了传统经济体制,暴露了国有企业长期以来存在的积弊和问题。

放权让利只能暂时缓解国有企业的困境,不能从根本上解决问

题,而且由于在放权让利的同时没有强化预算的约束,其他方面的改革也没有予以配合,因此出现了很多弊端。例如利润留成制度,虽然有利于企业,但是在处理政府和企业的分配关系上具有较大的随意性,既不利于政府收入的稳定,也不利于企业财产的稳定。总的来说,这一阶段改革的结果虽然使国有企业的经营自主权有所落实和扩大,但是企业仍然没有摆脱行政机关附属物的地位;国有企业和职工的生产经营积极性虽然有所提高,但是有效的激励机制仍然没有真正建立起来,职工对于企业的利益漠不关心;企业对于价格信号和税制信号反应迟钝的事实,也说明这时的国有企业还不是真正的市场主体。通过暂时的放权让利虽然可以使国有企业状况有所改善,但是计划经济体制的存在本身和企业试图独立自主生产经营就是相悖的,因此实行起来也非常困难。与同时期的乡镇企业、私营企业、中外合资、合作企业以及外国独资企业等的快速发展相比,国有企业的状况相当糟糕:缺乏资金,效益低下,亏损严重,发展缓慢,负担沉重,后劲不足,国有经济在整个国民经济中的比例不断下降。

2. 国企改革的第二阶段:两权分离

(1) 改革背景。

从 1984 年 10 月到 1986 年底,是实行以承包责任制为主体的多种经营方式的阶段。本阶段是土地承包经营制改革在农村取得较大成功后向城市的推进,其目的是解决城市国有企业的经济效益和积极性低下的问题。在第一阶段实行放权让利之后,由于其本身的缺陷,再加上原来的非强制征收的上缴利润形式,也越来越无法适应新形势的需要,企业自身的利益与国家财政利益发生了较为激烈的冲突,中央政府的财政能力不断下降。

(2) 政府举措。

1981—1982 年在工交企业实行的经济责任制,以及从 1983 年开始试行的利改税试点,也都是以扩大企业自主权为国有企业改革的指导思想的。1984 年 5 月国务院颁发了《关于进一步扩大国营工业企业自主权的暂行规定》,规定扩大企业 10 项自主权。1985 年 9 月,国务院又批转了国家经委、国家体改委制定的《关于增强大中型国营工业企业活力若干问题的暂行规定》,其中做出了十四条规定,要求继续扩大企业自主权。尽管指导思想都是加大企业自主权,但是支撑的理论依据以及改革的思路已经发生了变化。

1984 年 10 月,中国共产党十二届三中全会通过了《中共中央关于经济体制改革的决定》这一重要决议,使国有企业的改制实践从扩权试点转入正式启动阶段。该决议明确指出:"我国经济体制改革的中心环节是增强企业活力,特别是增强全民所有制的大中型企业的活力,对国有企业必须实行政企职责分开,企业必须成为自主经营、自负盈亏的相对独立的社会主义商品生产者和经营者,充分发挥企业的积极性、主动性和创造性。"这一阶段的国有企业改制思路是:强调政企分开,所有权与经营权分开,实行多种经营方式。许多国有企业实行了承包经营,也有部分中小企业实行了租赁经营,公司制改造的试点也开始展开。这一阶段国有企业的改革,主要以"两权分离"理论为依据。

其中一个重要的措施是所谓"利改税",即把国营企业应当上缴的利润改为按照有关法律规定的税种及税率缴纳的税款,税后利润完全由企业自身支配。这一措施把政府与国有企业之间的分配关系以税收的形式固定下来,涉及许多政府部门权力的重新调整和国家财政收入结构的重大调整,其目的是解决政府与国有企业之间的分配关系,从而促进国有企业朝着独立经营、自负盈亏的方向发展。利改税的措施是逐渐实施和展开的,分为两个步骤。第一步,1983 年 4 月国务院批准了财政部提出的《关于国营企业利改税的推行方法》,将所有大中型企业由过去直接向主管部门上缴利润,改为向国家缴纳实现利润的 55% 作为企业所得税,税后利润较多的企业与主管部门再实行利润分成,或者向政府缴纳调节税,也就是对企业开征企业所得税。第二步,从 1984 年 10 月国务院批转财政部拟定的《国营企业第二步利改税试行办法》[①]时起,国有企业缴纳所得税后再区分不同情况征收调节税,改变第一步存在的利税并存的状况。具体办法

___

① 《中国经济年鉴》1984 年第 IX 期,第 83—86 页。

是将工商税按照不同县区分为产品税、增值税、营业税和盐税;改进所得税和调节税,增加资源税、房产税、土地使用税和车船使用税等。以上措施实施的结果是通过法定税率的方式确定了政府和企业之间的分配关系,相对合理地照顾了国有企业职工的利益,有利于调动三方的积极性,利改税可以比较清楚地反映国有企业年度经营状况,有利于不同性质的企业实体在同等条件下开展竞争。财政收入结构也由过去的利税并存变为以税为主。

(3)企业策略性行为。

积极策略行为:企业在实行利改税后财经纪律有所加强,对成本的分析水平有所提高,浪费现象有所改善,占用、挤压等分散国家财力的现象有所减少。

消极策略行为:由于价格改革滞后,企业的初始条件不同,而且经济核算和审计制度不健全。这些制约因素,使得"利改税"无法绕开一户一率的调节税和"鞭打快牛"现象,企业往往采用各种各样的变通手法来增加自己的所得,规避税负。

(4)效果评述。

以税代利在规范政府与企业之间的关系上是一个大的变革。它开始以法律形式代替行政命令形式来明确政府与企业之间的利益分配关系,这是政府从财政法规上将企业利润留成制度化、法律化,有利于保护企业的利益和促进企业的发展。税收改革和税种税率的确定,表明企业的剩余索取权(收益权)得到了改革实践和国家法律的肯定与认可。利改税和企业承包经营的实施改变了长期以来政府对于企业的支配关系,使企业从一个按照上级机关的命令行事的被动的附属机构,转变为相对独立的生产经营主体;部分改变了改革开放前几十年来,政府既作为国家代表凭借政治权力收取税费,又作为企业财产所有者和经营者参与投资和分配利润活动的双重角色;改变了长期以来国家直接经营管理企业的机制,首次承认了企业自身特殊而独立的利益和对企业财产占有、使用、收益的权利。

就政府与企业之间的分配关系而言,无论是"以税代利"还是"以利代税"都没有本质区别,仅仅改变了政府财政收入结构,不因企业效益的好坏而有所变化,因为其改制是以承认国家对企业和企业财产的所有权以及计划经济体制为前提的。利改税本身并不能保证企业在平等有序的竞争环境下进行生产经营,企业的激励机制问题并没有得到根本解决。国有企业对行政机关的行政依赖和预算约束问题依然存在,企业仍然无法真正自主经营、自负盈亏。另外,由于企业所得税税率较高,这意味着企业利润的55%要交给政府,因此企业缺乏创造利润的积极性。

3. 国企改革的第三阶段:转换企业经营机制

(1) 改革背景。

随着1986年以后经济领域出现的宏观紧缩,企业利润和政府收入大为减少,开始陷入资金紧张的窘境。为解决这一问题,必须提出新的改革思路和途径,股份制改造应运而生。国有企业的改制随后进入第三阶段。

(2) 政府举措。

从1987年到1993年底,这一阶段以转换企业经营机制为主要内容,强调国有企业改制的方向,必须从放权让利转变到转换企业经营机制上来。本阶段的改革从内容上看,仍然以完善承包责任制为主。随着指令性计划的减少和商品价格的放开,国有企业被推向了市场,被迫按照市场的要求进行生产和经营。为了保证这一目标的实现,最高立法机关先后通过的《中华人民共和国民法通则》、《中华人民共和国全民所有制工业企业法》(以下分别简称《民法通则》和《企业法》)等法律以法律条文的形式赋予和规定了企业的经营管理自主权;国务院则先后颁布了《关于深化企业改革、增强企业活力的若干规定》、《全民所有制工业企业承包经营责任制暂行条例》(以下简称《暂行条例》)、《全民所有制工业企业转换经营机制条例》、《〈企业法〉实施条例》等一系列行政法规,详细规定了国有企业的14项经营管理自主权利,并以利税分流、资金分账、风险抵押等措施强化国有企业自主经营、自负盈亏能力,使国有企业作为法人的权利能力和行为能力得到进一步加强,使政府对企业的行政干预受到法律和合同的双重制约。

给经营者以充分的经营自主权。1987 年大中型企业普遍推行企业承包经营责任制,有以下几种主要形式。①"双保一挂"。双保,即保上缴税利,保批准的技术改造项目。一挂,即工资总额和实现税利挂钩。②上缴利润递增包干。在核定上缴利润基数的基础上,逐年按规定递增率向财政上缴利润。③上缴利润基数包干,超收分成。即确定企业上缴利润基数,超收部分按规定进行比例分成或分档分成。④微利亏损企业的利润包干或亏损包干。⑤行业投入产出包干,实行的有石油、煤炭、石化、冶金、铁路、邮电、民航等部门。企业承包经营责任制的基本特征是:包死基数,确保上缴,超收多留,欠收自补。到 1987 年底,全国预算内企业的承包面已达78% ,大中型企业达80% 。1988 年 2 月 27 日国务院发布了《全民所有制工业企业承包经营责任制暂行条例》。1990 年第一轮承包到期的预算内工业企业有 3.3 万多户,占承包企业总数的90% 。接着又开始了第二轮承包。到 1991 年第一季度末,90% 以上的到期企业签订了第二轮承包合同。

在这一阶段,股份制也开始进行试点。1986 年 12 月 5 日国务院发布的《关于深化企业改革增强企业活力的若干决定》中指出:"各地可以选择少数有条件的全民所有制大中型企业,进行股份制试点。"该决定成为推行股份制的最初依据。1992 年 5 月 15 日国家体改委、国家计委、财政部、中国人民银行、国务院生产办公室等部门联合发布《股份制企业试点办法》、《股份有限公司规范意见》、《有限责任公司规范意见》等文件作为推行股份制的依据,随后陆续推出一系列配套法规,如《股份制试点企业会计制度》、《股份制试点企业劳动工资管理暂行规定》、《股份制试点企业有关税收问题的暂行规定》等。股份制试点由点到面逐渐展开。此时作为一种政策性措施,目的是改变国有企业的投资结构,激发企业的活力。

(3) 企业策略性行为。

积极策略行为:同政府"一对一谈判",争取承包收益;选拔人才,进行承包;优化资本结构,缓解资金困难,进行股份制改造。

消极策略行为:承包期内的短期行为,如拼设备、掠夺性地利用资源;负盈不负亏的策略行为,如滥发工资奖金,投资不计效益;单纯利用股份制改造筹资,一哄而上进行股份制改造。

（4）效果评述。

第三阶段改革以实现国有企业具有独立自主的经营权为主要内容和目的,有学者称之为"国有非国营策略"。所有权与经营权相分离（所谓"两权分离"）仍然是这一阶段改革的理论依据和实践经验。两权分离基本上以解决国有企业缺少独立自主的生产经营权为目标,虽然在推动改革前行等方面居功颇伟,但是无法从根本上解决国有企业问题。它不仅无法实现政企分开,使国有企业具有自主经营权,建立新的经营机制,而且对于国有企业的不能"自负盈亏"问题更是无能为力。生产经营权仍然被视为属于企业财产所有者的国家,企业所行使的只不过是国家的授权而已,这就是"两权分离"理论的本质。从这里可以看到企业产权问题在国有企业改制中的重要地位。

4. 国企改革的第四阶段:建立现代企业制度

（1）改革背景。

1992 年邓小平南方讲话之后,关于姓社姓资的争论被搁置,关于国有企业改制的讨论和实践大大深入,实质性和深层次问题逐渐浮出水面。

（2）政府举措。

1993 年,党的十四届三中全会通过了《关于建立社会主义市场经济体制若干问题的决议》,明确提出,我国国有企业改革的方向,是将国有企业建成适应社会主义市场经济体制的、"产权清晰、责权明确、政企分开、管理科学"的现代型企业。决议还指出,国有企业进行公司化改制是建立现代企业制度的有益探索,具备条件的大中型国有企业要积极改制为有限责任公司或股份有限公司。随后,全国人大常委会通过了《中华人民共和国公司法》（以下简称《公司法》）,对于股份有限公司和有限责任公司的设立、成立,股东的权利与义务以及公司权力结构等内容作了较为详尽的规范,标志着国有企业公司化改制正式进入法律化的阶段。《公司法》的法律规范虽然不尽完善和合理,但却为国有企业的公司化改制提供了条件、方向以及途径,成为国有企业改革第四阶段的标志。在这一阶段,全国人民代表大会还通过了 1993 年宪法修正案,对《宪法》第十五条和第十六条作了修正,以配合政府职能的转变和增强国有企业的活力。

(3) 企业策略性行为。

国有企业通过公司化改制摆脱政府机关的控制和干预,获得充分的生产经营自主权,调动企业职工的积极性、主动性和创造性,充分发挥企业和职工的潜力,提高国有企业的生产力和竞争力,保持企业的持久发展,促进国家经济的顺利发展,解除国家对于国有企业的无限责任。

同时针对国有企业产权单一化、抽象化的弊端,通过产权多元化和具体化来落实企业的产权,实现出资者的所有权和企业法人所有权的分离,从而促使政企分开,转换经营机制,使企业摆脱对于行政机关的依赖,成为独立自主的市场竞争主体。

(4) 效果评述。

国有企业的公司化改制目的是将市场经济体制和公有制结合起来,将企业改制成社会主义制度下的现代法人企业。这样既保持了国家的出资人地位,又使国有企业在《公司法》规范下具有独立法人资格,并以盈利为目标进入市场,国家只对企业承担出资人的义务和以出资额为限的有限责任。国有企业改制为公司,首先要确认企业法人财产权,使企业成为资源配置的载体,使其运作受自身利益的驱动,进而实现市场经济体制对资源配置的基础性作用。

5. 国企改革的第五阶段:国有企业的改组、改造和加强管理

(1) 改革背景。

1996 年国家经济完成"软着陆",1997 年东南亚金融危机,1997 年初经济形式非常严峻,国有企业亏损严重,国内外市场处于通货紧缩状态。

(2) 政府举措。

国务院于 1998 年提出了国有企业改制的两大目标:用三年左右的时间通过改革、改组、改造和加强管理,使大多数大中型国有亏损

企业摆脱困境;力争在 20 世纪末使大多数国有大中型骨干企业初步
建立现代企业制度。1998 年,中央和地方政府在全面加强国有企业
改革、重点行业调整和改组、帮助大中型国有企业脱困方面取得了阶
段性成果;而 1999 年则以大中型企业降低亏损额为主要目标,主要
是紧紧围绕重点行业和重点企业的扭亏增盈工作,加大企业调整和
改组的力度;继续推进兼并、破产和减员增效,切实做好下岗职工的
基本生活保障和再就业工作;进一步贯彻抓大放小的方针,规范和改
善已经改组联合的大企业大集团,指导小企业正确改革;加快技术进
步,提高企业的技术创新能力;大力开拓国际国内市场,加强市场尤
其是农村市场的开拓;建立和完善稽查特派员制度,加强对企业的监
管。地方政府对于部分国有企业采用民营化的退出机制,完成产权
改革,推入市场。

（3）企业策略性行为。

退出策略:采用 MBO、合资、破产等方式转变企业性质,进行民
营化改造,退出国有企业阵营。

发展策略:企业的融资方式从单纯的间接融资走向间接融资与
直接融资相结合,企业的组织形式从以中小型企业为主走向以大公
司、大集团为主,企业的经营方式从单纯的生产经营走向生产经营与
资本经营相结合,企业在产权结构上由国家所有的一元化结构走向
国家、集体、法人、自然人所有等多元产权结构,企业的产业选择由盲
目性走向自觉性,企业的经营者由行政配置走向市场配置和企业家
的选择,企业在要素选择上从依赖要素市场走向依赖资本市场,企业
资产由静态化走向动态化,企业分配方式由单纯的按劳分配走向按
劳分配与按要素分配相结合。

三、国有企业的应对策略特点总结

经过上述分析,我们可以发现国有企业对于政府行为的策略性
行为特点非常突出,概括而言包括三个方面。

（一）对政府政策的被动服从性

国有企业在转型过程中一个最为突出的特征体现为完全沿袭政

府的政策变化而采取相应的后发性策略,而且后发策略的核心理念就是服从。政府作为国有企业的家长,往往为国有企业的发展作出了充分的筹划和规定,因此,企业没有过多的选择权利,由于产权基础上存在先天性的连带关系,使国有企业最终成为国家政策的重要执行者和国有资本运营职能的承担者,服从政策就成为企业策略性行为的核心。

(二) 对政府政策的资源掠夺性

国有企业由于存在预算的软约束,在制度没有提供充分激励和约束机制的情况下,往往存在对政策空隙的渴求以及对国有资本的掠夺行为。例如在"放权让利"和"利改税"阶段,企业往往采用提高工资比重、抬高企业成本,降低企业所得的方式来获得额外收益;在承包制阶段,企业往往倾向于采取短期掠夺性生产的方式来获得承包期收益;在建立现代企业制度阶段,企业采用下岗分流、减员增效的方式来提高自身收益,而无视由此带来的社会危害。

(三) 应对策略存在所有权瓶颈和行业特征

在一切围绕国有企业的改革过程中,最终的关键还是在于对企业所有制规制的放松,简单地、局部地释放企业所有权(如占有、使用、支配、收益的某一部分或若干组合)都会给企业内部管理和外部监管造成极大的不便,也使企业的活力难以最终释放,但是单纯民营化发展途径,对于承载着国有资本特殊功能的国有企业而言,又是非常困难的,这就造成了国有企业应对策略的先天不完善性和持续演化性。

国有资本所涉及的特殊职能,还使不同行业国有企业的改革理论和步骤存在很大差异,对于关系到国家命脉和国计民生的特殊行业,国家的规制力度非常强,企业所处的转型阶段也比较滞后,使国有企业的策略性行为存在很强的行业特征。

第三节 民营企业发展过程中响应地方政府的策略性行为分析

一、研究方法以及论据来源

对于国有企业转型过程中响应地方政府的策略性行为分析,笔者采用工业经济史研究的方法,主要论据来源于以下文献:

《邓小平文选》第 2、3 卷;

《陈云文选》第 3 卷;

《新中国工业经济史(1978—2000)》,经济管理出版社,2001年版;

1978 年以来,党的历次全国代表大会和中央全会的文件;

1978 年以来,历次全国人民代表大会上的政府工作报告;

《人民日报》、《光明日报》、《经济日报》(有关年份);

《中国统计年鉴》(1981—2006);

《中国经济年鉴》(1981—2006);

《中国工业经济统计年鉴》、《中国农村统计年鉴》、《中国国民收入统计资料》、《中国固定投资统计资料》、《中国国内市场统计年鉴》、《中国物价统计年鉴》、《中国劳动工资统计年鉴》、《中国金融年鉴》、《中国工商年鉴》、《中国对外经济贸易年鉴》、《中国社会统计年鉴》和《世界经济年鉴》(有关年份);

《浙江省统计年鉴》(1996—2006);

《中国工业发展报告》(1996—2006);

《中国工业五十年》(1949—1999);

《中国民营经济发展报告》(有关年份)。

二、民营企业转型过程中响应地方政府的策略性行为分析

改革开放以来,我国民营企业的发展可谓坎坷,从小到大,由弱到强,已成为我国社会主义市场经济的重要组成部分,在我国经济发展中扮演着越来越重要的角色。与国有企业的发展历程不同,民营企业发展是在逐步取得自身合法地位的过程,也体现为逐步规范发展的过程,尽管在产权制度上存在先天的合理性,但是由于制度环境的限制,以及特殊的历史背景,使得民营企业发展也经历了多个阶段。

但是,就民营企业发展历程而言,生存和发展是民营企业的唯一目标,企业所采用的一切策略行为都是生存导向的,由于企业所处的环境存在较大的差异以及地方政府行为的差异,使得民营企业响应地方政府的策略性行为具有很强的区域特征,也正是这一特征充分体现了地方政府行为的差异性,此时地方政府和中央政府之间可能存在一定的政策差异性。具体而言,以浙江省为例,民营企业的发展历程可以体现为三个阶段,如表 3 - 2 所示。

表 3 - 2　转型期中央政策、地方政府行为、民营企业策略汇总——以浙江省为例

转型阶段	中央政策	地方政府策略	企业策略	举例
民营经济从起步到稳定发展：1979—1989	起步：1979—1981	（1）1979年9月29日，叶剑英同志在庆祝中华人民共和国成立30周年大会上的讲话中指出，在很有限的范围内继续存在的城乡劳动者个体经济，是社会主义公有制经济的附属和补充。 （2）1980年8月17日，中共中央在《关于转发全国劳动就业会议文件的通知》中明确提出，要鼓励和扶持城镇个体经济的发展。"宪法明确规定，允许个体劳动者从事法律许可范围内的、不剥削他人的个体劳动。这种个体劳动是社会主义公有制经济不可缺少的补充，在今后一个相当长的历史时期内将发挥积极作用，应当适当发展。有关部门对个体经济发展要予以支持，不得刁难、歧视。一切守法的劳动者，应当受到社会的尊重。" （3）1981年，国家在雇工问题上又有所松动，允许有技术和手艺的个体劳动者可以请一两个帮手，带不超过五个的徒弟。	"在市场经济萌芽的初期，浙江各级党委政府顶着压力，不争论、不戴帽、不张扬，给起步时脆弱的民营企业赢得了喘息、存活的空间，使中小企业的发展获得了相对较好的社会和宏观政策环境。"①	（1）"家庭企业"为普遍形式的初始阶段。 （2）不少私营企业主出于对自己合法生存地位的疑虑，或者为了少惹麻烦，迫不得已戴上了集体所有制的"红帽子"。因此，集体经济虽在形式上属于公有制经济，但在这一阶段却成为浙江民营经济发展的主要载体。	以浙江台州为例： 一是发展"两水一加"，即发展以水果、水产品为原料的食品和饲料加工业。农业劳动者从单纯的自然经济状态的生产者转化成为以市场为导向的商品生产者。 二是大批劳动者外出务工经商。台州地区人均不足三分地，过去就有外出谋生的习惯，"要想富，出门补鞋卖豆腐"。 三是拆旧利废。路桥等地从20世纪70年代后期起就开办了机械、五金等小工厂。但是，在计划经济体制下，工厂所需的机械、设备和钢、铝、铜等金属材料无法解

---

① 时任浙江省省长的沈祖伦在接受《中国工商时报》记者采访时的谈话，转载自宁波中小在线，http://www.nbsme.gov.cn/htmlNews/20060428/17175724471.html，2006年4月28日。

转型阶段	中央政策	地方政府策略	企业策略	举　例
民营经济从起步到稳定发展∴1979—1989	**基本方针形成阶段∴1982—1983** （1）1982年9月的"十二大"报告指出:"在农村和城市,都要鼓励劳动者个体经济在国家规定的范围内和工商行政管理下适当发展。" （2）1982年12月全国五届人大五次会议通过的《中华人民共和国宪法》第十条规定:在法律规定范围内的城乡劳动者个体经济是社会主义公有制经济的补充。国家保护个体经济的合法权益和利益。 "十二大"的召开及1982年《宪法》中对于个体经济的规定标志着国家关于发展个体经济的方针基本形成。在这一阶段,国家经济改革的重点主要是在农村,家庭联产承包责任制的实行极大地调动了农民的生产积极性,推动了农村经济的迅速发展,农民收入显著增加。农村经济的发展和农民收入的增加有力地促进了农村个体工商私营经济的发展。			决。有人就外出收购废旧钢铁、铝、铜材和塑料、橡胶等废旧物资,运回本地,成了"抢手货"。于是,便有更多的人到全国各地以低廉的价格购买报废的机床、电机、汽车、船只乃至境外的飞机、坦克零部件,千辛万苦地运回来,大拆大卸,转卖给小厂。这样,逐步形成一定规模的拆卸业,进而派生出一定规模的旧钢铁市场。仙居县的炼银业,也是在这种情况下形成的。仙居人到各地把含银的废定影液、废旧胶卷、过期的X光片以及损坏了的电火花塞、含银下脚料等"废物"收集起来,炼成"银渣",最后炼成纯度达99.99%的白银。一年产量达500吨,占全国矿山冶炼银的1/4。
	稳定发展阶段∴1983—1989 （1）1987年党的第十三次代表大会报告指出:"目前全民所有制以外的其他经济成分,不是发展太多了,而是还很不够。对城乡个体经济和私营经济,都要鼓励它们发展。" （2）1988年4月12日第七届全国人民代表大会一次会议通过宪法修正案,在《宪法》第十一条增加规定:"国家允许私营经济在法律规定的范围内存在和发展,私营经济是社会主义公有制经济的补充。" （3）1988年6月25日,中共中央国务院颁布《中国私营企业经营暂行条例》。			

转型阶段	中央政策	地方政府策略	企业策略	举　例
调整巩固后迎来第二个发展高潮：1989—1996	第一次调整巩固阶段：1989—1992 　　从 1988 年下半年起，由于通货膨胀等原因，国家开始治理经济环境，整顿经济秩序。1989 年 11 月 9 日，党的十三届五中全会通过的《关于进一步治理整顿和深化改革的决定》经济环境明显地由宽变紧，民营经济进入了一个调整、巩固阶段。这个阶段的民营经济出现了先是下降、后是缓慢上升的情况。 民营经济的第二次高速发展时期：1992—1996 　　1992 年邓小平南方讲话和同年党的"十四大"确立了建立社会主义市场经济体制的改革目标，我国现代化建设和改革开放都进入了一个高速发展阶段，在有利宏观经济背景下，民营经济迎来了第二个高速发展的时期。在这个时期民营经济以惊人的速度发展，一批企业巨人诞生。	从 20 世纪 90 年代开始，浙江省委、省政府相继出台了多个文件，大力推动了中小企业的股份合作制改造，促进个体私营经济发展。在个私经济的发展过程中，浙江省各级党委和政府及时给予企业以扶持、引导。其中最引人注目的莫过于 1993 年初的《关于促进个体、私营经济健康发展的通知》，对个私经济做到"政治上不歧视，经济上不轻视，工作上不忽视"，不论成分重发展，不限比例看效益，从而以政府"有形的手"合力推动市场这只"无形的手"，促使个私经济蓬勃发展。	（1）以"股份合作制"为典型形式的过渡阶段。80 年代中期至 90 年代前期，浙江民营企业的制度创新经历了以股份合作制为典型形式的过渡阶段。 （2）建立专业市场，形成产业集群。	

续　表

转型阶段	中央政策	地方政府策略	企业策略	举例
经过自身反省步入理性发展阶段：1996—2000	1996年开始，由于企业发展过速，在企业发展中累积的一些问题开始爆发，沈阳飞龙、珠海的巨人、三珠、太阳神一批有影响的民营企业先后陷入经营危机，民营企业进入一个自我反省时期。"十五大"的召开很快就使民营经济走出短暂的徘徊，进入第三次高速发展阶段。 （1）1997年江泽民同志在党的十五大报告中强调指出："公有制为主，多种所有制经济共同发展是我国社会主义初级阶段的一项基本经济制度。"在所有制结构上，"十五大"报告明确指出，非公有制经济是我国社会主义市场经济的重要组成部分。对个体、私营等非公有制经济要继续鼓励、引导，使之健康发展。这对满足人们多样化的需要，增加就业，促进国民经济的发展有重要作用。 （2）外经贸部决定从1999年1月1日起，对符合条件的私营生产企业或科研院所赋予自营进出口权。根据新规定，具备下列两个条件的私营生产企业或科研院所（包括高新技术企业）可直接向所在外经贸主管部门申请自营进出口权：①注册资本和净资产均在850万元人民币以上；②销售业绩：私营生产企业的年销售收入、出口额必须连续两年达到5000万元人民币和100万美元（机电行业生产企业为3000万元人民币和50万美元）以上，私营科研院所年销售收入要在300万元人民币以上。	1998年，省政府进一步加大支持民营经济发展的力度，相继出台了一系列鼓励和引导个体私营经济发展的政策。提出了对民营经济政策要做到"四个不限"、"三个加大"、"三个有"。即不限发展比例、发展速度、经营方式和经营规模，加大政策扶持力度、依法保护力度和环境整治力度，使个私经营者经济上有实惠、社会上有地位、政治上有荣誉。 制定产业导向政策。	（1）民营企业购并国有、集体企业，实现低成本的快速扩张； （2）民营企业实施股权多元化改造完善了法人治理结构，有限责任公司成为我省民营企业的主要形式； （3）民营企业与国外资金、品牌的联合与合作，不断开拓国际市场，逐步走上国际化的道路； （4）民营企业实行行业内的强强联合； （5）走出去策略； （6）退出策略。	如温州人本集团购并了河南西平轴承厂、上海中国轴承厂青浦分厂后又整体购并原我省行业龙头企业杭州轴承厂；德力西集团公司继1999年2月收购上海整流器总厂后不久，又以合资控股方式购并了山东济南开关设备厂，同年12月份又整体收购了杭州西子集团公司；如正泰集团公司，按照现代企业制度和《公司法》的要求，经过工厂制、公司制、集团制、控股制四个阶段的发展，建立起母子公司管理体制和以集团股份公司为投资中心。

转型阶段	中央政策	地方政府策略	企业策略	举　例
经过自身反省步入理性发展阶段：1996—2000	（3）1999年3月9日宪法修正案第十一条规定："在法律规定范围内的个体经济、私营经济等非公有制经济,是社会主义市场经济的重要组成部分。国家保护个体经济、私营经济的合法的权利和利益。国家对个体经济、私营经济实行引导、监督和管理。"进一步明确了个体经济、私营经济等非公有制经济在我国社会主义市场经济中的地位和作用。 （4）2000年1月1日起《中华人民共和国个人独资企业法》生效,取消了对个人独资企业的雇工人数、注册资金设最低限制。将个体私营经济的管理纳入法制化轨道,标志着中国个体私营经济的发展环境从此将更为公平、宽松。			

三、民营企业的应对策略特点总结

经过上述分析,我们可以发现民营企业对于地方政府的策略性行为特点同样非常突出,除了前文所述的区域性特征外,另一个突出的特征就是一种自发的组织结构的升级发展。从家庭作坊开始,到公司制改革,到股份制和企业集团化发展,民营企业的组织制度创新要更具有自发性,也体现出更强的活力。民营企业的组织创新往往是在政策出台之前,采用一种激进的态度完成企业内部的制度建设,然后站在政策允许的边界,等待政策的出台。这种政策往往是中央制定的,地方政府发挥了一种中间组织的缓冲职能,采取放任态度还是禁止态度就直接决定了民营企业的发展命运。

此外,民营企业响应地方政府的策略具有更强的流动性,地方政府可以通过区域的选择来解除地方政府对自身发展的束缚。由于地方政府具有很强的区域性特征,不同地方政府政策具有差异性,因此民营企业往往可以通过"用脚投票"的方式来寻求更大的收益,原因在于民营企业由于产权上的独特性游离于国有资本的特殊监管体系之外。

总而言之,民营企业响应地方政府的策略关键是取决于地方政府同中央政府的关系,服从程度和对政策的缓冲余地,直接决定了民营企业能否寻找到适合自己发展的空间。

第四节 总结:对以往理论假说的修正与补充

通过对中国国有企业和民营企业过去 30 多年发展历程的回顾和分析,让我们从历史的时间检验了前文的理论假说,从其中的差距中我们要重新审视理论模型的完备性,通过对假设的完善和变量的修改,进一步提高自身理论体系的完善性。

一、对地方政府主体行为的再思考

"改革逻辑"和"发展逻辑"的内在统一性在于地方政府追求辖区内要素的最大化产出,因此要想让理论模型具有更强的涵盖性,就必须对地方政府的行为进行再思考。

前文我们秉承了施莱弗和维什尼(2004)将地方政府界定为一个"掠夺之手"[①]的模型,该模型公正地看待政治,并把政治过程看成是政府行为的决定因素,该模型认为政府的政治目的不是社会福利的最大化,而是追求自己的私利。这一模型来源于布坎南的公共选择理论,与追求全社会公共福利最大化的假定相比,这种理论显然是实证性的,并为我们所接受,因为它有利于我们的实证分析,特别是对地方政府行为的追求模式的分析。

但是这种理论假设存在一个理论上的不足,就是针对我国体制

---

① 安德烈·施莱弗、罗伯特·维什尼:《掠夺之手——政府病及其治疗》,赵红英译,中信出版社 2004 年版,第 3 页。

转型期间中央和地方政府的关系问题,难以体现出地方政府行为的差异性。在体制转型期,由于中央和地方的职责与权限划分往往不具体、不清晰,也不够稳定和规范,从而使得地方政府政策旨在促进本地经济发展的举措很可能与中央的宏观调控政策、产业政策等发生这样或那样的矛盾与冲突,那么在此情境下,地方政府追求自身效用最大化的行为也会产生若干的差别。这种差别都是出于政府理性决策的行为,但是可以分为这样三种类型:(1)地方政府服从中央的宏观经济政策,按照政策的最严格标准进行执行,同时追求自身效用最大化;(2)地方政府服从中央的宏观经济政策,按照政策的最宽松的标准执行,同时追求自身效用最大化;(3)地方政府不服从中央的宏观经济政策,同时追求自身效用最大化。

这三种不同情况的地方政府行为都是在追求自身效用最大化,但是在执行政策的过程中,通过执行的力度和时滞等方式对中央政策进行缓冲,起到对地区经济的保护扶持作用,形成"上有政策,下有对策"的特殊局面。当然,这三种地方政府行为背后的经济变量是地方政府承担政治风险的差异。

对于式(2-19)$U_{\text{government}} = \mu Y + \theta \cdot r_{\text{eg}} + R(1 - r_{\text{eg}})$,我们就会发现 R 不再是一个常量,而是存在一个对中央政府政策执行过程的贴现系数 λ,$(0 \leqslant \lambda \leqslant 1)$。式(2-19)转化为:

$$U_{\text{government}} = \mu Y + \theta \cdot r_{\text{eg}} + (1 - \lambda)R(1 - r_{\text{eg}})$$

其含义在于将转型过程中的政治风险在中央政府和地方政府之间进行了划分。

当 $\lambda = 1$ 时,地方政府完全执行中央政策,由此产生的政治风险全部由中央政府承担,此时地方政府关心的是转型过程中自身的收益问题,因此尽可能地降低规制的放松水平,将权力集中在自己的手中,突出表现在对国有企业改革问题上,在区位上表现在中部、西部国有比重比较大,资源较为丰富的省份,也是改革进程较慢,民营经济最初不发达的地区。

当 $\lambda = 0$ 时,地方政府无视中央政策,由此产生的政治风险全部由自身承担,此时地方政府关心的是转型过程中自身的收益问题以及由此带来的巨大的政治风险问题，因此要考虑两者之间的利弊关系。当本区域自身的资源有限，国有经济本身缺乏竞争力时，地方政府就倾向于通过对中央政策的规避，尽量通过灵活的地方政策，借助已有的商业传统和手工业氛围盘活辖区内的资本存量，本着"天高皇帝远，民生第一位"的心态大力发展集体经济和民营经济，典型表现在浙江、安徽、广州等沿海地区。

当 $0 < \lambda < 1$ 时，是一种混合状态，这是全国绝大部分省份所采取的地方政府行为。

通过上述对模型的改进，地方政府行为的类型已经能够很好地解决国有经济和民营经济的转型问题，在企业范围上具有了兼容性。

二、对地方政府解除规制逻辑机理的再思考

前文我们指出，中国转型过程的关键问题是政府和企业的关系，具体而言是政府如何通过有计划、有步骤地放松规制来盘活国民经济中的资本存量和资本增量，达到追求区域最大要素产出的目标。

从国有企业改革和民营企业发展的历史进程，我们体会到放松规制所包含的复杂内容以及涉及的方方面面的利益关系，这是中国企业改革 30 多年所真正反映出的制度困境。从地方政府干预企业的行为来看，放权让利、税费改革、转换企业经济机制、统筹要素、产业导向等种种手段，让企业完全处于受体的地位，而本研究的核心任务就是要为企业响应地方政府行为而出谋划策。因此，我们就需要对地方政府解除规制，干预企业决策的行为逻辑机理进行再思考，并对地方政府干预企业的策略进行分类，这是企业响应地方政府行为的前提。

（一）地方政府解除规制的逻辑机理

根据资源依赖观的企业实体理论，企业的性质是一个利益相关者相互交换的平台，地方政府自然也是这个平台上的组成部分，就转型经济而言，我们关注的焦点在于地方政府和企业之间的关系，但是就企业战略决策而言，我们还需了解地方政府影响企业的逻辑机理。事实上，企业和地方政府之间的关系是经历了一个演化过程的，如图 3-2 所示。

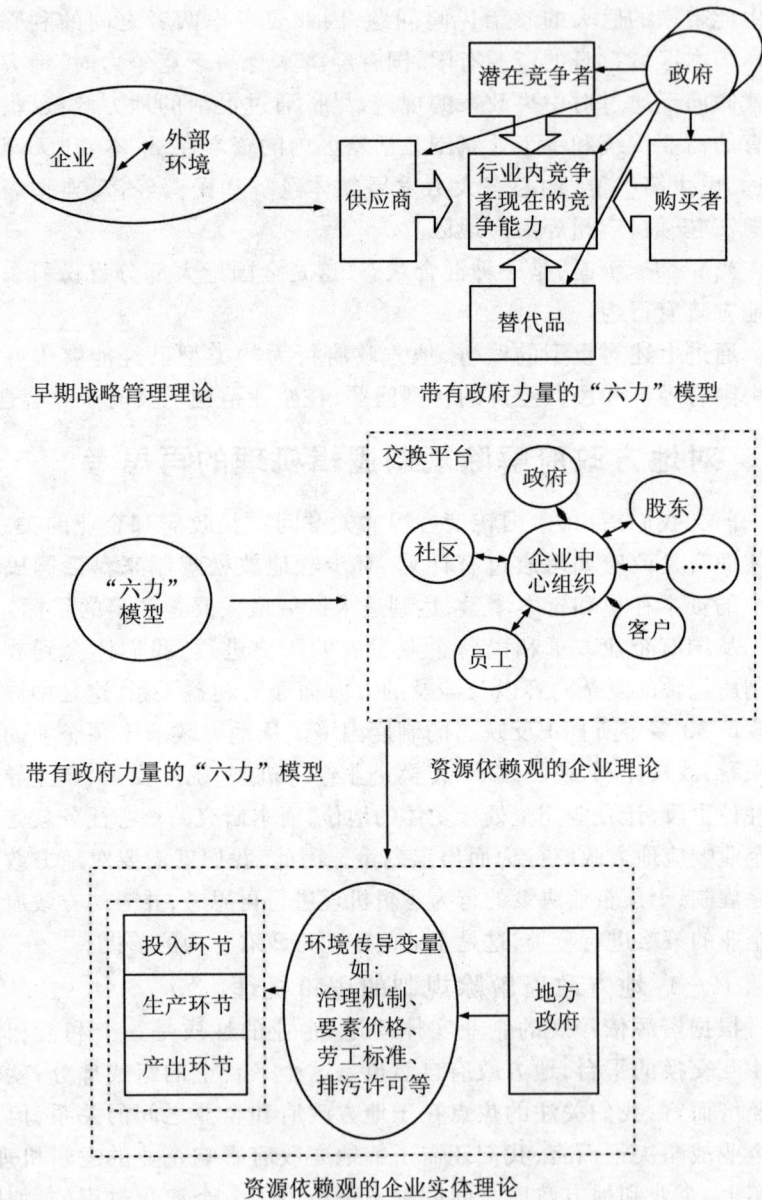

早期战略管理理论　　　　　　带有政府力量的"六力"模型

带有政府力量的"六力"模型　　资源依赖观的企业理论

资源依赖观的企业实体理论

图 3 - 2　政企关系的管理学理论演化

早期的战略管理理论将政府作为外部宏观环境的组成部分,通过强调 SWOT 分析框架将转化为对环境的评估结果直接引入企业战略决策,此时政府是一个外生的环境变量,一般不采用动态研究方法。随着波特对于产业定位的观点成为企业战略管理的主流观点后,学界不断对其固有的经典研究方法进行改进,其中就将政府作为一个可以影响企业战略定位五个关键决定因素的第六个力量来源进行思考,这种观点将政府纳入了企业决策的视野,并且将宏观中的政府转化到了产业层面的中观政府,注重了政府对于产业发展的规制作用,应该说是一种理论的进步,但此时政府仍旧是外生变量,而且难以通过实证的定量方法来讨论第六种力量的微观过程。随后,利益相关者理论和企业资源依赖理论将企业和政府纳入到同一个分析框架中,通过内生化的方法解决企业和政府的关系问题,互惠共生的发展模式成为政企之间的合作基础,但是微观的具体合作过程被抽象掉了。

通过对国有企业和民营企业 30 多年发展历程的理解,我们提出了企业实体理论下的政企关系微观影响的机理。在这一理论范畴中,我们首先将企业的微观结构概括为三个发展阶段,而政府也落实到微观的地方政府,通过实证的历史,我们将原有理论模型中的规制变量,具体为地方政府影响的因素,其中关键的政企之间的博弈关系就是通过这些传导因素完成的,这正是企业和地方政府的规制放松的逻辑机理。

（二）地方政府解除规制的策略集合

在地方政府追求区域要素产出最大化的目标函数下,地方政府面临着中央政策和辖区资源有限的两个约束条件,因而能够采用的策略是有限的。具体而言,我们根据第二章的分析结论和历史演变的发展过程概括为三个方面的策略。

1.地方政府通过调整企业内部利益相关者结构,影响企业内部激励约束机制

在国有企业改革过程中,地方政府通过贯彻中央政府的政策,通过放权让利、产权改革和民营化发展等手段,提升国有企业资本存量的运行效率,提升企业绩效。产权改革的实质就是通过契约的设计,改变企业内部利益相关者的关系,无论是平等的股东关系还是委托—代理管理都是一种利益相关者的格局变化。地方政府通过对企业内部所有者、经营者、员工关系的改变,直接影响企业内部的激励约束机制,最终完成转型过程。

对于企业内部利益相关者关系的调整,会对企业短期目标产生直接影响,例如对企业内部收益机制的改变,对员工采取多劳多得的激励性薪酬会直接导致企业的产量、成本甚至竞争优势都发生变化。典型的例子就是敢为天下先的宁江机床厂。

2. 地方政府通过经济政策调整外部环境,影响企业成本与利润水平

在分权化改革后,地方政府由于存在自身的效用函数,因此出现了辖区之间的竞争。各级地方政府开始在制度、基础设施、投资环境、资本、人才、技术、原材料以及来自上级政府的倾斜性的地区优惠政策等方面展开了竞争。但体制转型时期的种种特征和制度上的不完善,却使地方政府的行为表现出明显不同于西方发达国家分权化体制下地方政府行为的特点。地方政府在过渡时期往往替代企业成为市场竞争的主角,加之国家整体性的区域发展梯度战略,也使区域政策之间存在很大差距。一些让东西沿海省份政府捉襟见肘的水电等资源,在西部省份可以无偿使用,东部地区高昂的土地成本和人力资本也在西部省份大大降低,地方政府可以通过调整企业外部环境中的要素成本、外部性成本等方式,吸引企业加盟,带动经济发展。

3. 地方政府通过对区域经济发展进行规划,影响企业的进入和退出壁垒

由于地方企业面临资源有限的外在约束,因此为了区域的可持续发展,就必须有计划、有步骤地对区域经济进行规划发展,特别是区域内部的产业结构发展。地方政府通过颁布《产业导向目录》和颁布经营许可证的方式,提高或降低特殊行业的进入壁垒,阻止某些企业进入或退出。例如,通过对区域内能耗标准和土地利用水平的测算,对企业进行强制性淘汰;对钢铁、冶金、电镀等高能耗企业设定规模限制,对小规模、低效率的企业进行淘汰,对新增项目进行审批,这些是当前资源紧缺环境下地方政府普遍采用的手段。

三、企业响应地方政府行为策略的再梳理

在前文表 2－2 中我们初步设计了企业响应地方政府行为的策略集合,经过我们对地方政府行为模式以及策略集合的再梳理,以及兼顾"改革逻辑"和"发展逻辑",我们将中国工业发展的历史经验中,以政府放松规制为核心的企业响应地方政府行为的策略集合归纳为表 3－3,这些策略都体现在企业的创新行为上。

表 3－3　基于地方政府放松规制思路的企业响应地方政府行为的策略集合

策略分类	地方政府策略	企业应对策略	企业应对子策略	企业创新行为
企业内部应对策略	(1) 地方政府通过调整企业内部利益相关者结构,影响企业内部激励约束机制;(2) 地方政府通过经济政策调整外部环境,影响企业成本与利润水平;(3) 地方政府通过对区域经济发展进行规划,影响企业的进入和退出壁垒。	调整企业目标	产出最大化	组织目标创新
			利润最大化	
			社会资本最大化	
		调整企业产品	既有产品战略	企业技术创新
			转产投资战略	
		优化治理结构	公司制战略	企业组织创新
			股份制战略	
			集团化战略	
		调整竞争优势	成本领先战略	企业战略创新
			差别化战略	
			集聚战略	
企业外部应对策略		网络化组织战略	并购战略	企业社会资本创新
			联盟战略	
			虚拟组织战略	
		社会资本战略	品牌、声誉战略	
			社会责任战略	
		政府游说战略	参政议政战略	
			势力威胁战略	
		迁徙战略	部分迁徙战略	
			退出战略	

第四章

■ 博弈与适配：企业响应地方政府的合作策略探索

前文对于企业响应地方政府行为的策略研究都是基于过去 30 多年中国转型过程中，以政府放松对企业规制的转型逻辑加以思考的，但是目前中国的经济转型已经进入了一个相对稳定的平缓发展期，转型进一步发展要依赖政府对要素市场的完全市场化改革，这一改革的基础在于大规模的政府机构改革和民主体制建设，同时还要依赖于良好而稳定的国内外经济发展态势，但是通过分析，我们可以发现这些条件尚不成熟。因此，面对放松规制进程的放缓，企业要响应当前地方政府行为，合作就是一个值得尝试的思路。基于对非完全利益群体合作机理的分析，本章将着重解决当前以及未来一段时期内，企业同地方政府合作前提下的策略性行为问题，并通过组织变革的方式，对企业策略性行为进行一些尝试性的思考。

第一节 当前企业响应地方政府行为的困境分析

基于前文分析，当前已经进入中国经济转型的第三阶段：和谐转型期。无论是地方政府还是企业都在发展过程中遇到了瓶颈，无论是从企业自身发展还是地方政府经济建设的角度,未来都存在较大的不确定性。这些不确定是多方面的,直接影响到未来企业响应地方政府行为的策略制订的复杂性,具体而言可以从以下几个方面思考。

一、中国经济总体态势引发的不确定性

世界银行在最新公布的《2008 年全球经济展望》中指出,美元走弱、美国经济衰退幽灵不散、金融市场动荡增多……将会给全球经济的这种软着陆情境投下阴影。这些风险会削减发展中国家的出口收入和资本流入,降低他们境外美元投资的价值。在这种情况下,可能需要动用发展中国家数年来建立起的储备和其他缓冲机制来吸收出人意料的冲击。随着经济全球化的深入发展,我国经济与世界经济联系越来越密切。当前全球经济失衡加剧、增速放缓,国际竞争更加激烈;美国次级抵押贷款危机影响蔓延,美元持续贬值,国际金融市场风险增大;国际市场粮食价格上涨,石油等初级产品价格高位运行;贸易保护主义加剧,贸易摩擦增多。国际上一些政治因素对世界经济走势的影响也不容忽视。这些都可能对我国经济发展带来不利影响,对于我国企业发展的影响也是巨大的。国外经济环境的波动直接影响到国际市场的供求关系,为我国企业国际化发展的"走出去"战略蒙上了阴影;随着人民币升值和国际原材料价格的上涨,我国出口导向型企业的比较优势丧失严重,"成本领先战略"很难成为企业持久的竞争力来源,这些都向企业未来发展战略的选择提出了挑战,这还不是问题的全部。

就国内而言,2008 年 3 月 27 日国家统计局统计显示,2008 年前两个月,中国工业企业利润较上年同期增长16.5%,这不仅明显低于2007 年前 11 个月36.7% 的水平,也低于此前机构预计的34% 左右的增幅。[①] 其中,国有企业利润较 2007 年同期首次下滑。这被学界解

[①]资料来源:搜狐财经频道,《统计局数据震惊市场 国企利润下降 5.6%》,2008 年 3 月 28 日,http://business. sohu. com/20080328/n255957018. shtml。

读为中国经济放缓的新佐证。中信证券研究部副总裁陈济军做出了如下判断:"1 至 2 月的利润增长有明显放缓的迹象,比较去年的数据我们可以发现,这是经济从高增长走向放缓的一个重要标志,起码是短期放缓的信号。"陈济军预计,一季度 GDP(国内生产总值)的增长速度会在10% 左右,与 2007 年全年11.4% 的增速相比开始放缓。事实上,此前公布的低于预期的贸易顺差值、规模以上工业企业增加值在 2 月份显著回落,早已引起各界对中国经济增速趋缓的关注。包括北京大学中国经济研究中心、招商证券等国内机构近期陆续做出"经济增速有所减缓"的判断,瑞信亚洲区首席经济分析师陶冬则发表报告,将中国今年 GDP 增长预测由原来的10% 下调至9.7% 。中国宏观经济学会秘书长王建认为,自 2003 年开始的本轮经济增长高潮到 2007 年 6 月已见顶,此后表现为工业生产与投资增速的回落。如果投资和出口两大需求在 2008 年乃至 2009 年继续明显下滑,中国将遭遇"内外需紧缩双碰头"的最不利情况。

加之中国股市动荡、资本市场的改革加快以及从紧的货币政策给企业资本筹集增加了很多不确定性的因素。新劳动合同法的出台给现有企业人力资本市场也带来了较大波动。① 这些不确定性因素的存在,使得企业在未来一段时期要深刻反思、审慎判断,做出战略决策。

二、政府机构改革引发的不确定性

党的十七大对我国新时期加快行政管理体制改革做出了新的部

---

① 张五常教授直接以《新劳动合同法:中国经改的致命伤》为题撰文,指出新劳动合同法对于中国经济发展的消极意义,其核心观点在于为了追求超前性的制度安排而忽视中国企业本身的成本优势将会为经济发展带来沉重的打击;也有学者指出新劳动合同法尽管短期内对于企业而言增加了成本,但是就长期而言,则可以通过降低员工的流动水平提升企业的技术创新能力,因此对于中国企业发展是非常有利的。尽管两派观点相反但是可以形成共识的一点是,在短期内,新劳动合同法将给企业带来很大的动荡,特别是大量的劳动密集型企业。

署,提出了新的要求,其中明确提出要"加大机构整合力度,探索实行职能有机统一的大部门体制",十一届全国人大一次会议第四次全体会议听取了国务委员兼国务院秘书长华建敏关于国务院机构改革方案的说明。会议提出了我国国务院政府机构改革的方案,拉开了新时期政府改革的序幕,其中大部制成为最为核心的内容之一,如表4-1所示。

表4-1 国务院机构改革情况一览表

调整后的部委名称	合并或包含的原部委	新增下级机构	隶属关系调整
国家发展与改革委员会	发改委(部制不变)	国家能源局	
工业和信息化部	国防科工委、信息产业部、国务院信息化工作办公室、国家烟草专卖局	国家国防科技工业局	烟草专卖局改由工业和信息化部管理
交通运输部	交通部、民航总局、国家邮政局	国家民用航空局	国家邮政局改由交通运输部管理
人力资源和社会保障部	人事部、劳动和社会保障部	国家公务员局	
环境保护部	国家环境保护总局		
住房和城乡建设部	建设部		
卫生部	卫生部、药监局		国家食品药品监督管理局改由卫生部管理

政府行政体制改革的核心命题是转换政府职能,通过机构重组加快推进政企分开、政资分开、政事分开、政府与市场中介组织分开,力求把不该由政府管理的事项转移出去,把该由政府管理的事项切实管好,从制度上更好地发挥市场在资源配置中的基础性作用,更好地发挥公民和社会组织在社会公共事务管理中的作用,更加有效地提供公共产品。与此同时,通过中央机构改革理顺部门职责关系。按照权责一致的原则,合理界定和调整政府部门的职能,明确相应的

责任,做到权力与责任对等;坚持一件事情原则上由一个部门负责,确需多个部门管理的事项,明确牵头部门,分清主次责任,避免职能交叉重叠、政出多门;着力解决权责脱节、推诿扯皮等问题;建立和健全部门间的协调配合机制,切实提高行政效率。

由于我国是实行单一制的国家,中央政府的机构调整必然会影响到地方政府的机构设置。根据《地方各级人民政府机构设置和编制管理条例》等规定,《国务院机构改革方案》一旦经全国人大会议通过,地方的机构改革也将随即跟进,起草制定相应的省级人民政府机构改革方案实施意见。实行大部门体制改革,在逻辑顺序上应先从中央政府起步,而后延伸到地方政府。考虑到中央政府与地方政府的职能有所不同,例如中央政府管理更侧重宏观性、间接性和指导性,地方政府管理更侧重具体性、直接性和执行性,地方政府的机构设置也应当有所不同。在大部门体制改革中,除了根据政府管理需要实行上下级对口设置的机构外,其他地方机构的设置,必然是在地方机构编制总额限定的情况下,由地方各级政府根据本地行政管理的实际需要,因地制宜地整合地方政府职能和机构,灵活设置地方部门,以保证地方政府的积极性、创造性。

地方政府职能转变和机构改革直接表现为地方政府权力结构和利益集团的变化,对于企业而言则是一次社会资本重新积累、社会关系网络重塑的过程。就积极意义而言,本轮政府机构改革,从改变地方政府以往形成的既得利益集团和行业垄断势力,提升政府服务意识等角度而言是一次难得的机遇,但是从企业以往社会网络构建和社会资本投资而言,无疑是一次巨大的冲击,新的职能关系和政府机构对企业发展是一次全新的挑战,积淀的大量社会资本和公共关系将面临一次重新洗牌,对于企业而言同样具有很强的不确定性。

三、区域资源的稀缺引发的不确定性

众所周知,中国改革开放之后的粗放型经济突飞猛进是依靠消耗能源崛起的。以钢铁为例,因建筑业(房地产业)的迅速发展、钢材的内需以及出口,都需要极大的能源消耗(石油和煤炭)。温家宝总理在十一届人大政府报告中明确指出,坚决控制高耗能、高排放和产能过剩行业盲目投资和重复建设,提高限制发展行业的准入标准和项目资本金比例。因此中央制定了产业导向目录,规定了鼓励发展、限制发展和淘汰的产业技术和响应产品;以深圳和上海为试点,地方政府也开始着手制定符合本区域发展的产业导向目录;全国其他省、市、县政府也积极效仿,通过产业政策导向优化区域产业结构,提高区域资源的利用率。

但是我们需要看到中国低能耗、低污染、高附加值的高新技术产业,在世界可竞争的平台中,可以说几乎没有,我们没有像日韩的电子企业、汽车产业,更没有欧美发达国家的军工产业、造船、飞机等竞争优势,中国仅是以高能耗、高污染、低附加值的产业以及依靠廉价劳动力的加工业维持着经济增长,这些也同样是地方政府的经济支柱。

因此,要进行产业结构调整,地方政府又要面临着巨大的革新阻力,多方利益博弈阻力是不言而喻的。令人堪忧的理由绝非凭空而来:如果想遏制国内高能耗、高污染、低附加值的钢材、水泥等产业,就需要切断过热扩张的房地产业,这就涉及地方政府、开发商以及相关利益群体的不满。如果允许石油、天然气、电力等价格上涨,就会迫使民生恶化、工农业投资成本上升,财富从大多数阶层向少数既得利益阶层转移,造成贫富差距恶化;如果不让涨价,这些能源行业不干,区域内部资源现状的客观因素也不允许。看到这些,地方政府似乎已经到了左也不是右也不是的尴尬境地。

另一方面,企业也面临着生存决策的困境。在激烈的市场竞争中勉强生存的企业,没有被竞争对手击垮,却被地方政府的产业导向判了死刑,理由就在于所采用的技术相对落后以及能耗水平过高。尽管就区域发展的角度而言,这种产业结构调整是一个必然的方向,但是就个体企业而言却是一种违背市场经济规律的真实表现。短时期内强迫企业退出某个落后行业、更新技术或者投入到新兴行业中去,会使企业丧失现有的人力资本和其他要素的优势基础,失去已有的市场份额,让企业步入背水一战的境地。然而,如果不进行产业转型,地方政府会通过提升要素价格,限制规模扩张,甚至采用行政手段的方式,让企业退出市场。以上海市为例,2006年底上海市政府通过了市经委、市发展改革委、市国资委、市金融办、市环保局、市安全生产监管局、市房地资源局、市劳动保障局、市财政局等九部门制定的《关于加快本市产业结构调整盘活存量资源的若干意见》。慈溪市相关部门借鉴上海经验,结合慈溪实际,形成慈溪市调整、淘汰劣势企业的综合性和强制性指标体系,对强制淘汰类企业,由市产业、环保、安全监管等部门按照各自职责,会同相关区县,加强综合执法,并配合经济、市场手段,实施强制淘汰。

第二节 企业与地方政府的合作与 冲突机理分析

从上述的分析不难看出,自2008年开始,中国经济发展进入一个关键时期,外界环境的复杂多变给地方政府和企业发展都带来了极大的不确定性。中国经济转型进入的新阶段对于企业决策而言是挑战大于机遇的特殊时期,因此企业在战略决策过程中,尽管可以充分借鉴以往30多年的转型经验和国外发达国家300年的市场经济法则,但是更多的新情况和新问题是以前没有遇到过的,因此必须重新审视新环境下的企业发展决策。需要特别指出的是,企业决策的困境不是单方面的,地方政府也同样面临问题,毕竟企业是区域经济的主体。尽管地方政府行为会和企业的发展形成一定程度的冲突,但是作为区域经济的两大主体,合作也许是解决问题的最佳答案。在改变规制内容和程度的情况下,协调地方政府和企业的合作与冲突,应该是企业在未来一段时期内响应地方政府的策略核心。

一、非完全共同利益群体的合作与冲突协调机理研究

合作是当今世界普遍存在的现象。对于许多利益相关群体,突破传统的狭隘的"自力更生"模式,利用一切可利用的人力、物力、财力乃至制度环境,可以创造出更大的价值,规避更大的风险。况且许多活动并非由某个利益主体单独完成,若能与其他组织结成合作联盟,形成双赢局面,可以给整个社会带来巨大的收益,区域经济发展就是如此。另一方面,机理的竞争使利益主体的生存问题变得更为严峻,建立有效的合作联盟能够重新调配和利用组织内部的各种资源,增强其竞争力;同时能发现新的发展契机,挖掘新的生产力,这对于资源紧缺约束下的区域经济发展也是非常适用的。

应该说合作不是基于利他,而是利益相关者主体自利需要伙伴。合作性工作能把自利整合成为实现相关目标的联盟,而竞争性工作能把自利掀起一场为争输赢的斗争。从合作的角度来分析企业和地方政府之间的策略行为,并不仅仅是一个策略的考虑,更是在管理情境问题假设上的不同:在合作的情境下,利益主体把其他利益群体的活动视为其正外部条件(positive externality),而竞争的情境下,利益主体则视其他利益群体的活动为其负外部条件(negative externality)。企业和地方政府直接的合作发展,是两个利益主体追求自身效用最大化下的博弈问题,由于两者是两类完全不同的组合,因此其效用函数也必然存在差异,因此两者合作问题的本质是两个非完全共同利益群体的合作博弈问题,我们首先要从这两个群体合作的可能性出发识别群体的共同利益目标,然后确定合作的利益公平分配方法,以便有利于合作过程的顺利发展。

具体而言,本研究借鉴了非完全共同利益群体合作管理的相关

模型①,分析非完全利益共同群体合作的三种模式:串联式、并联式及混合式。利用图论方法探讨了目标集成的途径,建立了基于可达矩阵寻找公共目标的超图方法,进而运用合作博弈理论中的 Shapley 值研究了合作博弈分配,给出了合作的一个必要条件。在此基础上,本研究阐明了群体合作形成的内在机制:理性机制、效用转移机制和有效协商机制,以及这三种机制的互动关系。但是,我们必须承认随着时间的推移,群体成员间相互作用的演化,成员可能受到外部因素的影响,或群体成员的原始目标已经完成,就有可能呈现群体成员目标的多样化,导致成员的目标不一致,这势必动摇全体合作的前提——目标一致性。因此我们还需要分析非完全共同利益群体合作过程中存在的五种类型的冲突,即远景和使命冲突、路径冲突、目标冲突、过程冲突和规程冲突,并在此基础上思考不同类型冲突的解决方法。

(一) 动态合作及其模式

激烈的竞争决定了利益主体应该从传统的静冲突(Com)转型动态合作(Coo)。

$$Com = g(x_1, x_2, \cdots, x_n) \tag{4-1}$$

$$Com = g(x_1, x_2, \cdots, x_i, \cdots, x_n) \qquad i = 1, 2, \cdots n \tag{4-2}$$

x_i 为利益主体的努力所得。

静冲突中利益主体值关注市场利益分配的比例,他们得到的仅是谈判的 Nash 解。而动态合作使他们不仅注重自己利益分配的比例,其利益绝对量的藏家亦不容忽视,是个人理性与集体理性的统一,如图 4-1 所示。合作给利益主体带来的不仅仅是利益绝对量的增加,有时简直是单方根本无法实现该项活动。

---

① 相关模型参考了张朋柱等著:《合作博弈理论与应用——非完全共同利益群体合作管理》,上海交通大学出版社 2006 年版,第 36—48 页。该书从组织一般性的角度分析了合作博弈问题,本研究借鉴了相关研究成果并应用到企业和地方政府的博弈过程中,对原有模型中的相关内容进行了修改。

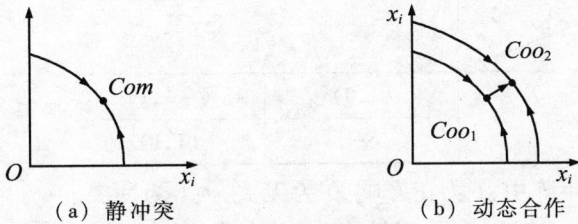

（a）静冲突　　　　　　　（b）动态合作

图 4 - 1　动态合作谈判

图 4 - 2 说明了现实生活中突出反映的三种合作模式：拥有不同资源组织间的合作多属于串联式；经营同类产品，从事同一活动的规模经营合作属于并联式；若在串联合作链中又渗有并联式合作则称为混合式合作。对于不同模式的合作需要不同的联盟管理和利益分配机制。

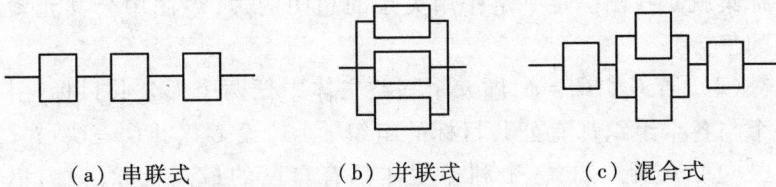

（a）串联式　　　　（b）并联式　　　　（c）混合式

图 4 - 2　合作模式

（二）　基于可达矩阵的目标集成方法

非完全共同利益群体合作的基础是他们拥有公共目标，如何找出他们的公共目标是联盟运作的前提。

设有 n 个利益主体，$G_i = \{g_{is}\}(s = 1, 2, \cdots)$ 是 i 的目标集，g_{is} 是 i 的子目标，下面我们分三种情况来讨论 G_i 的集成。

（1）当 $\bigcap\limits_{i=1}^{n} G_i$ 非空时，即 n 个组织至少有一个公共目标。

①当 $n = 2$ 时，若 g_{is} 影响 g_{jt}，记作 $g_{is} \rightarrow g_{jt}$，在目标途中画一条从 g_{is} 指向 g_{jt} 的有向线，只有互相影响的目标才是公共目标，目标影响矩阵式（4 - 3）：

G_j ＼ G_i	g_{is}	
g_{jt}	$(1,0)$	$(-1,1)$
	$\cdots$	$(1,1)$

$$(4-3)$$

上述矩阵中:1 为正影响,0 为无关,-1 为冲突。

②当 $n>2$,不失一般性,设目标链依次经过 $G_i(i=1,2,\cdots,n)$,由①知,若目标链 $g_{is} \rightarrow g_{jt} \rightarrow \cdots g_{ku}$ 呈现:$\underbrace{(1,1),(1,1),\cdots,(1,1)}_{n-1}$,则称该目标链为公共目标链,所有这些目标链构成联盟的公共目标集。

各个目标之间的详细影响关系可参考 Ocka(1986)[1]中的图和超图模型去分析,一个利益群体的目标集合可表示为一个图,利益群体目标集的关系模型为超图,可达矩阵表示子目标之间的关系,找公共目标集就是找出满足一定作用关系的超图的边(各图中公共元素构成的集合)。

(2)若 $G_i \cap G_j = \phi$,即 n 个利益主体中任两个无公共目标,引入一个与各个组织都有公共目标的组织 $n+1$,设 $G_{n+1} \cap G_i = G'_i(i=1,2,\cdots n)$。众所周知,一个利益主体都有自己的最高目标,记为集合 G'_{n+1},而各子目标都应与之保持一致,记为 $G'_i \sim G'_{n+1}$,如图 4-3 所示。因此 G'_{n+1} 可视为 G_i 的公共目标(目标传递)。

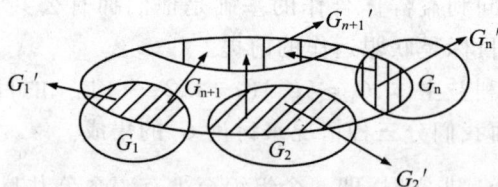

图 4-3　目标集成

(3)若 $G_i \cap G_j \neq \emptyset$,而 $\bigcap\limits_{i=1}^{n} G_i = \emptyset$;即有某两个组织有公告目标,但 n 个组织无公共目标,则可以分解成上述两种情形去处理,如图 4-4

---

① Ocka I. *Graphs and hyper graphs in cross-impact analysis. Dynamic Modeling and Control of National Economics*,1986,P.427-434.

所示。

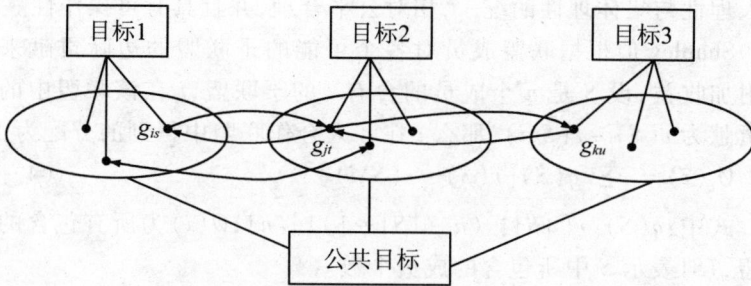

图 4 - 4   分解目标集成

通过目标可达矩阵的分析,可以逐步找出非完全利益群体的公共目标(对应于元素 1)。同时也能从无关或冲突目标系列中发现进一步开发和协调的可能性(对应于元素 0 或 -1)。

(三) 非完全共同利益群体的利益分配模式

合作的目的是增加利益主体的利益以增强其竞争力。群体或联盟利益的获得是靠各个利益主体的共同努力或协作完成的,大家共同创造一个更大的蛋糕。但因联盟而创造的附加收益在各个利益主体间的分配也是不容忽视的一环,如何公平合理地分配蛋糕将会影响各个利益主体合作的积极性,从而影响到联盟的效率和发展。因此采用较为合理的分配模式至关重要,因为利益分配不仅是本次联盟成功的关键,也影响利益主体之间的长远合作。

广义地讲,任何组织都存在某种联系,但考虑到研究性质和研究的方便,我们把所研究的相关的 n 个利益主体视为一个系统,同时设

其边界为 B_s ,在合作博弈理论的一些分配模式中,Shapley 值①兼顾了个人理性与集体理性的统一,相对公平合理,并且具有可操作性。

Shapley 值根据联盟成员对各个可能的子联盟的边际贡献来分配附加收益,设 S 是 n 个成员的含有 i 的子联盟, i 在该联盟中的边际贡献为 $v(S) - v(S \backslash i)$,那么 i 在 n 人合作联盟中得到的分配为:

$$\emptyset_i(v) = \sum_{s \in \varphi(i)} q(S)[v(S) - v(S \backslash i)] \tag{4-4}$$

式中: $q(S) = [\ |S|!\ (n - |S| - 1)!\ ]/n!$, $\emptyset(i)$ 为所有包含的子联盟, $|S|$ 表示 S 中所包含的成员个数。

如果设利益主体 i 与系统 S 外结盟时所获得的最大利益为 P_i ,实际上也是 i 加入 n 方联盟的机会成本,那么成员 i 加盟的必要条件是:

$$\emptyset_i(v) \geq P_i, (i = 1, 2 \cdots, n) \tag{4-5}$$

因此,正确评估利益主体在不同联盟的边际贡献以及它与系统 S 外结盟可能获得的收益很重要,公平的联盟利益分配构成了合作联盟奋斗的前景,在共同利益驱动下,组织间形成一定程度的融合,增强了彼此之间的信任感和亲密感,朝着做更大蛋糕的良性循环努力,出现正反馈现象。

---

① 对于只有两个组织参与的联盟分配问题一般来说是比较好解决的,可以通过寻求博弈的纳什均衡解求得,并且对于只有两方的分配双方也可以通过协商和事前约束后调节的方式加以解决。但是战略联盟往往涉及多个参与方,且各方的目标不是完全相同的,很难通过协商解决分配问题。因此多方博弈的分配问题就成为理论的一个难点,常用的方法就是 Shapley 法。

夏普利值法是由 Shapley L. S. 提出的用于解决多人合作博弈分配问题的一种重要的数学方法。这种方法的核心内容是:当 n 人采取合作的形式进行经济活动时,都会得到一定的收益,如果合作是实质性的,那么全体 n 个人的合作将带来最大收益,并且合作中人数的增加不会引起收益的减少。夏普利值就是将这个 n 人合作带来的最大收益进行分配的一种方案。这种分配方案是从全部参与人是理性的假设出发,根据联盟中各参与人给联盟带来的边际贡献进行合理分配,使得集体理性与个体理性达到均衡,各参与人的分配值衡量了各参与人的"平均"贡献。这种分配方式对联盟的内部稳定性起到了一定的作用。

(四) 非完全共同利益群体的合作形成机制

1. 理性机制

只有参加群体合作的各成员收益的提高至少要等于由于参加合作而引起的各成员的直接收益损失,各成员才有动力参与合作,这也符合博弈论中的"理性经济人"假设。这里我们称群体合作形成的这一必要机制为理性机制。

用数学语言描述:$\forall i,j \in N$,记(i,j)为一个相互合作关系,共有C_n^2个这样的相互关系,在一个相互关系(i,j)中,记δ_j^i为i从(i,j)中得到的收益增加量,π_i^i为i由于参加合作(i,j)中损失的直接收益。只有当$\delta_j^i \geq \pi_i^i$,合作关系(i,j)才能够形成。

在理性机制下,我们可以得到以下推论:

推论 1 如果$S \subseteq S'$,i不能同时参加联盟合作S和S',则i参与联盟S'使联盟收益的增加量大于i参加联盟S而使联盟收益的增加量。

推论 2 非完全共同利益群体合作博弈是凸博弈。

于是,由推论 2 得出结论,非完全共同利益群体合作博弈的核心非空,并且合作带来的收益分配方案位于该博弈的核心中。

2. 效用转移机制

由于参加群体合作各方的经济实力各异,各成员对参与合作的预期收益就会各不相同,预期收益较少的成员如果得不到合理的利益补偿,合作是难以形成的。从上一节可知,Shapley 值分配向量是群体合作博弈的一个核心,其中一定蕴含着这种为保证合作形成而在群体成员之间发生的利益转移机制。那么,具体的转移量多少才是合理的,成为我们接下来关注的问题。

引理 1 对效用可转移的博弈(N,v),如果对$i,j \in N$,存在固定的数值g_j^i,使得对所有$S \subseteq N$和所有的$i \notin S$,$v(S \cup \{i\}) = v(S) + v(i) + \sum_{j \in S}(g_i^j + g_j^i)$则 Shapley 值为:

$$\emptyset_i(N,v) = v(i) + \frac{1}{2}\sum_{j \in N}(g_i^j + g_j^i)$$

为了方便起见,假定参加群体的全体成员之间的合作行为对非

成员没有影响,成员对于非成员的政策在参与合作前后保持一致。于是,可以定义如下形式的特征函数:

$$v(S) = \sum_{i \in S} \{ R_0^i + \sum_{j \in N} K_j^i - \sum_{j \notin S} \delta_j^i + \sum_{j \notin S} \pi_j^i \} \quad (4-6)$$

式中,第一项是未合作前成员各自的保留效用,第二项是形成联盟 N 时联盟 S 全体成员获益的总和,第三项是联盟 S 的成员倘若与联盟 S 外的其他成员(N 内的)合作所可能获得的收益,第四项是未参加联盟 S 的成员(但仍在 N 内的)对 S 造成的收益损失。

与理性机制的论证相似,对 $h \notin S$,有:

$$v(S \cup \{h\}) = v(S) + v(h) + \sum_{j \in S} [(\delta_h^j - \pi_h^j) + (\delta_j^h - \pi_j^h)]$$

令 $h = i$,并定义: $g_i^j = \delta_i^j - \pi_i^j, g_j^i = \delta_j^i - \pi_j^i$,则

$$\emptyset_i(N,v) = R_0^i + \sum_{j \neq i} K_j^i - \sum_{j \neq i} \delta_j^i + \sum_{j \neq i} \pi_j^i + \frac{1}{2} \sum_{j \neq i} [(\delta_i^j - \pi_i^j) + (\delta_j^i - \pi_j^i)]$$

$$= R_0^i + \sum_{j=i}^n k_j^i + \frac{1}{2} \sum_{j=i}^n [(\pi_j^i - \delta_j^i) - (\pi_i^j - \delta_i^j)], i = 1, 2, \cdots, n$$

于是得到如下推论:

推论3 对合作博弈 (N, V),Shapley 值由下式给出:

$$\emptyset_i(N,v) = R_0^i + \sum_{j=i}^n k_j^i + \frac{1}{2} \sum_{j=i}^n [(\pi_j^i - \delta_j^i) - (\pi_i^j - \delta_i^j)], i = 1, 2, \cdots, n$$

$$(4-7)$$

如果结成联盟 N 但没有效用转移发生,则成员 i 的获益:

$$R_0^i + \sum_{j=i}^n k_j^i, i = 1, 2, \cdots, n \quad (4-8)$$

由推论3可以看出,每个成员参与合作的收益等于合作但没有效用(收益)转移时的收益加上相互合作时的收益之差的一半,其两者之差就是执行 Shapley 值分配时的效用(收益)转移量。于是,在上述模型假定的条件下,得到了如下的推论:

推论4 全体成员参与合作时,位于核心 Shapley 利益分配矢量将给每个成员的利益补偿量为:

$$T_i = \frac{1}{2} \sum_{j \neq i}^n [(\pi_j^i - \delta_j^i) - (\pi_i^j - \delta_i^j)], i = 1, 2, \cdots, n \quad (4-9)$$

对任意成员 i, j, π_i^j 是 i 不与 j 合作(与其他人合作)的收益, δ_i^j 是

i 不与 j 合作的损失,所以 $\pi_j^i - \delta_j^i$ 是 i 不与 j 合作的净收益;同理,$\pi_i^j - \delta_i^j$ 是 j 不与 i 合作的净收益。

因此,补偿给 i 的总的净收益或从 i 之处取出补偿其他成员的总的净收益(即 T_i 值可正也可负)就是 i 与其合作伙伴全部净收益之差的和。任意比较双边的利益补偿量,式(4−9)意味着:在不合作中获益较多的成员应该从合作中获益较少的成员那里得到利益补偿。也就是说,在合作中获益较少的成员应从在合作中获益较多的成员那里得到一定量的补偿,只有这样才能有望达成合作协议。同时,获益成员在补偿受损成员后的获益应该比未参加合作前有所提高。

由此可见,通过效应转移机制,可以充分发挥激励和约束两方面的作用。因为利益补偿机制对于非完全利益群体的合作形成是必需的,通过这个内在机制可以使参加群体的各方面获得合理的收益,这也是群体合作实践的内在本质,即"双赢"。

3. 协商机制

在群体的形成过程中,达成合作各方共同认可的有约束力的协议,对实现群体各成员之间的有效合作是十分重要的。而有约束力的协议的达成是通过合作成员之间的有效协商实现的。

合作成员可以进行有效协商的具体含义在于,如果合作成员各自策略的一个可行变化可以使所有成员都受益,那么在实际协商中,他们就会同意做出这样的策略变化。除非参与合作的某些成员可以与没有参加合作的其他成员达成协议,形成有效的合作。

协商过程实际上是一个谈判过程,不可避免地出现这样或那样的冲突。在具体的研究过程中根据不同的冲突类型,可以形成与之相对应的协商数学模型,最终在多方的协商和谈判过程中促成一个满意、合理的协议。通过磋商,合作各方可以建立一个利益平衡机制,使合作中获益较少的成员确信暂时的获益受损可以从长期稳定的合作中得到补偿,而获益较高的成员会自愿在某些方面为其他成员的利益承诺做出一定的让步。也就是说,从长期看,一种稳定的经济合作会使所有合作成员分得大致公平的收益。

协商机制与合作群体的组织属性有很强的关联,因此针对具体的主体会有不同的协商策略和协商重点。

4. 三种机制的互动关系

群体合作能够形成的关键是如何解决利益分配问题,利益分配方案不仅仅要满足个体理性条件和群体理性条件,而且要满足联盟合理性。优超的概念①说明分配方案不仅仅要满足个体理性条件,而且还要满足"小集团"。如果"大集体"提出的分派方案,成员可以通过形成"小集团"与之抗衡,并且有实力抗衡,那么这个大集体的分配方案是无法实现的,从而大联盟也不能实现。为了保障大联盟,上述三种机制的作用是缺一不可的,它们并不是单独作用的,而是形成一个合力,共同作用促进组织合作的形成。

---

① 博弈中最优策略的产生问题的研究过程中提出了优超的概念。艾克斯罗德(Robert Axelrod)在开始研究合作之前,设定了两个前提:第一,每个人都是自私的;第二,没有权威干预个人决策。也就是说,个人可以完全按照自己利益最大化的企图进行决策。在此前提下,合作要研究的问题是:第一,人为什么要合作;第二,人什么时候是合作的,什么时候又是不合作的;第三,如何使别人与你合作。

社会实践中有很多合作的问题。比如国家之间的关税报复,对他国产品提高关税有利于保护本国的经济,但是国家之间互提关税,产品价格就提高了,丧失了竞争力,损害了国际贸易的互补优势。在对策中,由于双方各自追求自己利益的最大化,导致了群体利益的损害。对策论以著名的囚犯困境来描述这个问题。

A 和 B 各表示一个人,他们的选择是完全无差异的。选择 C 代表合作,选择 D 代表不合作。如果 AB 都选择 C 合作,则两人各得 3 分;如果一方选 C,一方选 D,则选 C 的得 0 分,选 D 的得 5 分;如果 AB 都选 D,双方各得 1 分。

显然,对群体来说最好的结果是双方都选 C,各得 3 分,共得 6 分。如果一方选 C,一方选 D,总体得 5 分。如果两人都选 D,总体得 2 分。

对策学界用这个矩阵来描述个体理性与群体理性的冲突:每个人在追求个体利益最大化时,就使群体利益受损,这就是囚徒困境。在矩阵中,对于 A 来说,当对方选 C,他选 D 得 5 分,选 C 只得 3 分;当对方选 D,他选 D 得 1 分,选 C 得 0 分。因此,无论对方选 C 或 D,对 A 来说,选 D 都得分最多。这是 A 单方面的优超策略。而当两个优超策略相遇,即 A 和 B 都选 D 时,结果是各得 1 分。这个结果在矩阵中并非最优。困境就在于,每个人采取各自的优超策略时,得出的解是稳定的,但不是帕累托最优的,这个结果体现了个体理性与群体理性的矛盾。在数学上,这个一次性决策的矩阵没有最优解。

　　群体形成的必要条件是合作一定会给各成员带来大于不合作时所能获得的利益,并且任何破坏合作的行为都会导致其收益下降,即只有真诚地与所有合作者合作,才能获得更大的收益。也就是说,理性机制是群体合作得以形成的基础。对群体内成员的合作,虽然在利益分配上存在着诸多的冲突,但至少存在一种使各方均能接受的利益分配方案,这就要求群体内各成员均参加合作,并且在合作中获益较多的成员应该给获益较少的成员以一定数量的利益补偿,即效用转移机制可以在一定程度上解决这种利益分配上的冲突。在一定的假定条件下,这个补偿是由转移量确定的,并且这种补偿机制有可能吸引那些对其他成员有较大正外部效应的成员参加合作,群体的参加者追求各自利益最大化的行为本身会促使这种外部效应内部化,这可以使具有这种正外部效应的参与者和其他的参与者获得更大的合作收益,但是,在更多的情况下,成员之间是通过协商谈判来解决利益冲突的,通过有效磋商,合作各方可以建立一个利益平衡机制,使所有合作成员分得大致公平的收益。

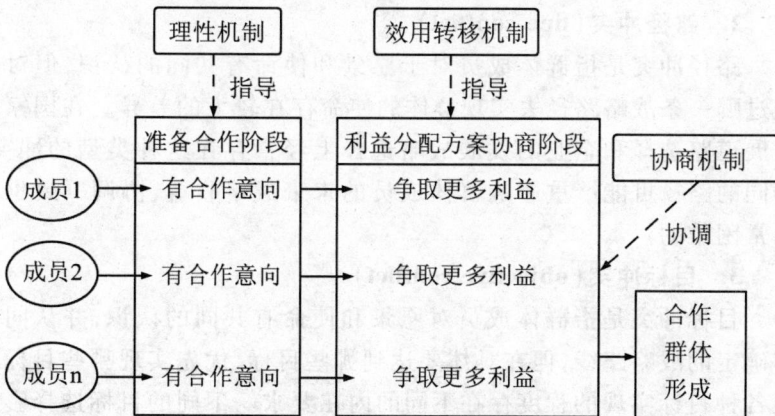

图 4－5　三种机制作用图

　　如图 4－5 所示,理性机制使利益互补的企业有可能结成联盟;在各方都具有合作意向的前提下,效用转移机制对制订利益分配方案起到了指导作用,即在合作中获益较多的企业成员应该给获益较少的企业一定量的利益补偿;在满足参与约束和激励约束的前提下,需要通过有效协商机制形成一个公平合理的利益均衡机制。在这三种机制的共同作用下,各独立的成员才会形成合作群体,在实现"双赢"的过程中实现自己的利益最大化。

(五) 非完全共同利益群体的合作冲突的分类

由于合作群体是非完全共同利益群体,因此在合作过程中冲突的出现是在所难免的,有效地防止冲突产生或者最大限度地降低冲突给合作带来的影响,是探寻合作之道的另一面,笔者认同将非完全共同利益群体合作过程中的冲突分为五类的观点,①并以此为分析的基点,为下文分析企业和地方政府之间的合作与冲突奠定基础。

1. 愿景和使命冲突(vision 和 mission conflict)

愿景和使命冲突是指群体成员存在根本性的价值观差异,对于合作的发展愿景和战略使命有不同的指向。一般来说,愿景和使命的冲突是不可协调的,这是许多重要工作需要人类合作去做而无法做的根本原因。

2. 路径冲突(line conflict)

路径冲突是指群体成员对于愿景和使命有共同的认识,但对于通过哪一条战略路径去实现群体的使命存在较大的差异。在国家的发展道路选择和企业的发展战略选择上经常存在这种类型的冲突。不同的路径可能严重影响群体成员的未来战略收益,协调一致也是非常困难的。

3. 目标冲突(objective conflict)

目标冲突是指群体成员对愿景和使命有共同的认识,并认同群体确定的战略路线,但在具体要达到哪些目标、优先实现哪些目标以及各种目标实现的程度存在不同的内在要求。不同的目标选择影响群体成员的未来直接收益,并可能导致群体成员竞争地位的升降。一般需要协商谈判建立一定的利益补偿机制,才能形成良好的合作

---

① 对于冲突的分类参考张朋柱等著:《合作博弈理论与应用——非完全共同利益群体合作管理》,上海交通大学出版社 2006 年版,第 44—45 页。

结构。

4. 过程冲突（process conflict）

过程冲突是指群体成员对于如何合作实现共同认定的目标存在认识上的差异。过程冲突有许多是由于群体成员的能力、经验和习惯偏好不同造成的，可以通过充分的论证和研讨取得一致，选择群体整体最优的合作方案。但也有许多过程冲突是由于个别群体成员为了充分照顾自己一方的利益，坚持有利于自己利益的群体合作过程。此时就需要群体成员认真分析不同过程对群体成员造成的利益得失，采取相应的管理方法加以解决。

5. 规章和程序冲突（procedure conflict）

规章和程序冲突是指群体成员在实施认可的合作过程中，对于指导具体操作的规章制度存在不同的认知和习惯。这种冲突可能是由于知识技能和工作经验的差异造成的，可以通过知识的学习和共享解决，也可能是由于部分群体成员为了多占群体合作的便宜而有预谋地违反规程，这需要群体合作过程中的联合监督，防患于未然。

二、企业和地方政府的合作与冲突协调机理研究

面对未来中国发展的特殊环境，无论对于地方政府还是对企业而言都是极为严峻的。地方政府面对激烈的辖区竞争，而企业面临激烈的市场竞争，双方都需要一个相对稳定的盟友以共同合作获取各自最大化的利益。相反，任何一方的过度自利都会给区域经济发展带来严重的影响，也给自身的发展带来极大的限制。

首先，从地方政府角度来看，地方政府在有限的区域资源约束以及中央政府的领导下，要实现经济增长、充分就业、社会稳定和谐等经济目标，就必须有计划有步骤地对本区域的经济进行合理规划，优化投资和服务环境，充分发挥企业的财富创造职能。如果地方政府对于产品市场把持过紧，形成地方保护主义，会影响区域外企业流入，同时也使本区域的企业过度依赖政府扶持，难以形成真正的核心竞争；如果地方政府对于要素市场规制过紧，对于环境排放等负外部

性行为控制过于严格,本区域企业就会面临过高的要素价格而丧失成本优势,最终只得离开本区域,用脚投票。加之,地方政府为了追求政绩,大搞形象工程而忽视对企业科技创新和公共平台的扶植和建设,甚至通过税费政策加大对企业的掠夺行为,都会让企业放弃与该地方政府合作而选择迁徙策略。

其次,从企业角度来看,面对激烈的市场竞争,企业如果选择只强调自身利润而忽视与地方政府的合作,也会让自己陷入困境。为了降低成本获得成本领先优势,企业采用压低工资、不承担社会保险、大量裁员、肆意排污等行为,尽管在短时期形成利润来源,但是由于有悖于地方政府的目标,必然要受到严厉的惩处。为了规避研发中的投入风险或迎合当前某一处局部市场,而采用陈旧技术工艺,从事"两高一低"产业,尽管市场能够提供生存的空间,但由于有悖于区域产业结构的总体规划,也会使企业丧失在该区域生存的空间。

事实上,经过30多年的经济转型发展,在政企职能有效分离的今天,一个区域经济的生态系统中,地方政府和企业之间必然是一种自发形成的合作关系,这是一个既定的事实,但是这种合作并非是一种最优的合作关系,由于企业和地方政府并非完全的共同利益群体,因此必然会形成一系列的冲突存在,冲突不能有效缓解甚至最终恶化而产生的结果对于双方而言都是一种损失。因此,未来一段时期,企业和地方政府之间理想的关系必然是一种高效能的合作关系,并且在合作过程中有冲突规避和冲突解决机制。

简言之,未来中国企业响应地方政府行为的基本原则就是"促成合作,解决冲突"。围绕这一基本原则,本研究将从合作与冲突两个方面探讨企业和地方政府的协调机理。

(一) 企业和地方政府有效合作的机理分析

1. 企业和地方政府的合作类型分析

立足于资源依赖观的组织理论,企业和地方政府有一个共同的属性,都是充满巨大的力量和能量的社会工具,他们存在的意义在于提供一个场所或框架,即组织行为参与者用自身的诱使因素与组织的贡献相互交换的场所,因此当企业和地方政府这两个场所或框架为了某些目标产生交汇的时候，合作就不可避免地产生，但是由于地方政府的角色定位和行为假设的不同，直接决定了企业和地方政府合作类型的差异。

就传统意义的政府而言，政府作为市场的补充，其作用在于对"看不见的手"的补充，地方政府的职责在于制定并执行一种让区域经济协调发展的制度安排集合。这种制度安排集合包含了正式的制度安排，如法律、法规、政策等，也包含了正式的制度安排，如道德规范、文明规章、地方习俗等，最终目的在于为企业的发展保驾护航。而企业作为财富创造的特殊组织，其主要产品是社会财富，包含社会物质财富和精神财富，他们是生产要素的加工者，是"看不见的手"的微观基础。由于两者的产出完全不同，两者的合作是典型的"串联合作"。

但是随着市场失灵逐渐被人们所认知，地方政府开始协调经济运行，通过采用财政和税收等宏观调控工具来干预经济，减少企业由于信息滞后而导致的自发盲目生产，提高整个国民经济的运作效率。政府干预经济的一个有效方式就是建立国有企业，以政府出资投入对国民经济有战略意义的特殊产业，维护宏观经济四驾马车。此时，由于存在国有资本介入到具体的产业领域，无论这一领域是否被国有资本完全垄断，但是就企业和地方政府的组织性质而言，两者存在交叉，都成为经济的直接参与体，因此两者之间就存在了复杂的关系，无论是多层委托代理关系还是投资收益关系，但从合作的角度而言，"并联合作"特征已经凸显。与此同时，地方政府还兼顾对社会政治、经济、文化提供制度产品的原有职能，因此，一个较为准确的描述是"混合合作"模式。

当充分认识到地方政府政治行为背后的个人理性时，对于地方政府认识就上升到"掠夺之手"的层次，此时地方政府不一定采用直接干预市场经济的方式，例如投资到具体的企业中，而是更多地通过对环境要素的调控来影响企业的决策，通过经济政策和产业导向作为"要挟"企业行为的砝码，最终追求自身政治效用的最大化。处于对地方经济发展的需要，政府和企业之间也需要存在一个和谐的氛围,达成双赢的合作。此时,企业和地方政府之间就又回到一种纯粹的"串联合作"模式。

综上所述,在经济生活中地方政府和企业之间的合作模式是多样化的,而且在不同产业、不同时期以及不同区域都有不同的表现,这取决于地方政府干预经济的手段、程度以及自身的目标,本研究中对地方政府的认识是基于"掠夺之手"的理性假设,因此我们立足于"串联合作"模式分析地方政府和企业的合作机理。

2. 企业和地方政府合作的共同目标分析

前文的理论假设和中国经济发展的历史经验告诉我们,中国企业和地方政府之间存在着深厚的渊源。当前市场经济中存在的多种类型的企业,部分是解除产权规制后政企分开的产物,部分来源于政府主体出资或控股的国有企业,还有部分是在地方政府提供的温床下发育的民营企业。由此我们可以看出,企业和地方政府之间存在着难以割舍的关系,两者合作的基础是不容置疑的,但是合作的目标却需要细致的思考。

在本书第二部分,我们分析了地方政府和企业的效用函数,根据效用函数而言,我们可以明确各自的目标集 $G_i = \{g_{is}\}(s = 1, 2, \cdots)$。

根据式(2-18)我们可以得到企业的目标集合:

$$G_{\text{firm}} = \left\{ \begin{array}{l} g_{f1}:\text{企业产出最大化}, g_{f2}:\text{企业持续竞争优势} \\ g_{f3}:\text{成本最小化}, g_{f4}:\text{负外部性最小化} \end{array} \right\} \quad (4-10)$$

根据式(2-19)我们可以得到地方政府的目标集合:

$$G_{\text{government}} = \left\{ \begin{array}{l} g_{g1}:\text{地区经济增长的政绩最大} \\ g_{g2}:\text{地方政府的规制收益最大} \\ g_{g3}:\text{改革带来的社会风险最小} \end{array} \right\} \quad (4-11)$$

由于只有互相影响的目标才是公共目标,因此我们分析两个组织之间的共同目标。

企业是区域财富创造的主体,企业产出最大以及企业持续竞争能力提升,能够让企业的获益能力提升,必然提高地区的经济增量,地方政府促进经济增长的政绩就会凸显;从另一个角度而言,地方政府为了提升自己对于经济建设的政绩,也会积极采用招商引资的策略,为了提升区域企业的竞争优势,通过采用创新扶持、地方市场垄断等方式进行辅助。因此,上述目标之间是正相关的,记为(1,1)。

企业成本降低会提高企业的利润水平,推动地区经济增长。企业成本的成因包括三个方面,其一是通过要素市场的价格机制直接决定的成本,其二是由地方政府垄断的特殊要素决定的成本,其三是企业内部生产过程中的成本消耗。我们将第一种成本和第三种成本并入企业的竞争优势中,不再考虑,主要关注与地方政府密切相关的第二部分成本,特别是资本、土地、劳动力形成的企业成本。由于这部分要素由地方政府掌控,是地方政府调控地区经济发展速度、导向的重要筹码,因此不会轻易向企业方面倾斜,甚至两者之间在特殊要素价格上存在一个零和博弈的状态,冲突在所难免,记为(1,-1)。

企业为了能够保持良好的社会声誉,就需要尽量降低自己负外部性带来的影响,通过社会资本投资和遵守相关利益相关者的要求,提升自身的知名度和美誉度,尽管企业会因此承担成本上升甚至丧失竞争优势的危险。对于具体的行为,企业可以通过品牌塑造和商誉的维护对消费者降低不良影响;企业可以通过降低污染排放、服务社区等方式,降低对社区的不良影响;企业可以通过增加雇员、提供劳动福利来降低对地方政府的负外部影响;企业可以通过慈善义举等方式提升企业对社会其他组织的负外部效应。政府在企业负外部效应最小的情况下获益,也会推动和监督企业积极参与社会责任承担等活动,同时企业会推动和扶持企业获得各种社会荣誉,在产业导向上有限扶持这些对地区贡献大的企业,给企业家以政治荣誉,参与政府决策等,进一步提升企业的知名度和美誉度,因此记为(1,1)。

综上所述,企业和地方政府的目标影响矩阵为:

地方政府目标集 企业目标集	g_{g1}	g_{g2}	g_{g3}
g_{f1}	(1,1)	(−1,1)	(−1,1)
g_{f2}	(1,1)	(−1,1)	(0,1)
g_{f3}	(1,0)	(−1,1)	(−1,0)
g_{f4}	(1,1)	(0,1)	(1,1)

上述矩阵中:1 为正影响,0 为无关,−1 为冲突。

因此我们可以总结企业的地方政府的共同目标是区域的产出最大化以及区域负外部性最小化,这恰恰就是要企业和地方政府共同构建一个和谐发展的区域经济生态系统,上述分析又恰恰对转型阶段划分提供了一个有力的佐证。

3. 企业和地方政府合作的合作机理分析

面对共同的目标,如何有效合作就是一个非常发人思考的问题,根据前文的论述,三种合作机制的协调运作就成为关键。群体形成的必要条件是合作一定会给各成员带来大于不合作时所能获得的利益,并且任何破坏合作的行为都会导致其收益下降,即只有真诚地与所有合作者合作,才能获得更大的收益。也就是说,理性机制是群体合作得以形成的基础。

理性机制的微观基础在于政府和企业之间的契约设计,也就是在转型发展的过程中,企业与地方政府合作中的制度保证。前文我们回顾了现代企业理论对于完全和不完全契约的假设以及由此产生的制度机理,此时我们关注的问题是如何才能够通过制度安排保证企业和政府在相关合作过程中产生正的预期收益,这种正的预期收益可能是在合作过程中的直接获益,也可能是在合作后政府通过补偿机制对利益进行转移。

由于地方政府在制度建设上具有先天的优势,因此地方政府首先要在合作过程前期让企业看到参与到该地区经济体系的正的预期收益。这种正的预期收益包括竞争优势保留、成本控制、外部性规制强度等方面,概括而言就是自身发展和区域产业结构的匹配程度。

此外,由于企业和地方政府都是理性的主体,在追求自身利益的同时,必然存在利益分歧。为了减少企业负外部的产生,企业会加强对于污染的治理投入,尽管这些都不能给企业直接带来效益;企业为了能够缓解区域的技术瓶颈,可能会主动加大研发投入,提升区域的品牌竞争力;企业为了响应政府号召,尽可能提高雇员的待遇水平,加大劳动保护和培训力度,这些投入都会给地方政府带来直接的收益,但对于企业而言,进行正外部性极强的活动,企业自身的收益低于社会整体福利的提升,此时地方政府就必须有效地将自身效用进行适当转移,提升企业的效用。

一个良好的合作系统,必须存在有效的协商机制,这种协商机制能够应对突发的破坏合作的情况。这种协商机制是非常关键的,不仅仅使企业可以向政府提出制度诉求,也是政府政策能够有效沟通的渠道,这种协商机制要通过组织、制度、环境多方面进行保证才能有效存在。对于企业而言,要发现或建立这种沟通机制,行业协会、政治协商会议、人大代表会议都是主动参与沟通的现有机构,企业要通过合理的身份和途径进行有效的政治行为,或者在法律和政治允许的范围内,积极开展政治游说,争取更多的合作收益。

(二)地方政府解决冲突的机理分析

企业和地方政府的合作不可避免地存在冲突。根据前文组织合作的冲突类型,我们以表4-2来概括企业在地方政府和企业冲突的过程中如何有效地采取缓解机制。

表4-2 企业和地方政府解决冲突的机理

冲突类型	冲突的具体表现	企业缓解冲突的机理	企业解决冲突的策略
愿景和使命冲突	对总体形势把握的差别,例如资本市场的牛市还是熊市,区域经济发展的前景光明还是黑暗,地方政府独裁还是民主等	理性机理	(1)重现评估、确认愿景或使命 (2)不合作,退出区域

冲突类型	冲突的具体表现	企业缓解冲突的机理	企业解决冲突的策略
路径冲突	对经济发展的整体判断是一致的,但是方式不同,例如是粗放生产还是集约生产,发展劳动密集型还是资本密集型等	理性机理、效用转移机理、协商机理	(1) 评估调整自身发展路径的收益和风险,做出是否要合作的决策 (2) 采用政治游说说服地方政府改变发展路径 (3) 争取更多的效用转移补贴自身变换发展路径带来的损失
目标冲突	在大方向和发展方向既定的前提下,对子目标产生分歧,如在产业结构升级构成中,淘汰标准的制定,劳工福利的确定,最低工资的确定等	效用转移机理、协商机理	(1) 采用政治游说的方式,协商子目标的冲突 (2) 争取效用转移的幅度
过程冲突	在合作具体的过程中,政府部门和企业之间的信息沟通、政策执行以及计划贯彻受到阻碍	协商机理	(1) 修正现有沟通协商机制 (2) 构建新的协商途径和渠道
规章和程序冲突	在具体的合作过程中,操作的具体环节出现冲突,由于个人主义或者个别官员的行为,影响了企业和政府的合作关系,如个别官员的腐败等	协商机理	(1) 发挥协商机制中的监督贯彻职责 (2) 采用有效的第三方仲裁机构进行事后的识别

第三节 和谐转型期企业响应地方政府的合作策略分析

一、立足于区域现代化发展的企业响应地方政府的策略选择范式

基于上述分析,我们发现企业在和谐转型期响应地方政府的合作博弈是围绕区域净产出最大化为共同目标的,因此企业的策略选择是围绕区域现代化发展的特殊空间特征为核心的,这已经不同于传统企业战略管理围绕产业优化为导向的分析范式,而是一个新的空间区位角度的策略思考。因此,企业最终确立策略选择集合时首先要符合区域现代化发展的微观机理,在此基础上才能有效做出策略判断。

区域现代化的机理可以从不同的角度加以剖析。立足于区域行政主体对于区域主导地位的学者指出,[①]政府能够通过制度安排在微观层面影响所有制结构和产权结构,并通过激活企业的方式促进区域之间的竞争与合作;通过政府间财政转移支付制度的杠杆作用,在宏观层面上影响公共品的产出水平;更为直接的是地方政府行为几乎可以影响到所有资源和要素的空间流动,因而能够真正意义上完成区域的现代化。持相反观点的学者指出,地方政府过度干预经济而产生的地方政府企业化、企业竞争寻租化、要素市场分割化、产业结构趋同化、资源配置等级化等弊端才是真正影响区域现代化的最大障碍,企业合作特别是跨区合作才是区域之间协调发展的内在

---

① 此类研究可以参见吴强:《政府行为与区域经济协调发展》,经济科学出版社 2005 年版。

原动力,①企业合作是市场利益驱动、社会关系网络以及政府推动的共同结果,通过研发合作、生产合作、销售合作、资金合作等不同活动形式,带动区域经济之间的交流与合作,最终实现区域的现代化。与上述两种观点思路不同的一类研究则是将现代化问题作为研究的出发点,将区域现代化的历程进行划分,区分不同现代化水平的内涵和衡量指标。② 一般而言,广义现代化指18世纪工业革命以来人类社会所发生的一种深刻变化。从18世纪到21世纪末,广义现代化进程可以分为两个阶段,其中,第一次现代化(经典现代化)指从农业社会向工业社会的转变过程及其深刻变化,第二次现代化指从工业社会向知识社会的转变过程和变化。不同国家现代化过程具有多样性。区域第一次现代化的发展模式是工业化、城市化等的多种组合。有些地区优先发展工业化,有些优先推进城市化,有些协调推进工业化和城市化。地区两次现代化的发展模式都是多样的,受地区地理条件、基础能力和外部环境的影响。

综观现有的研究成果,一个突出的特点在于单一区域行为主体或无行为主体的研究,没有建立起一个涵盖区域内部资源配置主体,即体现企业、市场和政府博弈关系的区域治理结构分析框架,进而难以形成一个旨在提高区域竞争力和可持续发展水平的区域政府行为及其政策机理的研究体系。笔者试图在区域间协调发展的基础上对区域内的微观治理结构问题进行深入研究,提出区域治理结构和企业成长系统演进这两个全新理念,构建一个旨在提高区域竞争力和可持续发展水平的区域内企业、政府和产业结构三者之间的协调发展机制。

---

① 相关的研究较多,参见闫二旺:《区域经济发展的微观机理》,经济科学出版社2003年版;贾若祥、刘毅、马丽:《企业合作与区域发展》,北京科学出版社2006年版。

② 中国社会科学院长期以来对中国的现代化问题进行深入系统的研究,每年都会发布"中国现代化报告",对现代化的进程进行测算和分析。

(一) 区域治理结构: 区域内契约关系的优化

1. 区域经济的界定

区域经济是指在一定的空间地域内由各种生产要素的有机结合而形成的经济运行方式。构成区域经济的基本要素包括:(1)以一定的经济区为依托;(2)以一定的地域分工为基础;(3)以有限资源的空间合理配置为基本内容;(4)以各种资源要素间、产业间和地域间的经济技术、市场供求为联系的基本纽带。对区域经济的研究是以一定范围的行政区划作为地域空间单元,把其行政区划内的经济活动作为载体,履行经济调控职能,推进地方经济发展的过程。区域经济包括自身的经济系统及其子系统,包括系统的运行、结构、组织、目标以及增长与发展,包括系统内部的各种经济联系以及与外部区域之间、国民经济整体之间的经济联系。本研究中的区域经济继承经典区域经济定义中的所有要素,并特别指出在区域中要有明确而合法的行政主体,即地方政府;要存在企业以及企业所需要的资源和市场。[①]

2. 区域经济的本质:地方政府、企业和居民的契约集合

区域经济是一个复杂的系统,作为一个抽象的简化模型,我们首先考虑区域经济封闭状态下的内部机理。我们认为区域内部的行为主体主要由三个部分组成:区域内部的行政主体——地方政府,地方政府提供公共产品并通过本地区企业和居民的满意程度获得经济和政治收益;区域内部价值创造主体——企业,企业通过有效地组织区域内部的要素,通过内部的契约安排,创造产品,增加社会财富;企业内部的消费主体——居民,居民是本地劳动力的提供者,也是本地产品的消费者,在获得公平品和私有品后,居民有政治投票权和企业受雇权。因此,区域内部的经济活动就是围绕地方政府、企业和居民之间的联系展开的,而活动都是以契约的方式加以实现的,这些契约包括经济契约、政治契约以及社会契约,每个区域主体都是理性的,都

---

① 一般而言,我国行政辖区划分的省、市、县、区都符合本研究的分析范畴,但是在进行区际分析时,本研究所谈到的区域内部以及相邻区域,如无特别说明应该是同一行政级别的平行单位。

是以追求自身效用最大化为前提的。

基于上述假设,我们构建三个区域行为主体的效用函数。

我们首先构建地方政府的效用函数,我们假设地方政府的效用函数[①]包括三个部分: $U_{\mathrm{Gov}} = U_{\mathrm{Eco}}(A,K) + U_{\mathrm{Pol}}(U_{\mathrm{Firm}}, U_{\mathrm{per}}) - C(n)$,其中 U_{Eco} 是地方政府依靠有效组织地方资源创造财富而获得的经济收益,在我国分税制体系下体现为地方的税收,实际上是企业创造社会财富后获得的部分贴现,贴现因子为 k_1; K 为区域内拥有的可供企业组织生产的资源; A 为企业组织生产的能力; U_{pol} 是地方政府获得的政治收益,包括政治升迁、社会威望以及其他社会资本积累,这一点主要取决于本地企业和居民对于政府的满意程度。地方政府的支出部分是当地公共产品的提供,公共产品的规模取决于当地企业和人口的规模。地方政府的经济产出采用柯布-道格拉斯函数的适配形式,即产出由 A、K 中较小的那个决定,[②]记为 $\Omega(\alpha, \beta)$。

则地方政府的效用函数为:

$$U_{\mathrm{Gov}} = k_1 \Omega(A^\alpha K^{1-\alpha}) + U_{\mathrm{pol}}(U_{\mathrm{Firm}}, U_{\mathrm{per}}) - C(n) \qquad (4-12)$$

地方企业的效用函数包含三个部分, $U_{\mathrm{Firm}} = U_{\mathrm{Now}}(A,K) + U_{Gr}(\Delta C, \Delta K, \Delta A) - c$,当期收益 $U_{\mathrm{Now}}(A,K)$ 即利用本地区资源进行生产后创造的社会财富经过消费者消费后,企业所最终获得的贴现,贴现因子为 k_2; $U_{Gr}(\Delta C, \Delta K, \Delta A)$ 为企业的成长能力收益,取决于地区资源的变化速率、政府提供公共品的变化速率以及企业组织生产能力的提升水平;企业的成本取决于雇员成本和地方税收。同样地,企业的当期收益和成长能力收益也都采用柯布-道格拉斯函数的适配形式。即

$$U_{\mathrm{Firm}} = k_2 \Omega(A^\alpha K^{1-\alpha}) + \Omega((\Delta C \Delta k)^\alpha \Delta A^{1-\alpha}) - c \qquad (4-13)$$

本地居民的效用函数包括三个部分,对于企业创造价值的再分

配收益以及区域公共品的收益和个人纳税和消费:

$$U_{\text{per}} = k_3 \Omega (A^a K^{1-\alpha}) + U(C) - c \qquad (4-14)$$

根据三者的效用函数,可以发现,政府和企业之间通过资源配置契约建立联系,企业通过雇员和提供产品同居民建立契约关系,社会财富也在三个主体之间形成了再次分配,这就是区域经济发展的微观机理,即区域三个主体之间的效用满足过程。

3. 区域福利最大化约束下的区域契约关系分析

从式(4-12)、(4-13)、(4-14)可以发现,区域内地方政府、企业和居民的效用函数是完全不同的,因此单纯最大化各自的效用函数是难以实现区域福利最大化的。例如,企业效用最大化就会降低雇员支出、提高产品价格获得收益,进而必然会损害居民的效用水平,增加居民的不满,降低对政府的信任水平,影响政府的威望和升迁可能。

因此要从区域总体福利的角度,优化区域内部的契约关系,形成一套有利于区域经济发展的制度安排。为简化分析,在构建区域福利效用函数时,将其看做地方政府、企业和居民效用函数的和。即:

$$U_{\text{Area}} = U_{\text{Gro}} + U_{\text{Firm}} + U_{\text{Per}} = (k_1 + k_2 + k_3) \Omega (A^{\alpha} K^{1-\alpha}) +$$
$$U_{\text{Pol}}(U_{\text{Firm}}, U_{\text{per}}) + U_{\text{Gr}}(\Delta C, \Delta K, \Delta A) + U(C) \qquad (4-15)$$

其中,地方政府对于公共品的投入来源于政府和居民的税收,居民的消费来源于企业的报酬,并通过购买产品给企业带来收益,因此是区域内部的转移。区域福利最为直接的体现是区域内部资源消耗后的产品、地方官员的政治收益、区域内部的企业成长以及区域内部公共产品形成的净福利。在此认识基础上,我们分析区域福利最大化形成的条件,由于式(4-15)各项均为正值,则只需分析每项最大即可。

在分项$(k_1 + k_2 + k_3) \Omega (A^{\alpha} K^{1-\alpha})$中,就个体的收益而言,对于地方政府对社会产品的分配收益k_1,往往是依据相关法律、法规进行扣除的;企业获得的收益水平主要取决于企业所在区域的产业结构,如果是竞争性的产业结构,k_2处于一个较低的水平,如果是垄断性的产业结构,则情况相反;居民的再分配水平符合当地的区域发展生活水平,一般不会有太大波动。但是从区域整体的角度而言,在不考虑区域产品流动的前提下,$k_1 + k_2 + k_3 = 1$。因此,关键在于保障区域产品

的总产出处于一个较高的水平,即:

$$\text{Max}\left[\Omega(A^{\alpha}K^{1-\alpha})\right] \qquad\qquad (4-16)$$

企业是一个区域的经济主体,其自身的发展也决定了该地区产业结构和经济水平,在分项 $U_{\text{Gr}}(\Delta C,\Delta K,\Delta A)$ 中,我们可以看出企业要在激烈的竞争中保持竞争优势就必须不断增强自身对资源的配置能力,就必须充分适应该地区的资源以及公共设施水平的变化,即保持下式成立:

$$\text{Max}\left[\Omega((\Delta C\Delta K)^{\alpha}\Delta A^{1-\alpha})\right] \qquad\qquad (4-17)$$

政府的政治收益取决于企业和居民的满意程度,企业和居民根据政府对于区域政策的设计以及公共产品的提供水平,满足自身的效用。现实的经济环境中,地区居民和企业的满意程度的差异,最直接体现为区域经济发展水平差异导致的投资环境和基础设施、物价水平、薪酬水平的差异。因此,要有效地提升区域的整体竞争力水平,增大区域的福利水平,关键是有效地通过区域资源和企业适配。

因此,形成区域治理结构的关键在于形成一个区域政府资源配置政策与企业成长相互匹配的区域契约关系,即一个适应企业成长的演进系统。

(二) 企业成长系统演进与区域现代化发展

1. 区域适应性生命周期

从上述的分析中可以发现,区域治理结构形成的条件关键在于式(4-16)、(4-17)成立,即如何通过企业有效组织区域内部的资源。企业作为将资源转化为产品的组织实体,存在着区域适应性生命周期,这是式(4-16)、(4-17)中适配函数的内涵。

伴随着我国分权化的行政体制改革,地方政府对本区域的资源有较强的调控能力,通过制定有利于本区域的经济政策对现有的区域企业进行引导,同时吸引外区域的企业进入本区域,创造财富。如图4-6所示,区域内部的资源满足生产可能性边界,根据经济学的基本原理,区域生产效率最大化的点位于生产可能性的点与区域内部生产曲线 l_1 的切点处,如点 K 所示。而区域内部生产曲线的本质在于区域内部企业形成的对要素的整合能力曲线,即区域内部形成的产业结构,也是企业生产曲线的叠加,根据国际经济学的基本模型,我们将其分解为企业 F_1 和 F_2。

与此同时,企业的成长存在一个围绕其产品和产业的成熟过程,存在一个从起步到成熟的生命周期,如图 4-7、图 4-8 所示。将图 4-6 和图 4-7、图 4-8 结合我们就会发现,区域的总体产出在微观层面取决于企业所处的生命周期,以及区域内部要素的契合程度。

代表企业 F_1 当前产出能力的点 X 在曲线 l_2 上移动,代表企业 F_2 的产出能力 Y 在曲线 l_3 上移动,因此 l_1 是一个随企业成长动态移动的曲线簇。代表区域内部资源的阴影面积 A 也并不是固定不变的,它往往受地方政府政策的影响,有一定的扩展空间,因此实际经济环境中的区域可能性边界 A_1 与实际的可能性边界存在一定的距离 A_{MAX},如图 4-9 所示。

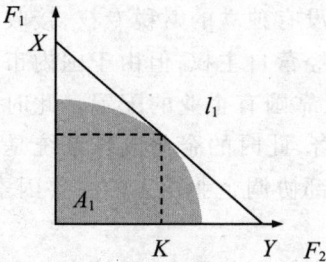

图 4-6

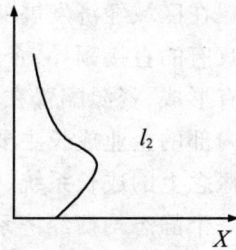

图 4-7

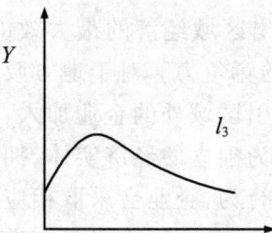

图 4-8

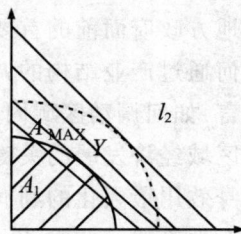

图 4-9

基于上述分析,在不考虑区域外部企业进入的情况下,政府通过调整区域内部可能性边界,尽可能让区域内部的企业产出处于最大的状态。在考虑到开放环境下,如果本区域的企业处于生命周期的起始阶段或衰退阶段,不能有效地利用区域内部的资源,政府就会通过招商引资的方式,吸引更多的企业参与区域内部的资源开发,使 l_1 能够与区域内部资源 A 相切。此外,区域内部的企业在不断地成长,曲线 l_1 也在不断地改变斜率和截距,该区域如果已经达到了最大的生产可能性区域,企业就会选择跨区域生产或离开该区域。

综上所述,企业同区域资源之间是一个双向适配的过程,企业存在区域适应性生命周期。

2. 企业的成长系统演进

上述的分析,我们没有结合我国当前处于现代化建设的情境背景以及时间演化的角度加以考虑。事实上,我国从改革开放初期至今,区域内部地方政府和企业之间经历了一个从简单经济成长到区域经济协调发展、和谐发展的演化过程。

在区域经济发展的初期,地方政府没有独立的财税专权,接收中央政府的直接领导,企业尽管逐步拥有经营自主权,但由于国内市场没有形成,资源配置在一定范围内还依靠国有企业的配置。此时区域内部的企业成长主要依赖于企业自身,此时的企业成长系统是一个概念上的成长系统,价格成为区域内部协调企业行为的主要因素,是一个静态均衡经济系统。

分权制改革后,地方政府拥有了自身的利益取向,开始充分利用区域内部的资源,调动企业生产,实现自身的效用最大化。此时,摆在地方政府面前的首要问题就是如何发挥出区域经济的最大效能,如何通过产业结构的调整和升级增强区域的竞争力。对于地方政府而言,如何调动区域内企业的积极性以及吸引区域外的企业加入,就是区域经济发展的关键途径。但是,企业作为独立的经济实体,拥有自身效用最大化的利润目标,对于地方政府行为,企业会采取相应的应对性策略。此时,企业的成长是在和地方政府之间的博弈中进行的,企业成长系统就是一个动态的博弈系统。

随着区域经济的发展以及企业能力的不断拓展,企业行为和区域发展不再是一个经济增长问题,而是一个关系到区域内部政府、企业和居民多方面的复杂问题,是包含经济、政治、文化和社会诸多因素的综合性问题。此时企业面对的是一个以社会资本为核心,受资源、环境、文化等约束的复杂系统,是企业同各个利益相关者共同发展的共生系统。

从概念系统逐步演化为共生系统是区域现代化的实现过程,如图 4-10 所示。

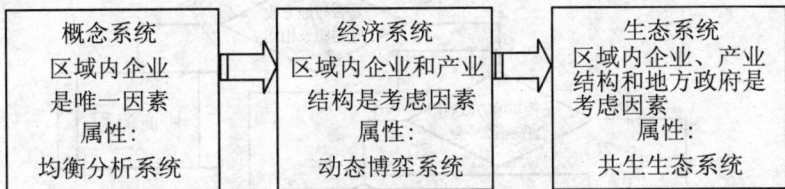

图 4-10 企业成长系统演进历程

二、立足于区域现代化发展的企业响应地方政府的策略选择集合

基于区域治理结构理论体系,前文分析并提出企业在环境中适应性生命周期假说,指出企业与区域中的政府和产业结构存在着双向的适应性,企业的成长同区域的发展相互适应,当企业自身的发展需要同区域的地方政府以及该区域的产业结构不相适应时,企业就会有退出该区域的动机,而这种适应性又与企业成长的系统演进性相联系。在适应性周期假说和企业成长系统演进理论支持下,一个进一步思考的问题就是企业区位发展的战略选择问题,并要进一步评估出各种战略可能产生的结果。

事实上,企业在进行区位战略分析的过程中,除了经典战略管理理论的 SWOT 分析框架外,还需要进行区域适应性生命周期分析和应对性策略分析,得出涵盖区位和产业的战略决策选择。综合企业和地方政府合作博弈的理论分析成果,本节将对以往分析进行总结,归纳为图 4-11 以及表 4-2 作为本研究的一个结论。

图 4-11 给出了和谐转型期企业响应地方政府的策略分析流程。通过这一流程的分析,可以让企业充分熟悉自身所处的策略位

置以及可供选择的策略走向。表 4 - 2 则是概括了企业响应地方政
府行为的策略集合。

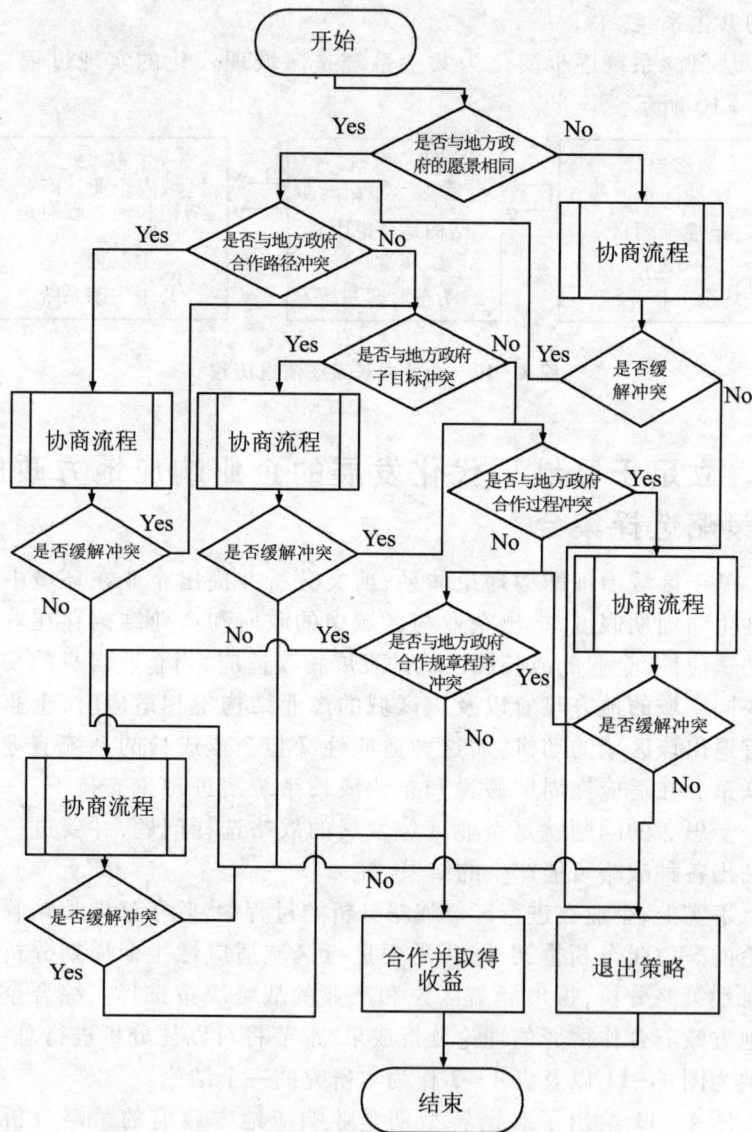

图 4 - 11　和谐转型期企业响应地方政府的策略分析流程

160

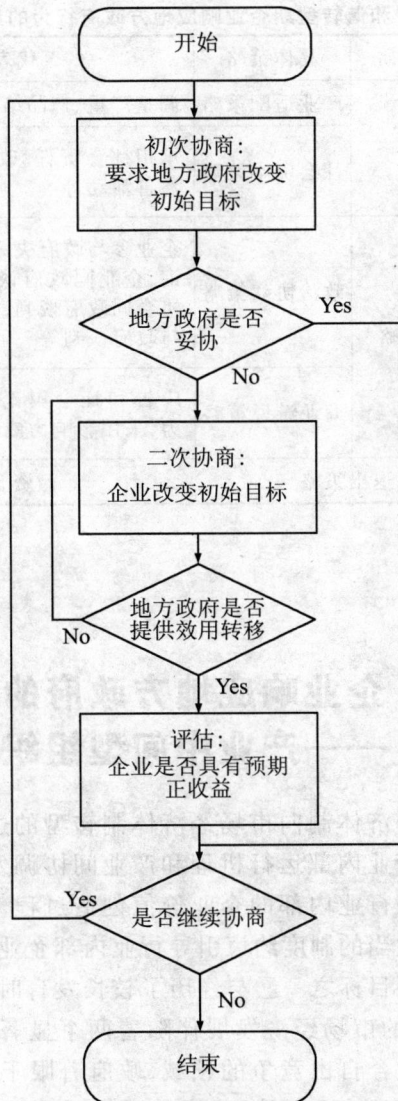

图 4 - 12　和谐转型期企业响应地方政府的
策略分析流程协商子模块

表4-3 和谐转型期企业响应地方政府行为的策略集合

策略类型	基本性质	具体策略	代表行为
合作策略	常规策略	产业适配策略	调整产量、产品结构、技术和工艺等
		社会资本策略	承担社会责任、改善社会关系、举行慈善活动等
	协调策略	政治协商策略	企业参与政府决策,企业参与政府咨询,企业同政府谈判,企业参与行业协会同政府谈判,企业参与中间组织与政府谈判等
		商业游说策略	广告和社会舆论游说,赞助政府行为,采用影响力威胁等
冲突策略	退出策略		撤资、迁移等

第四节 企业响应地方政府的新途径
——产业中间型组织

　　我国从计划经济体制向市场经济体制转型的过程,在一定程度上就是确立各个产业内部运行机理和产业间协调发展秩序的过程。从单纯由国家调控行业内部的企业价值创造过程,逐步转换为通过市场价格杠杆和适当的制度约束引导行业内部企业自组织是我国经济体制改革的主要目标之一。与经历了较长发育时期的西方市场经济国家不同,我国的市场经济发展伴随着两个显著的过程:其一,国有资本逐步退出适合自由竞争的领域,政府着眼于产业政策的制定和产业内市场秩序的建立和维护;其二,市场力量在政府的适度干预下,逐步成熟,不断壮大,形成适应经济发展的产业内部格局和结构,即市场的培育过程。政府退出和市场培育并非一蹴而就,因此,介于严格基于政府管制和价格机制的产业规制模式之间,应该存在一种转型过程中的过渡模式。故而,介于政府和企业之间,既体现政府宏观调控又兼容市场竞争法则的产业中间型组织(Industry In-between Organization)就会出现。

根据产业中间型组织产生的原因及方式不同可以大致分为两类。一类是政府相关职能的剥离与重组,目的在于对特殊产业和行业进行有针对性的规制和管理,这是一种自上而下的产生方式。例如现有的国有资产监督管理委员会(简称国资委)、证券市场监督管理委员会(简称证监会)、保险行业监督管理委员会(简称保监会)等。这些行业监管组织尽管属于政府部门,但是从机构定位和运行机理上都体现出"超政府"、"准企业"的特征。① 另一类则是在产业培育和发展过程中,由于地方政府对于行业发展的特殊要求,自发形成的介于政企之间的事业单位,目的在于解决现有产业改革中的主体缺位、多头管理等现实困难。在浙江省探矿权市场培育过程中,就形成了县一级的"矿产资源储备中心"(简称储备中心),并在酝酿形成省、市一级的"储备中心",这是一种自下而上的产生方式。

对于产业中间型组织的认识,现有的研究基本上是立足于"政府—企业"两分法的逻辑基础,强调通过明晰产权和鼓励竞争的方式解决国有企业效率低下和行业竞争力不强的问题,这就否定了这一类型组织存在的必要性。面对上述两种产业中间型组织的产生,现有的理论研究既不能对其存在是否合理提出充足的论据,也不能对其今后发展趋势进行前瞻。事实上,就笔者看来,产业中间型组织是一个典型的转型期中国情境下的产业规制问题,能否在理论的高度上剖析其机理,并在实践的层面上指导其运作,将在很大程度上影响我国市场竞争秩序的确立和产业组织的演化。基于上述分析,本部分将从产业中间型组织存在的合理性入手,通过分析其在产业规制过程中发挥的效用,指出这类组织在实践中有效运行的条件,并结合

---

① 对于这一问题,笔者曾借鉴央行制度,对国资委的定位和运作机理进行了专门的研究。参见郝云宏、曲亮:《论国资委的"超政府性"和"准企业性"》,《中国工业经济》2004 年第 3 期。

探矿权市场的产业中间型组织运作指出产业中间型组织演化的路径
和趋势,目的在于寻找出企业响应地方政府策略的第三条路径。

一、产业中间型组织存在的合理性分析

本书所研究的产业中间型组织是介于政府和企业之间的事业型
单位,它以经济指标的形式对国家负责,不从属于政府,同时以企业
化的运作和管理方式调控市场中的其他企业,根据所涉足行业和区
域的差异可以形成不同的门类和层级。应该说,产业中间型组织并
不是在所有产业和行业都应该存在的,而是在某些市场发育不健全,
产业运行机理尚未完善,存在一定量国有资本经营的行业中才出现
的组织类型。

与介于企业和市场之间的中间组织不同,产业中间型组织是从
产业规制的角度出发,不同于政府又有别于企业的"超政府"、"准企
业"的实体组织,它在我国表现为事业编制,以经济指标的形式向政
府负责,同时又遵循市场中的价格法则,按照企业的方式运作和管
理,在产业规制、产业培育过程中发挥作用。而介于企业和市场之间
的中间组织则是从社会资源配置的角度出发,在科斯(Coase,1937)
"企业—市场"两分法的基础上,存在的另外一种资源配置机制下的
组织载体,即一种市场与企业之间的双边、多边准市场组织(Quasi-
Market Organization)和混合组织(Hybrid-Organization),其往往以一种
虚拟的网络组织形态出现,如外包生产、供应链协调、战略联盟等。
正如约翰逊和梅森(Johnson 和 Mattson,1987)指出的,应该存在一种
网络,这种网络不是严格地基于价格机制或科层制权威机制,它是企
业组织间相互适应的协调。因此,产业中间型组织和中间组织是不
同层面的组织形态。

产业中间型组织也不同于行业协会等非官方组织。尽管同样是
立足于整个产业,都有行业扶持和约束的职能,产业中间型组织是承
载了政府部分职能的正式组织,在规制手段和运行方式上更具有权
威性和强制力;而行业协会则是行业内的自发组织行为,是一种自治
组织。因此,产业中间型组织和行业协会也是不同类型的组织形态。

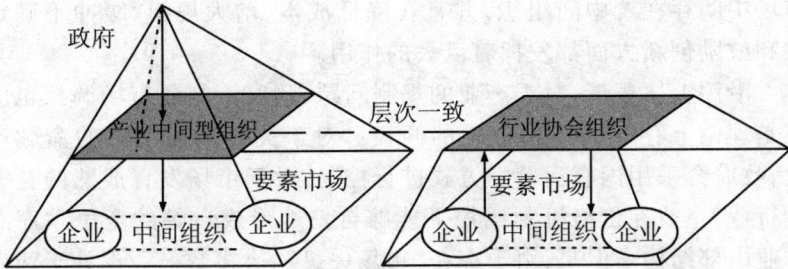

图4－13　产业中间型组织与中间组织以及行业协会的层次关系

产业中间型组织同中间组织以及行业协会的区别和联系,如图4－13所示。从产业内组织结构的角度分析,产业中间型组织处于一个映射行业内所有企业的高度,不能被企业与市场间的中间组织所取代;产业中间型组织尽管与行业协会处于同一个层次,都能够指导全行业的发展,但是从组织类别的角度分析,行业协会是企业自发形成的自律组织,缺乏与政府的接口,难以将产业政策与企业行为有机结合起来,因此也不能取代产业中间型组织。产业中间型组织特殊的组织结构层次和职能类别客观上为其存在提供了合理的空间。

二、产业中间型组织存在的逻辑基础与现实情境

(一)产业中间型组织存在的逻辑基础就是在产业规制过程中,对产业内组织进行"政府—企业"二分法所导致的局限性

就微观资源配置方式而言,借助于交易费用分析工具,科斯和威廉姆森(1973)确立了具备科层组织特征的"企业"和立足于价格机制的"市场"是资源配置方式的观点,用以解释企业的性质和边界问题。"企业—市场"两分法的资源组织形式在实践运用中暴露出很强的局限性,原因在于企业和市场调节机制是经济社会中的两个极点,而经济活动往往处于这两者之间的模糊状态。基于这一认识,中间组织理论得到了蓬勃的发展,理论和实证研究都充分证明了企业和

市场中间存在着中间组织,并且在降低成本、增大规模、缓冲不确定性和鼓励创新方面都发挥着巨大的作用。①

沿用上述逻辑,对于产业的规制问题,政府管制和市场调控也应该是理论上存在的规制方式的两极。对于关乎国计民生的命脉产业,政府会采用国有运营的方式进行控制;对于市场发育成熟的竞争性行业,企业在价格机制调控下能够自发地形成良好的竞争秩序和产业内部结构。但是,由于存在"市场失灵",大多数产业都处于两者之间的中间状态。这也成为自凯恩斯以后,经济学界形成的共识,即对于经济发展,政府应该在遵从市场对资源配置起基础性作用的前提下,对经济进行适度的干预,正如理查德·拉森(Larsson,1993)的形象描述:亚当·斯密的"看不见的手"同钱德勒的"看得见的手"的"握手"(Handshake)②。因此,对应于资源配置方式中企业和市场之间的中间组织,在产业规制中政府和企业之间存在产业中间型组织也就有其逻辑上的合理性。

(二) 产业中间型组织的存在也是我国特殊管理情境下的必然产物

作为从计划经济到市场经济过渡的转型经济国家,我国经济体制改革的一个重要目标就是要形成一个合理的产业结构,并在不同的行业确立相应的产业运行机理。而这一改革过程很大程度上就体现为国有资本的战略性调整和市场机制的培育过程。贯穿我国国有企业改革历程的一个重要指导思想就是"政企分开,产权清晰",国有资本的战略性退出使政府在某些行业内不能直接通过经济参与的方式对其进行规制,而是通过制订指导性的发展规划和颁布政策法令等行政手段维持市场竞争秩序,通过市场影响企业行为,最终达到对产业的规制作用。但是,我国同时又面对市场主体竞争力有限、市场

① 国内外对于这一问题研究成果较为丰富,参见约翰逊和梅森(Johnson & Mattson,1987)、林德博格等人(Lindberg et al.,1991)、理查德·拉森(Larsson,1993)、罗珉(2005)等。

② Larsson Richard: *The Handshake between Invisible and Visible Hands*, *Studies of Management and Organization*, 1993, 23(1):P.60—115.

发育不完全、政府部门管理职能交叉、地方政府利益凸现等转型经济特征,这都对产业规制问题提出了新的要求。

以浙江省的探矿权市场为例,作为逐步放开的特殊产业,探矿权市场中一部分矿种仍必须由国有部门勘察开采,而国有资本退出的矿种在设置探矿权的过程中,由于地质资料的来源归属于国土资源厅、勘察大队等众多政府职能部门,并且涉及地方政府的直接利益,直接表现为各级规划不能衔接,地方政府各自为政的局面,政府规制缺乏效率。如果完全由市场自发形成,又会形成粗放经营,乱采滥挖现象。20世纪90年代初期,作为全国重要钼矿产地的浙江省青田县,仅黄垟钼矿区范围矿洞最多时曾达300余条,矿业秩序混乱。

国有资本的选择性退出,行业市场发育不成熟,民营企业竞争力有限以及政府职能调整等问题都是在中国特殊情境下产生的现实问题,是经典的产业组织理论和企业理论所难以解释和解决的。产业中间型组织的产生正是立足于我国特殊的改革背景和市场发育水平,在改革实践过程中提出具有情境针对性的现实对策,从这一角度来说,现有理论的研究是滞后于实践探索的。从过去三年"国资委"的运作情况来看,它确实很好地解决了以往国有企业多头管理、战略目标不明确、人员激励有限等问题,较好地完成了国有资本"有进有退"的战略部署,提升了国有资本的运作效率,增强了国有企业的竞争力,成功实现了国家宏观调控和微观企业运营的"接口问题"。

由此不难看出,产业中间型组织的存在是有其逻辑合理性和现实合理性的,接下来的问题在于这样的组织在产业规制过程中应该发挥怎样的效用,以及如何发挥出应有的效用,这也是当前理论研究亟须解决的。特别是对于企业而言,要学会如何通过产业中间型组织来有效加强和地方政府的合作,降低两者的冲突。

三、产业中间型组织的缓冲效用分析

自奈特(Knight,1927)确立经济环境的不确定性特征以来,经济学界和管理学界都将环境作为组织行为研究的重要内容。杰弗里·菲佛和杰勒尔德·R.萨兰基克所著的《组织的外部控制——对组织资源依赖的分析》①特别强调了无论企业、政府还是其他组织,其存在的价值就是通过构建一个资源交换的平台而应对环境的不确定性。就企业层面而言,不确定性可以通过企业家才干和企业间的中间组织加以规避和缓冲,但就整个产业而言,环境的不确定性却难以通过单个企业和政府加以克服。

(一) 产业环境不确定性的来源

产业环境中不确定性的一个来源是政府对于产业发展的规划及其执行过程中所出现的政策的不确定性。根据我国实际情况,各个产业和行业的主管部门同国家的宏观规划相一致,每五年制订一个指导全行业的发展规划,各个省、市、县进而将目标分解,根据各自的实际情况制订相应层级的发展规划,用以指导今后一段时期内的产业发展。这些规划往往具有前瞻性和指导性,强调了不同层级产业发展的方向和今后一段时期内应解决的问题,但往往是在各个层级所掌握信息的基础上制订的,体现了不同层次政府对产业发展的预期。事实上,中央同地方之间、地方各级政府之间存在着较为严重的"信息不对称"现象,这使得在规划制订和实施过程中,各级规划之间难以有效衔接,规划可操作性大大降低,特别是在遇到规划中没有考虑到的实际问题时,难以及时做出反应,要逐级请示、研究才能得出对策,产业规制的效率和效力都得不到体现。为了减少实际执行过程中存在的限制与分歧,政府在制订规划过程中倾向于采用原则性、指导性的措辞,这也增加了具体规制过程中的不确定性。

产业环境中不确定性的另一个来源是全行业面对的市场风险。作为一个产业而言,产业结构的有机组合应该能够有效规避市场风险。但由于我国产业结构不合理,产业内产品层次趋同,全行业面对风险的情况非常普遍。浙江省的纺织业、小商品制造业由于主要依靠出口贸易,面对欧盟的倾销诉讼和技术壁垒都曾受到严重的冲击。此时,不是单个企业面对市场环境的不确定性,而是全行业甚至整个

---

① 参见杰弗里·菲佛、杰勒尔德·R.萨兰基克:《组织的外部控制——对组织资源依赖的分析》,东方出版社 2006 年版。

产业链都会受到严重影响。此外,随着经济全球化的不断深入,国内产品价格越来越多地受国际市场影响,特别是原材料价格直接受到国际期货市场波动的影响,单个企业难以对价格信号做出及时的反应,此时政府难以直接干预,整个行业就暴露在巨大的不确定性下。

(二) 产业中间型组织对产业环境不确定性的缓冲效用

产业中间型组织能够对产业环境中的不确定性进行有效的缓冲,关键在于其特殊的组织定位和运行机理。

作为政府和企业之间的产业中间型组织,它的定位是"超政府"的,即具有行业的扶持和规划职能但不同于政府的行政管理,它以经济指标的形式对政府负责,因此能够根据汇集到的比较充分的信息,将政府产业规划中原则性、指导性的政策分解为具有实际操作指导意义的经济指标,并进一步优化为行业内企业能够直接获取和调动其生产的供求信息;进而,类似于集团企业的首脑,遵循"准企业"的运行机理,通过运用价格杠杆和技术准入条件的方式,将行业内的企业充分运作起来,并实现产业升级,最终达到政府产业规制的效果。当行业面对共同的市场风险时,如倾销制裁或价格波动,产业中间型组织利用其与政府的关联,"游说"政府出面干预,降低损失。[1]

现实中的产业中间型组织也起到了缓冲的作用。浙江省青田县成立的矿产储备中心(简称"储备中心")就是将省、市、县三级对于探矿权市场的发展规划和若干指导意见,转化为"储备中心"对于探矿权的若干分类,明确当前能够市场化运作的矿种和范围以及必须由国家勘探的特殊矿种,并进一步将当前能够开采的矿种和区域进行有效的规划,考虑到当前国际市场上钼矿价格的持续上涨,设置了四块探矿权进行拍卖,并在拍卖过程中除了设置"经济标"外,还设置"技术标",抬高探矿权市场的进入门槛,保证了资源的集约化开采和利用,有效地规制了探矿权市场。与此同时,"储备中心"还对前景看

---

[1] 在欧盟纺织品压港事件中,笔者认为正是缺少有效的沟通渠道使得政府不能及时出面干预参与协调,才最终上升为全行业的损失。与此对应的欧盟企业通过其政治体制允许的"商业游说"行为,有效地保障了自身的利益。

好但基础地址资料不充足的矿种,加大投入力度,为今后企业进入该市场创造基础性的条件,起到了培育市场的作用。这样,"储备中心"就成为缓解产业中不确定性的"缓冲区"和"蓄水池"。

四、产业中间型组织的枢纽效用分析

产业中间型组织能够有效地发挥其缓冲效用的一个重要前提就是要掌握充足的信息:一方面能够将政府多头管理归为一体,"聚小溪为大河";另一方面要积极关注市场的动态。与此同时,产业中间型组织还要能够协调现有政府部门之间、产业中间型组织之间以及产业中间型组织和企业之间的关系,否则就会成为一个虚设的冗余组织。亨利·明茨博格和路德·范德海登(Mintzberg 和 Van Der Heyden,1999)指出现有组织存在的价值其中之一就是枢纽(hubs)效用。枢纽的作用是协调中心,它是人员、物质或信息流动的汇集。事实上,产业中间型组织也确实发挥着枢纽效用。

(一) 产业中间型组织是各级政府之间的枢纽

财政分权后,相对于中央政府,地方政府对于本地区的经济结构和资源禀赋的开发利用,具有信息优势,并且地方政府有着不同于中央政府的行为目标。[①] 因此,地方政府在发展地区经济、培育市场的同时,就可能对区域内的既得利益集团进行保护,甚至对区域内资源进行掠夺式管制,损害经济的可持续发展,目的在于实现其效用。由于地方政府行为导致的地区差异会引发中央政府对于财政分权规则的修改和产业政策的调整,因此地方政府又会为追求其效用最大化而改变其行为,双方一直处于动态博弈之中。地方各级政府之间也面对同样的博弈过程。此时,产业中间型组织作为产业层面的组织类型,具有"超政府"的职能定位,能很好地将产业政策从中央落实到各级政府,而且不卷入政府之间的博弈过程,发挥其产业规制效力。

---

① 根据王振中(2006)对于中国经济转型期地方政府行为的研究,发现中央政府的目标在于维护最大的统治合法性,地方政府追求最大化可支配财政资源和职位升迁,笔者赞同此观点。

与此同时,产业中间型组织能很好地协调各级政府之间的利益管理,在产业层面上将不同层级政府的目标趋同,实现其协调的枢纽作用。

以浙江省青田县的"储备中心"为例,作为县一级的产业中间型组织,该组织首先能够通过有偿出让探矿权为地方财政带来收益,如2006年3月,政府出资200多万元勘探形成的85号矿脉探矿权通过招标使政府获得了3亿多元的出让金,大大增加了地方财政的收益。与此同时,在出让金中,"储备中心"拟按一定比例提取地质勘察基金,用以解决该地区普查性地质资料不健全以及为今后设置探矿权储备做好准备。这就大大缓解了中央以及省级国土资源部门对于普查性地质勘探投入不足的困境。作为矿产资源产业,"储备中心"成为协调各级政府矿业主管部门的枢纽。

(二) 产业中间型组织是同级不同政府部门之间的枢纽

伴随经济体制改革,我国的政府机构也进行了适度调整,但是一个突出的问题是一个产业的规制涉及多个部门的协调和管理。这一现象一方面来源于我国经济转型过程中,政府职能还与产业发展处于"磨合期";另一方面也是由现有产业发展问题的复杂性所决定,新型产业的兴起和产业内新技术的应用,对现有产业规制部门而言是难以一并解决的;此外,不同政府部门为了维护自身利益,也往往会主动干涉具体产业的规制过程。在"国资委"成立以前,国有企业管理问题被称为"五龙治水",财政部、人事部等五个中央部门各司其职,共同管理,协调成本非常高,"国资委"的成立彻底改变了这个局面。

浙江省探矿权市场中也存在部门之间协调困难的问题。在制订浙江省发展规划时,矿产、土地、园林绿化等部门都是各自制订规划,但是在实际操作过程中,矿产开采必然涉及土地的使用、植被的破坏等问题,此时就需要具体问题具体分析,问题处理较为滞后。与此同时,对于可以用来拍卖的探矿权,实质上是具体地质位置和矿种的地质信息的集合。由于历史遗留问题,这些信息却分散于多个部门,包括国家军事部门,省、市、县三级国土资源部门,以及当时负责勘察工作的地勘大队。为了降低再次勘察的费用,就需要协调各个部门汇集资料,但难度较大,原因在于这些资料具有经济价值。而我们知道这些信息只有组合成为一个完整的探矿权,才能将这些信息的价值最大化。

"储备中心"就很好地实现了部门之间的枢纽作用,通过汇集地质信息、形成探矿权、获得收益的方式,将对探矿市场的规范职能汇集起来,提高了产业规制效率。如图 4 - 14 所示,政府通过授权方式将不同部门拥有的可供市场化的地勘信息作为主要资产汇总到"储备中心",并根据区域的矿产资源规划,将地勘信息分类汇总,有计划、有步骤地设置可出让的探矿权。"储备中心"首先要对现有信息的勘察成本进行估计,并制订拍卖底价,通过有效竞争,提高探矿权市场的效率,使地勘信息的价值得到最大体现,也保证了各方面的收益。

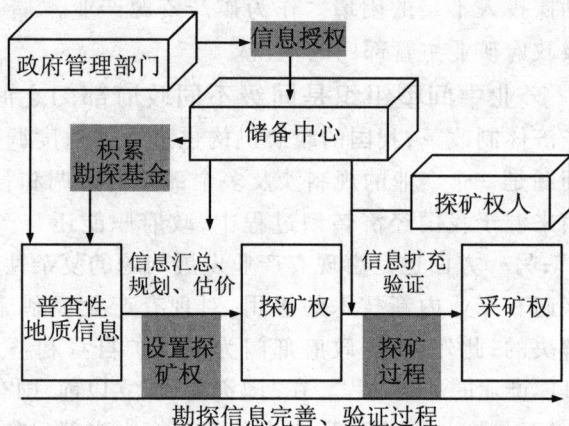

图 4 - 14 "储备中心"定位及运行机理

(三) 在特定的情况下产业中间型组织也可以成为产业内要素配置的枢纽

由于市场是通过价格对产业内的要素进行配置的,当市场风险过大或由于难以形成规模效益而不能有效吸引投资的时候,产业内部的要素配置就会处于一种低效率的状态。此时,产业中间型组织就能够通过其"准企业"的运作机理,采用市场参与的方式,回收要素并有机地组合,降低风险,同时形成规模经济,再次投入市场,达到资源要素的集约化经营。

在探矿权市场中上述现象较为典型,探矿权人为了降低风险,往往倾向于探矿权涉及的区域面积较小、储量居中的区域,这样就会造成采矿过程中难以形成规模经济,形成粗放型开采的问题。而且对于较小的矿洞,技术和安全问题也容易被忽略,从而产生较为严重的安全事故。① 此外,由于资金、技术不足形成的"烂尾矿"也会造成资源浪费。"储备中心"的成立一方面可以在新矿权的设置上充分考虑规模经济和技术壁垒,另一方面通过构建矿业权的二板市场,通过回购小规模探矿权再组合成为大规模探矿权的方式,对当前矿产资源进行集约化开采,提升产业的竞争力水平。

五、产业中间型组织的演化发展趋势

产业中间型组织是我国当前转型经济时代背景下的产物,在产业规制和产业培养过程中发挥着缓冲和枢纽作用。但随着我国市场经济的逐步完善,产业竞争力的不断提升,产业中间型组织是否还应存在就成为必须思考的问题。特别是在产业中间型组织运作过程中,如果不能明确"超政府"的职能定位而过分强调其"准企业"运作机理,就会成为政府参与经济运行的"替身",从而回到国有企业改革前的弊端中。进一步分析"国资委"和"储备中心"这两个产业中间型组织,会发现两者在职能上存在差别:"国资委"更注重对产业的监管,而"储备中心"则更注重对产业内的协调和服务。这一差异实质上揭示了产业中间型组织演化发展的趋势,如图 4 – 15 所示。

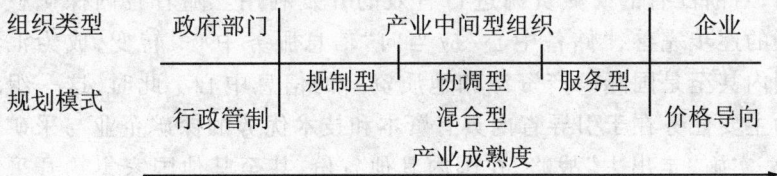

组织类型	政府部门	产业中间型组织			企业
规划模式	行政管制	规制型	协调型 混合型	服务型	价格导向

产业成熟度

图 4 – 15　产业中间型组织演化发展趋势图

---

① 笔者认为造成现有矿产开采安全问题的其中一个原因,就是在矿业权(包括探矿权和采矿权)出让过程中,矿业权划分较小,难以形成达到技术要求和安全要求的规模边界,进而导致安全事故频繁发生。

在产业中间型组织的两端是完全的政府行政管制和价格导向的企业自发管理。在产业成熟度较低的产业培养期,产业中间型组织往往充当"规制者"的角色,此时重在确立产业内良好的市场秩序,逐步培养产业内竞争主体的实力,保监会、证监会都是典型的规制型产业中间型组织;在产业逐步成熟的过程中,产业中间型组织重在协调产业规制相关部门,以及协调产业内资源配置,在确立行业秩序、培养企业竞争力的同时,注重产业集约化发展,完成产业升级,提升产业竞争力;当产业趋向成熟后,产业中间型组织则侧重于为产业内企业提供相应服务,产业技术研发、产业企业孵化器及相关法律咨询等都是其服务的内容,例如台湾新竹科技园中的创新中心就是政府下属的产业服务机构,也属于本书论及的产业中间型组织。随着产业逐步成熟,产业中间型组织与政府的关系越来越淡薄,而与企业的关系日益紧密,一旦完全脱离了政府的产业规制职能,就会转化为产业协会或产业研发中心等组织。因此,产业中间型组织是否长期存在取决于产业成熟水平,一旦形成了良好的市场秩序和产业竞争主体,产业中间型组织就应该蜕变为服务型组织,否则会阻碍产业的进一步发展。

就浙江省探矿权市场的"储备中心"而言,当前的任务在于通过市场化的方式有效地协调探矿权市场的运作,完成矿产品开采由粗放型向集约型的转变,确立行业秩序,培育出一批具有资本和技术实力的探矿主体,特别是以股份制形式建立起来的探矿公司和开采公司,对浙江省的矿藏资源进行有效的开发利用。随着省内探矿权市场的逐步完善,"储备中心"应当向"信息服务中心"转变,成为汇集国内甚至是国际矿产资源和地质资料的信息中心。此时,这一组织的主要任务在于引导省内具有资本和技术优势的探矿企业与采矿企业,实施"走出去"战略,在国内其他省份,甚至其他国家集约开采矿产品,解决省内甚至国内的资源瓶颈问题。①

---

① 浙江省"十一五"矿产资源发展规划特别强调了浙江省矿产发展的"走出去"战略。事实上,在我国江西、山西以及老挝等国内外区域都有浙江资本成功进行矿产品开采和运作的案例。

第五章

> ■ 转型与发展:慈溪市家电集群
> 企业的案例解析①

　　家电产业是慈溪市的支柱产业,经过多年发展,形成了具有自身特色的发展模式与竞争优势,慈溪市成为国内继青岛、顺德之后的全国三大家电产业基地之一。伴随"后危机时代"的到来,全球经济尚待复苏,国际市场未见好转,慈溪市家电产业原有发展模式所积累的结构性、素质性矛盾日益暴露,面临转型升级的巨大压力。为加快家电产业转型升级,慈溪市政府为实现该市家电产业集群由低成本竞争优势向具有强势品牌、创新技术、卓越服务和集约生产等特征于一体的综合竞争优势的战略转变,提升产业集群国际国内市场的行业话语权,制定了一系列的政策,而当地企业面对政府行为也主动或被动地采用策略性行为追求自身发展,本章将围绕当前慈溪市家电产业集群转型升级和企业发展,探讨地方政府行为约束下的企业策略行为。

---

　　① 慈溪作为浙江经济产业集群发展的特色区域,在企业发展的表现上具有较强的代表性,笔者先后承担了《慈溪市品牌家电产业基地转型升级实施方案》、《慈溪市家电产业集群示范区转型升级实施方案》等政府课题,收集了相关的第一手资料和数据,以下章节中的数据均来自实地调研和统计,下文不再赘述。

第一节 慈溪家电产业集群转型的产业背景分析

与单个企业对应,集群企业最大的特点就在于强大的产业依托进而形成的区位规模优势,因此对于企业战略的确立往往立足于整个产业集群的演进和发展,地方政府对企业的相关政策也是立足于产业发展的视角。通过对慈溪产业发展的背景讨论,我们一方面将对过去产业历程中的地方政府行为进行一个概括与总结,另一方面将为下文当前企业和地方政府的合作博弈做一个铺垫。

一、产业的发展历程

慈溪市家电产业起步于 20 世纪 70 年代中期,从塑料零配件加工起步,历经从零配件加工到整机制造组装、从来料加工到贴牌生产再到自主创牌、从小家电仿制到大家电制造、从单一品种到多品种系列化生产、从先发优势到机制优势再到产业链优势的一个渐进式的发展历程。如今,家电产业已发展成为慈溪的支柱产业,慈溪家电产业成为国内继青岛、顺德之后的三大家电产业基地之一。其发展历程可以归结为以下三个阶段。

萌芽起步期:第一个十年(约 1975—1985)。慈溪家电企业的母体是 20 世纪 70 年代所创办的一家国营无线电工厂,这家工厂为慈溪培育了一大批懂技术和市场的人才。在 20 世纪 70 年代末到 80 年代初,随着市场经济的活跃、区域政府的扶持以及国有经济效益不佳,这些人才纷纷出来创办了慈溪早期的模具工厂。

缓慢积累期:第二个十年(约 1985—1995)。在这一时期,家电仍然是高档消费品,市场需求虽然在稳步增长,但是增长速度并不快。慈溪家电企业通过为上海等外地的大企业加工家电零配件来积累产业发展的知识与人才,为后期的发展打下坚实基础。

快速成长期:第三个十年(约 1995—2005)。这一时期,慈溪家电开始步入快速成长期。在国外家电大举进入国内市场的大环境中,慈溪家电企业勇于面对挑战,逆势而上,开始从专门做零部件转向整机生产,通过低成本的模仿战略,获得了极大的发展,产品趋于多元化,工艺趋于成熟,产业链条趋于完善。在激烈的市场竞争中,一批优秀的企业脱颖而出,如方太、惠康、先锋、奇迪等,形成了继顺德、青岛之后的第三大家电产业积聚地。

二、产业基础与优势

经过 30 多年的发展,慈溪家电产业集群积累了雄厚的产业基础和丰富的网络基础。

(一) 产业规模巨大,集群特征显著

家电产业是慈溪市区域经济的支柱产业之一,经过 30 多年的发展经历了从无到有、从小到大的过程。2008 年家电制造业工业总产值 601 亿元,占慈溪市工业总量的30%,企业数近万家,职工人数 28 万多人,实施工业增加值 120 亿元,实现利税 39.6 亿元,出口额 25.7 亿美元。2008 年家电产业规上企业实施总产值 281.4 亿元,同比增长8.8%,工业增加值 61.5 亿元,利润额 9.45 亿元,实交税金 8.9 亿元,形成了以完善产业链为基础的产业集群优势。

慈溪市家电产业已经形成了由各区块特色产业组成的庞大的产业群体。周巷、附海、观海卫和新浦 4 个镇为慈溪家电产业核心区块。核心区块总面积 301.4 万平方千米,工业总产值 561.5 亿元,占慈溪工业总产值28%,家电产业总产值 286.5 亿元,占全市家电总产值47.6%。

(二) 企业发展迅速,龙头企业突出

慈溪家电行业基本形成了以大中型企业为支柱、小企业为主导的企业群体。现有规模以上企业 351 家,其中年销售额 500 万元～1000 万元的 71 家,1000 万元～3000 万元的 128 家,3000 万元～5000 万元的 33 家,5000 万元～1 亿元的 38 家,1 亿元以上的 60 家,10 亿元以上的 2 家。2008 年慈溪市家电规模以上企业实现工业总

产值 280.78 亿元,实现销售收入 258.22 亿元,工业增加值 61.44 亿元,拥有慈溪家电产业的半壁江山。

方太作为慈溪家电的龙头企业以 42.61 亿元品牌价值成为中国最有价值品牌厨卫行业的第一名,连续 4 年蝉联中国 500 最具价值品牌行业第一,远远超过了行业其他品牌,稳居行业第一。

(三) 创新体系形成,研发潜力巨大

慈溪家电产业发展经历了从技术模仿到自主创新的过程,形成了公共技术服务平台与企业技术中心互为补充的区域技术创新体系,并逐步凸显其雄厚的研发潜力。截至 2008 年底,慈溪家电产业拥有国家级高新技术企业 16 家,宁波市级以上各级企业技术研发中心 22 个,其中国家级企业技术中心 1 个,宁波市级以上的企业技术中心 19 家,企业主体地位不容动摇。家电产业累计完成技术改造投资 23.5 亿元,占全市工业技改投入的23%,研发经费投入 2.6 亿元。

慈溪市获得的万件授权专利中,家电产业占 6 成。2008 年家电产业又新增发明专利 34 个,实用新型专利 625 个,有效软件著作权登记 16 个;先锋电器、奇迪、沁园、新海等 10 多家企业参与了国家标准的制定;沁园净水器获 2008 国家科技进步二等奖,研发潜力巨大。

(四) 产品特色突出,销售网络广泛

慈溪家电产业已形成了从配套到整机生产的庞大产业链,产品涵盖白色家电、水家电、健康护理家电等几大领域,涉及饮水机、取暖器、电风扇、洗衣机、吸油烟机、家用电热烘烤器具等 30 种系列。冰箱生产持续保持高速增长,液晶电视成为家电产业新秀,饮水机、取暖器、双桶洗衣机、电熨斗、吸油烟机等家电产品产销量居全国领先地位。

慈溪家电产品出口导向型特征比较明显,国内外客户网络群体完善,一张立足慈溪、遍布全球的家电国际营销网络已经构建。以宁波港为依托,家电产品出口具有一定的低成本优势。规模以上家电产业出口交货值占全部家电产业销售值的一半以上。在"家电下乡"机遇中,中标企业 30 余家,占全国的 1/4,产品涉及冰箱、洗衣机及冰柜共 48 个品牌 396 种型号产品,为开拓国内市场奠定了良好基础。

（五）企业品牌林立，区域品牌初现

慈溪家电产业品牌创建工作取得积极成效，培育出一大批具有较大影响力的家电品牌。目前行业已拥有 49 只中国驰名商标、7 只中国名牌、26 只国家免检产品、2 只中国出口名牌、32 只浙江名牌、19 只浙江著名商标。"方太"、"先锋"、"奇迪"、"卓力"、"凯波"、"惠康"、"沁园"、"华裕"、"浪木"、"金帅"等品牌在国内外市场知名度逐步扩大。

慈溪市先后获得"中国家电产品出口共建基地"、"国家火炬计划宁波慈溪智能新型家电特色产业基地"和"中国家电产业基地"等称号，"中国家用小电器产业集群"榜上中国内地"百佳产业集群"，"家电王国"、"家电之都"的美誉已享誉多年，家电产业品牌簇群初步形成。慈溪通过相关行业协会、商会组织慈溪家电企业在省内和省外慈溪家电有较大市场的地区强化统一的"慈溪家电"概念，并通过积极鼓励家电企业参与"家电下乡"，以区域品牌的形式占领市场。

（六）公共平台运作，行业协会建立

慈溪市政府十分重视家电产业的发展，投资新建了集研发、设计、测试、营销、仓储、信息等功能于一体的中国慈溪家电科技城，慈溪家电博览会已成功举办两届，为提升慈溪家电产业知名度发挥了积极作用；国家级家电研发机构——中国家电研究院华东分院落户慈溪，搭建起国内最先进的家电技术和信息平台；市政府投资 1300 万元建设了慈溪电器安全检测中心，大大方便了家电产品认证。同时，成立了浙江省饮水机行业协会、慈溪市电源连接器行业协会等组织，加强行业企业之间交流、协调。

三、产业发展存在的风险分析

慈溪家电产业经过多年的发展，形成与巩固了基于较为完善的产业链配套优势基础上的强大制造能力，但不管从国际产业链垂直分工的角度还是与青岛、顺德家电产业基地比较，慈溪家电产业竞争力总体上都处于相对弱势地位。

（一）慈溪家电产业存在"同构性风险"，产业内专业化分工程度不足

对于国外成熟的产业集群区,产业上下游联系紧密,生产和研发成本大大低于其他地区,其内部形成良好的产业分工和产业关联。慈溪家电产业特殊的发展历程决定了多数企业以制造为核心,现有的产业分工仅仅停留在制造环节零部件外包和外贸出口代理,生产性服务业发展严重不足,难以提升研发能力和销售拓展能力,制约产业转型发展。慈溪家电产业基本上是以生产链的形式嵌入到全球价值链,主要集中于成品的生产过程,其他环节相对较弱,处于"微笑曲线"的"下颌"部位,也就是处于价值链的最底层,而企业往往"小而全",不能实现"大而专",存在"同构性",形成一条低水平、低附加值的特殊微笑曲线。

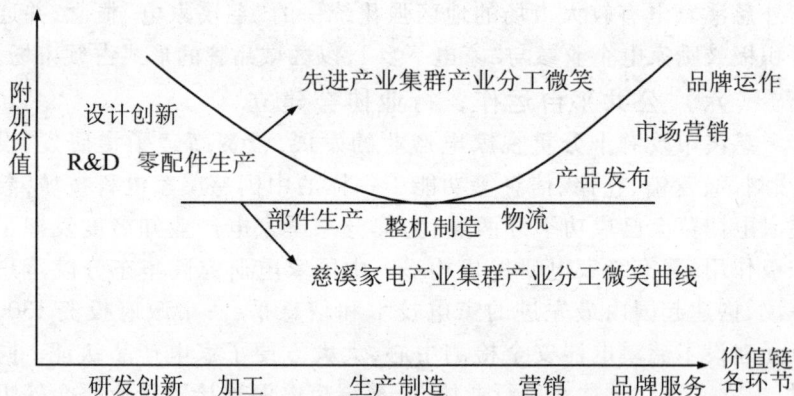

图 5-1　先进产业集群与慈溪家电产业微笑曲线对比

（二）慈溪家电产业存在"内核性风险"，产业核心技术基本缺失

慈溪家电企业尽管在规模和产品种类上,在国内和国际都具有一定的地位,但慈溪家电企业技术创新起步较晚,自主创新能力不强,以模仿为主,核心技术基本缺失,形成"内核性风险"。"内核性风险"导致的一个突出后果,就是慈溪家电行业缺少具有较强竞争力

的品牌。许多企业把市场定位在国内二三线市场或国际低端产品市场,不太注重或者难以提高产品档次和创立强势品牌。例如压缩机作为空调和冰箱的核心元器件,尽管慈溪实现部分本地化生产,但由于技术弱势,难以满足"节能、智能、环保"趋势下高端电器的需要;慈溪虽然能够生产中低端的家电集成控制板,但高端控制板都是通过芯片外购,或依托上海、杭州等地的软件企业解决。在水家电、家庭护理家电业也存在类似的问题。

(三)慈溪家电产业存在"外延性风险",产品销售渠道存在瓶颈

长期以来,慈溪家电以外向型出口销售为主,从事贴牌生产和销售,慈溪家电企业对自身渠道建设投入相对不足,因此形成产业终端的"外延性风险"。具体而言,面对国际市场,全球金融危机引发的需求下降,使外贸依存度较高的慈溪家电产业受到的冲击非常显著,许多企业限产、减产;即便是外贸景气的时期,全球价值链上主导企业的控制、人民币升值、贸易反倾销诉讼也都制约着慈溪家电对外拓展市场。就国内市场而言,慈溪家电面对苏宁等知名家电商场的主流销售终端的挤压而举步维艰,能够打入其市场、获得较高利润的产品不多,销售渠道还是以二三线城市的专业市场为主,包括西部地区以及广大的农村市场。因此,销售渠道成为制约慈溪家电企业"外延"成长的关键要素。

(四)慈溪家电产业存在结构性风险,龙头、中小企业衔接乏力

慈溪家电产业大部分行业中缺乏龙头企业,没有出现龙头领导中小企业协同发展的局面。上下游企业间的关系比较松散,行业整体的实力不强,学习先进生产技术或工艺的机会不大,所以这种集群工艺升级和产品升级比较缓慢,导致慈溪家电产业整体工艺技术和产品档次不能大幅度提高。大多数中小家电企业存在"急功近利"的经营心态,长期以量制胜的同质化、粗放式发展,在产品市场面临饱和时,这些原本就以"量大价低"制胜的企业,往往采取价格战,打乱正常的经营秩序。

龙头企业带动乏力和中小企业无序的竞争必然都直接制约产业竞争力的提升。这与慈溪家电企业的企业管理水平密切相关。"一流设备、二流产品、三流价格"的状况较为严重。慈溪家电企业主体上都是民营企业,管理人才缺乏,管理粗放,对企业战略规划重视不够,企业员工的凝聚力不强,人员流动大,缺少精细化的生产管理,导致产品的质量不稳定,品质上不去,企业品牌建设受影响。

(五) 慈溪家电产业存在协调性风险,公共平台、协会功能局限

成熟产业集群需要良好的协调性,其中包括政府与企业的协调,设计研发、金融保险、法律等服务性职能与生产制造企业的协调,也包含产业内企业与企业之间的协调,良好的协调性往往依托于政企之间的服务性公共平台和行业协会完成。目前,慈溪仅有各种家电行业协会 3 个,但实际上真正发挥作用的较少。一是缺乏健全的行业规范和管理,如行业准入、价格自律、行业损害调查、贸易纠纷处理等;二是不能提供相应的服务,如产品国际国内市场信息、政策法规咨询服务、产品技术研发与服务、反倾销反补贴调查、应诉等;三是内部协调功能薄弱,尤其是市一级还没有相应的专业机构和协会,缺少对行业发展新趋势的研判和引导,产业间相互沟通和信息了解的渠道不够畅通。

第二节 针对家电转型的慈溪政府行为分析

一、家电集群发展过程中的政府行为分析

(一) 初始发展阶段 (约 1975—1985): 盘活人力资本, 承担政治风险

作为慈溪家电母体的企业国营无线电工厂是慈溪当时唯一的工业体,其属性属于国有企业,直接服从于国家计划经济体系在投入、

生产、产出各个领域全方位进行掌控。由于企业规模有限,计划经济的微观局限性使企业整体发展受制于国家产业发展,效益不佳成为必然。

此时,地方政府作为区域经济代表要立足当地居民的生活要求做出决策选择。慈溪作为填海形成的移民城镇,资源禀赋条件很差,依山傍海的地理条件以及移民形成的短期文化积淀都使得这个区域在发展传统农业和服务业上具有先天缺陷,因此地方政府的决策就显得非常重要。如果按照国家既定的发展方针发展,慈溪无疑难以获得跨越式发展,当地经济面貌在很大程度上不能改观。因此地方政府承担了政治风险,允许农民向工业部门流动,这对于浙江沿海的农村而言是一个非常大胆的举措,当时粮食生产的指令性计划还是较为严格的。

在没有更多可供支配要素的时候,慈溪地方政府更多的是对人力资本的关注。这种关注体现在无为而治上,在效益原本不好的无线电厂,大量农民通过学习获得了专业技术,特别是模具制造的技术,这也是慈溪所有产业的源头和基础。

(二) 缓慢积累阶段 (约 1985—1995): 形成生产能力,累计产业资本

随着国家拉开改革的序幕,慈溪地方政府的举措没有发生太多的变化,更多的是让农民参与到工业生产中去,跑市场、做配件加工就成为一种主导模式。由于民营企业的正式组织形式还没有确立,加之现有体制没有对民营企业融资建立通道,民营企业的概念对慈溪而言还为时尚早。

但是慈溪现有的发展有两个很好的契机:其一是上海、杭州等地的国有企业内部开始进行改革,企业产能扩大,对于部分零部件的需求量扩大,国家现有的计划经济体制还不能及时对此作出调整,这就为一些小型的加工企业存在提供了市场;其二是部分小型的国有企业破产转型,一批二手的机器设备低价出让,加之前期慈溪已经积累了一定程度的熟练技术工人,对于加工部分零部件而言具备了人和设备两个关键要素。

供给和需求之间的匹配,让慈溪出现了大量白天务农,晚上在家从事零部件加工的"亦工亦农"群体,往往是一个家庭购置 1～2 台冲压机就可以开工,配套加工成为此时最主要的生产内容,家庭作坊式的经营模式成为主要载体。

(三)快速成长阶段(约 1995—2005):鼓励民营经济,目标做大做强

步入 21 世纪国家已经明确确立民营经济在国民经济中的突出地位,地方政府在此时已经不再承担过多的政治风险,但是与之对应的分税制改革让地方政府获得了更为广泛的自主权利以及更为充裕的资本储备,区域之间的竞争也由隐性逐步转化为显性,招商引资与做大做强本地企业就成为地方政府获得政绩的主要表现途径。

在这一阶段地方政府一方面充分发挥手中的资源优势,主要是土地资源,来吸引和壮大产业规模,慈溪通过围海获得了大量的土地,在发展上获得了优势;另一方面,积极向上级政府争取发展资源,在区位定位和扶持资金上努力向自己倾斜,较为典型的事例就是杭州湾跨海大桥的修建,绕过杭州靠近上海是宁波发展的一个主体思路,而在宁波众多区县中,慈溪最终获得了杭州湾跨海大桥出口的区位优势,这对提升自身的区位优势是非常有利的。受此影响,杭州湾工业园区甚至升级为国家级工业园区,由宁波市直接领导,尽管在权利归属上慈溪没有过多的好处,但是对整个区位的发展而言,无疑是一个重要的筹码。

二、当前家电集群发展中的政府行为分析

由于慈溪家电产业集群发展更多的是靠企业自发发展而逐步形成的,因此产业内部的结构和质量都会存在不足,这也是中国经济发展过程中所普遍存在的问题,产业升级就成为当前发展的主题。因此如何引导产业升级就成为当前家电集群发展过程中,慈溪政府的重中之重。

慈溪产业集群升级最终依靠的是慈溪家电企业整体实力的提升,然而企业往往依赖市场价格机制调控,容易出现由于市场失灵而

导致的效率缺失。特别是作为由家庭企业发展而来的慈溪民营经济，对市场利润有极强的嗅觉，短期的逐利行为往往会影响区域的整体发展，这些无疑是慈溪政府所不愿看到的。面对以顺德、佛山为代表的珠三角家电集群和以青岛为代表的环渤海家电集群的竞争压力，以及宁波鄞州、镇海等县级市的经济绩效压力，慈溪市政府出台了一系列的举措，引导企业完成慈溪家电产业集群的升级工作，具体可以分为外部保障性政策和内部扶持性政策。这里的外部是指企业所处的区域环境，而内部则是企业组织内部的能力集合。

（一）通过政府采购为企业突破技术瓶颈或构建共享平台

1. 尝试双向技术采购，加快关键共性技术突破

在对家电产业链领域关键共性技术进行排查摸底的基础上，列出目前单个企业研发难以突破、对家电产业升级形成严重制约、获得突破后对产业升级有重大带动作用的关键共性技术清单和国内外家电产业领域的关键共性技术支撑资源，以政府采购的形式向国内外企业或研发机构购买或委托研发，以降低单体企业研发的成本与风险，加快关键共性技术突破步伐。企业也可向政府提出技术采购请求，由相关协会和市级主管部门牵头，组织相关专家组成专项技术采购团队，委托国内外企业或研发机构进行协作研发。采购和协作开发的资金由市财政在年度预算中划拨专项资金予以支持，采购的技术由市级主管部门会同需求企业根据本年度新技术的扶植重点通过讨论共同决定。对研发成功的技术，慈溪市其他家电企业可以以支付少许专利费的形式优先使用。

2. 完善多维销售通道，推进慈溪家电品牌推广

慈溪政府着力搭建拓展市场参展服务平台，加强展览效果研究，分析各国展览会效益等级，推出一批与慈溪市家电产业接轨的各国有效展会，强势组团参加新兴市场相关展会，加快国际市场多元化步伐。鼓励家电企业采用收购、联合并购以及战略合作等方式，整合国际市场的品牌和销售网络，拓展欧美市场业务。加快筹建家电产业联合销售服务平台，建立垂直管理的全国省、市、区县的销售服务网

点和相应的销售服务信息管理系统、配件中转库以及家电回收中心，最终实现慈溪家电企业进行联合销售，做强"慈溪家电"集群品牌。加大政策扶持力度，鼓励加快以龙头企业为主体的家电企业专卖店、直销店等建设步伐。在鼓励企业开拓电子商务平台的同时，政府与"阿里巴巴"、新浪商城等知名网络交易平台合作设立"慈溪家电商城"，政府相关部门在关键环节进行严格把关。

3. 政府主导多方参与，成立慈溪家电服务中心

按照"政府主导、各方参与，市场化、专业化，先易后难、稳步推进"的原则，由市国投公司投资组建一家国有独资企业为操作主体，参照国内外家电服务网络成功运行的模式，结合慈溪实际，成立慈溪市家电服务中心。运作模式采用服务采购外包模式，通过政府搭建公共服务采购平台，出台相关政策，引导家电企业、第三方服务机构积极参与，集聚家电企业服务需求，再通过服务采购，将服务外包以投招标的方式给第三方专业化服务主体。把企业供应链中各个分散的模块，通过服务集聚迅速形成规模优势，以降低各企业的运行成本，提高对市场的响应速度，提高服务质量。对服务中心采用"一企一策"优惠政策，在企业用地和税收方面给予支持，并配套建设一个专门的、为第三方物流配套的集中仓储场地。借此整合慈溪市家电产业供应链，全面提升家电产业从生产到销售各环节的响应能力。

4. 改善集群发展环境，提升区域竞争软实力

依托相关家电协会，建立家电企业的信用评级体系，改善家电产业信用环境，提升慈溪市家电企业的国内市场开拓能力和慈溪家电公信力。科技局、质监局等相关部门加大对知识产权剽窃、产品质量低劣等行为的打击力度，打造公平、公正的竞争环境。政府进一步推进城市化进程，加强城市环境规划，加大公共设施建设投入，进一步优化城市环境，从而构建对高级人才有吸引力的城市环境，为产业转型升级提供相应的人才支持。政府各部门开展"效能革命"，提升办事效率，进一步增强服务意识，精简业务审批环节，为本地企业发展和吸引外部投资提供良好的行政服务环境。

5. 建立股权交易市场,解决中小企业融资难题

充分发挥慈溪市民间资本较为雄厚的优势,慈溪市着手搭建股权交易市场。第一步,从慈溪市产权交易中心分离出企业股权交易业务,单独设立地方性股权交易市场,与市内外有关中介机构、投资公司、私募基金等进行广泛联系,以方便其投资。通过借鉴和参考主板等市场的一些制度,以企业接受为条件,建立健全一系列规章制度。第二步,招揽素质良好并已经过股份制改造的中小型公司以及一些科技型公司,挂牌进行股权交易、非公开融资等业务。第三步,进一步建立健全股权交易市场的各项规章制度,建立健全法律、会计等中介机构,建立一套培养中介机构和人才的机制,提高业务能力。最终把股权交易市场打造成为连接政府、科研院所、企业家、风投机构和社会公众的信息收集与发布综合性平台,促进优质项目与社会资本的便捷联合,加快慈溪市工业转型升级步伐。

6. 引进与培养相结合,强化产业发展人才支撑

慈溪引进人才的重点:一是具有国际战略眼光、善于经营、具有创新能力的企业家队伍,二是各类企业所需的专业技术人员,三是高级技工和熟练工人。引进人才的方式:除了传统的人才招聘方式外,积极探索名人、名院引进机制,甚至引进一些关键设备,以重要的工作条件集聚人才。人才共享的机制:慈溪应同周边大中城市展开错位竞争,积极尝试人才共享的各种途径,采用聘请、兼职、租赁等形式,吸引国内外的专家、学者和技术人才作为政府或者企业的顾问,必要时可积极争取上级政府的支持。建立高层次创新型人才安家补助、配偶就业、子女就读集成化绿色通道,切实解除高端人才引进慈溪的后顾之忧。实施民营企业家素质提升工程,统筹培训经费,分批开展企业家增强创业创新和现代经营管理能力轮训。充分发挥家业长青学院的作用,推进慈溪市民营企业两代企业家之间的顺利交接,力争打造中国民企二代的"黄埔军校"。

(二) 依靠财政补贴推进企业创新发展

1. 鼓励企业技术创新,增强自主创新能力

(1) 加大科技型企业的培育扶持力度。经新认定的高新技术企业、慈溪市级科技型企业,每家给予一定金额的经费补助。同时对高新技术企业执行企业所得税15%的优惠政策;宁波市科技型企业自认定当年起,按照宁波市相关政策给予补助。

(2)引导企业加大研发投入。执行企业研发费150%加计抵扣政策,并对当年加计抵扣实际发生额达一定额度的企业,再给予一定比例的补助。

(3)鼓励企业技术改造。对实际设备(技术)投资达到一定额度以上且符合产业导向的技改项目,按设备(技术)投资额给予分档累进的奖励。

(4)积极培育创业创新示范企业。对获得宁波市综合性示范企业和专项性示范企业称号的企业,按照宁波市相关政策进行奖励。

(5)大力推进企业信息化建设。对列入市信息技术推广计划并通过结题验收的项目,给予一定额度的一次性补助。

2. 打造创新服务平台,加快科技创新体系建设

(1)鼓励企业研发机构建设。被科技部门新认定的市级企业工程(技术)中心,被认定为宁波市级、省级、国家级的企业工程(技术)中心(包括重点实验室),最高分别给予一次性资助。

(2)支持科技创新服务平台建设。对经认定、面向行业服务的科技创新服务平台,按研发设备、仪器、软件投入的一定比例给予一次性补助。

(3)广泛开展产学研合作。设立产学研工作专项经费,加强与有合作协议的高校和科研单位的联系;鼓励著名高校和科研院所来慈溪市设立服务窗口,根据协议支付办公用房租赁、设施配备、工作生活经费等补助。

3. 资助鼓励创新成果,深化知识产权和标准战略

(1)鼓励企业承担科技创新项目。对列入宁波市级及以上并有经费支持的科技计划项目,给予相应的补助;对没有经费支持的国家级科技计划项目,每项一次性给予补助。

(2)实施科学技术奖励,具体按照《关于印发慈溪市科学技术奖励办法的通知》(慈政发〔2007〕82号)规定执行。对获得国家科技进步奖的,实行等额配套奖励。

(3) 鼓励企业创造发明。对当年授权的国内发明专利、当年向市外购买或独占许可五年以上的发明专利,每件给予一定额度的资助。

(4) 奖励对管理和科技创新有突出贡献的个人。对于在企业中运用创新的管理方法提升绩效显著或科技创新取得重大突破的个人,除了进行适当的物质奖励外,可采用授予荣誉头衔、担当行政职务等非物质奖励方式提升其社会地位。

(5) 鼓励企业参与标准制定或修改。作为国际标准组织的国际标准研制项目第一起草单位、国家标准研制项目第一起草单位、行业标准研制项目第一起草单位,每完成一个国际标准项目,分别给予承担单位一次性奖励。

4. 推进外贸增长方式转型,鼓励家电自主品牌出口

(1) 每年安排专项资金,对市外经贸局统一组织的国外展览和国内举办的国际性展览,给予一定比例的摊位费补助。

(2) 推进与中国机电产品进出口商会共同建设创新型"中国家电产品出口共建基地",安排专项资金,主要用于市外经贸局和中国机电商会共同搭建和推广电子商务平台。

(3) 鼓励自主品牌企业到境外注册商标并实施品牌经营。对自主品牌企业以到境外设立专卖店、直销点等方式开拓营销网络,给予一次性奖励。对各级出口名牌企业当年度成功收购国际有知名度的品牌并开展自营出口的,给予一次性奖励。

5. 鼓励企业拓展国内市场,加大强势品牌培育力度

(1) 对省级(含宁波)以上品牌整机企业(家电为重点),在国内县级以上城市新设月均销售超过一定金额的直销专卖店(含直销加盟店),予以一定额度的补助。

(2) 扶优扶强,对增幅较快的规模外贸企业给予一定的奖励。

(3) 鼓励联合建设售后服务网络和品牌共享。市财政安排专项资金,支持企业联合共建售后服务网络,并对其新增的地方贡献部分三年内予以奖励。

（4）加强品牌培育，发展品牌经济。设立企业广告宣传专项资金，鼓励中国名牌产品、中国驰名商标、中国出口名牌和中标"家电下乡"企业在中央电视台进行企业和产品的广告宣传，并按广告费的一定比例给予补助。

（5）继续办好中国慈溪家电博览会，提升慈溪家电品牌。安排专项经费用于会展中心运营补贴，逐步加大对中国慈溪家电博览会的补助经费额度。

（6）联合销售服务平台成立起三年内，金融部门每年安排一定金额的贷款，专项用于联合售后服务股份有限公司的网络建设，市财政对贷款资金全额贴息。

6. 引导企业加大有效投入，推进企业效益提升

（1）加大效益型增长的奖励力度。工业效益工程企业当年地方财政贡献超过全市财政年初预算增长率以上部分给予90%、100%的分档奖励。

（2）解决企业品牌经营和母子公司间产品销售引起的重复征税费问题，相关金融机构优先保障企业发展资金需求，贷款利率一般不高于基准利率。

（3）对工业效益工程企业投资人进行奖励。企业投资人分利所得缴纳的个人所得税地方部分给予50%的奖励。

第三节 慈溪家电企业的应对策略分析

一、慈溪家电企业的历史成长路径分析

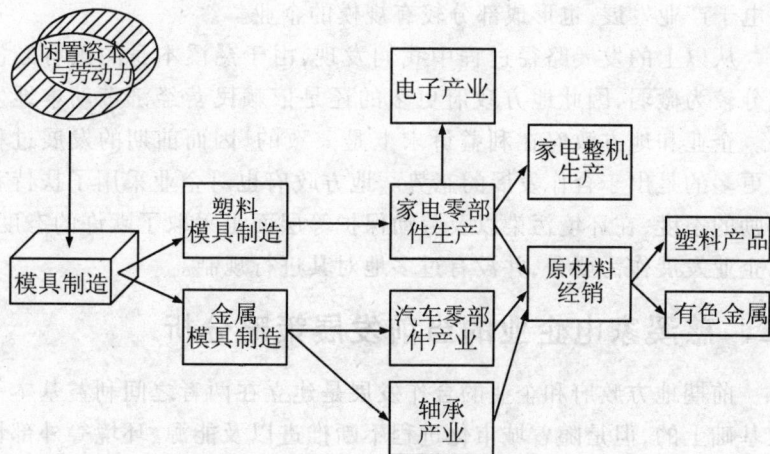

图5-2　慈溪家电产业演进历程图

　　慈溪家电企业发展沿袭了上述的发展脉络，并且不断成长。最初的产业基础在于模具制造，一般的电子零部件的核心工艺就是金属件和塑料件的组合，其最为关键的技术就是模具加工设备的使用，因此慈溪家电企业就是从利用模具进行零部件加工开始的。

　　随着外部市场规模的扩大以及家庭作坊能力的提升，企业在地方政府默许的状态下，开始雇佣员工并且逐步增加产品范围，从单个零部件向复杂零部件以及整机组装延伸。但是由于同类企业的竞争日益加剧，使简单的加工难以获得竞争优势，走细致化分工演进的道路，化竞争为合作就成为一种可行的战略选择。

慈溪家电配套加工企业分为四个不同路径成长:第一,部分企业以金属件加工作为发展方向,逐步向金属精加工转化,后期演化为机械制造企业,是装备制造业的雏形;第二,部分企业以塑料加工作为发展方向,以塑料模具加工和装配为主要内容,由于厨卫家电主要是以塑料和简单金属件为主,这部分企业后期成长为厨卫家电生产企业;第三,部分企业退出整机生产领域,主要针对模具生产和制造作为专供方向,为家电企业和其他行业专业化生产模具,部分企业走到了该领域的前沿;第四,还有部分企业结合了塑料模具和金属模具,向电子产业发展,也形成部分较有规模的企业。

从以上的发展路径过程中我们发现,由于慈溪本身的国有经济成分较为微弱,因此地方政府更多的还是依赖民营经济带动本地发展。企业和地方政府在利益诉求上是一致的,因而前期的发展过程中更多的是出于合作发展的态势。地方政府也对企业采用了扶持和鼓励的态度,在环境污染以及劳动保护等层面也采取了默许的态度,以企业发展作为要务,并没有过多地对其进行规制。

二、慈溪家电企业的当前发展策略分析

前期地方政府和企业的合作发展是建立在两者之间利益基本一致基础上的,但是随着城市化进程不断推进以及能源、环境等外部性问题的凸显,地方政府对于企业的规制力度也不断加强,典型的举措就是加大两级的规制:在推进企业创新层面的扶持与淘汰落后产业方面的规制。

就具体举措而言,一方面是通过制订规划和发展目标,对现有企业进行方向性的规制,同时也提升了本区域的企业进入壁垒;另一方面,政府更多的是依靠政府采购和补贴的方式,改变企业的经营成本,突出表现在对研发和营销等非制造环节,着力打造区域的制造性服务业发展,推倒企业向哑铃型企业转变,改变整个区域的微笑曲线。

慈溪政府对于家电企业更多地采取了扶持和引导的方式,而并没有采用强行规制的铁腕,具有和谐转型期的典型特征,而企业在应

对政府举措方面也主要采取了以下三种不同的策略：一是本地追随创新策略，即围绕政府的产业导向有针对性地进行技术创新，应对政府对资源、能耗的规制，并努力享受政府相关扶持；二是区域迁移发展战略，对于本区域的规制要求较高，企业一时难以转型的情况下，迁移出本区域寻求发展是一个选择；三是综合发展策略，上述两种策略的结合。下文将以三个典型企业案例对其进行描述。

（一）本地追随创新策略：卓力电器

浙江卓力电器集团有限公司是一家专业生产家电产品的大型小家电企业。公司创建于 1993 年，目前已拥有 3 个生产基地，公司注册资金 11888 万元，拥有总资产 16 亿元，集家电产品设计、开发、生产、自营出口、服务为一体。公司有员工 7000 余人，其中工程技术人员及各类中高级管理人员 600 多人。公司已形成年产小家电 3000 万台的能力，主要产品有电熨斗、吸尘器、煎烤器、油汀等四大系列 200 多个品种。产品90% 以上出口，外销 60 多个国家和地区，特别在欧洲、美洲、中东等地享有盛誉。目前公司拥有各类先进设备 400 多台套，装配流水线 80 条。主导产品电熨斗年产 2000 万台，规模位居全球第一。

公司注重新产品开发，每年投入开发费用达千万元以上，每年推出新产品数十款，确保卓力产品始终与国际小家电潮流同步。公司注重知识产权的保护，目前已申请了产品专利数 180 余项。通过 UL、GS、CE、CCC、EMC 等多项产品认证。"卓力"品牌是浙江省名牌、浙江省重点培育和发展的出口品牌。"卓力"商标荣获中国驰名商标、浙江省知名商号。"卓力"电熨斗荣获国家免检产品称号。公司荣获"浙江省专利示范企业"、"宁波市百强企业"、"慈溪市十强企业"、"市长质量奖"、"五星级管理企业"、"宁波市工程技术中心"、"慈溪市科技进步企业"、"纳税信用 A 级纳税人"等荣誉称号。

近几年公司的发展目标是：坚定不移地实施小家电发展战略，以国际著名品牌为标杆，依靠技术创新和管理创新，成为国内小家电行业的"小巨人"。

一直以来，卓力以"做强、做精、做专"为核心价值观，以"专心、专注、专业"为发展战略,不断向中国家电第一品牌及国际著名品牌的目标迈进。在卓力独特文化理念引导下,企业目前已发展成为小家电行业中的领军企业和知名品牌企业。

在国际化中做大,在国际化中做强。卓力电器善于把握国家宏观经济走势,以敏锐的眼光捕捉机遇,抢占市场先机。20世纪90年代初,当国家宏观经济环境由计划经济向市场经济转轨时,他们领先一步闯荡国际市场,主要以中东、东欧、东南亚等产品档次不高的市场为主;而在20世纪90年代中后期,国内消费品市场由卖方转为买方,在国内企业纷纷"走出去"开拓国际市场之际,"卓力电器"就适时调整市场结构,参与欧美、日本市场为主的更高层次的竞争。

2008年,在全球经济萎缩的大环境下,卓力各个项目比2007年有不同幅度的增长。全年销售电熨斗1700万台,继续保持全球第一;煎烤器实现销售3.2亿元,比上年度增长10%;油汀产品比上年度增长53%。在突如其来的经济危机的袭击下,卓力的客户群仍在快速增长,2008年,累计开拓新客户近90家,其中包括两家战略性客户和两家年订货量300万美元以上的关键客户。

经过近几年在品牌方面的努力,卓力已获得中国驰名商标、浙江省名牌产品、宁波市知名品牌等荣誉。在当前形势下,卓力大力拓展国内市场,努力突破经济危机的影响,走出出口市场增长乏力的困境。目前,公司正从硬件、软件、人力、物力等各个方面紧张筹备,要创造一个国内著名的小家电中高端品牌。2009年下半年正式开始品牌推广,后续的服务体系在逐步完善,以配合品牌创建工作,包括语音服务系统,产品电子监管码的启用,代理商甄选培训,营销网络信息化管理系统,等等。随着内销工作的逐步深入开展,国内销售将成为其新的经济增长点。

1. 技术创新

围绕地方政府对家电省级的需求,通过不断追加研发投入,2005年公司研发中心被宁波市科技局认定为宁波家用小电器工程技术中心。公司历年来投入基础研发和应用研究的费用占销售收入3%以上。目前,累计获得185项外观设计专利和1项实用新颖专利。技术创新是企业发展的重要保障。今后三年,技术创新工作将进一步加大投入,特别重点开发配合品牌推广的,更加符合国内用户需求的一系列产品。技术开发费的投入预计将分别达到 4300 万元、5800 万元、8800 万元,进一步用于高附加值、环保节能型产品的研究,提升产品档次。2007—2008 年新产品产值分别为 63220 万元、82928 万元,新产品产值率为50%。预计今后三年,新产品产值将分别达到 49000 万元、68000 万元、90000 万元,新产品产值率将分别达到35%、40%、45%。

2. 新项目开发及技术改造

(1) 年产 100 万台咖啡机技术改造项目。目前,该公司主导产品是电熨斗、煎烤器、吸尘器、油汀。根据该公司目前的品牌建设状况,其小家电产品缺少多样性。根据市场调研,咖啡机的立项面对发达国家客户消费,该产品投资小,产出快,效益高,成为公司立项之首选。同时该种产品市场上同类竞争少,需求量逐年增加,因此投资该项目符合市场需求。为了获得更大的市场份额,必须开发新的产品。吸收引进新型产品才可以增加产品的附加价值,吸引更多的客户,占有更大的市场。经费预算总的开发经费预计 2400 万元。

(2) 年产 200 万台电子式智能控温煎烤器技术改造项目。目前,市场上多数的厨房小家电都是在同一个技术层面上的,很少有高技术、智能化的产品。目前多数厨房小家电产品主要通过普通的氖灯或二极管指示方法来显示产品的工作状态,通过丝印在外壳上的字体来指示温度的高低,缺乏创意。不同品牌的产品大多也只是氖灯的灯罩外形不同,市场上缺乏技术新颖的电子显示方式的产品。为了突破价格竞争的局面,取得产品竞争的优势,必须取得技术的创新,研发新型功能才可以增加产品的附加价值,吸引更多的客户,占有更大的市场。电子式智能控温煎烤器技术改造项目利用高亮度的数码管显示屏指示产品的工作状态和烤盘的温度,给使用者全新的使用感受。产品采用了新型功能的集成电子模块实现了烤盘温度的控制和温度显示,这种新型的产品必将带来煎烤器产品全新的发展局面。

（3）年产 200 万台蒸汽电熨斗技术改造项目。底板的新工艺，包括陶瓷/复合/ENAMEL/的应用、蒸汽电烫斗的底板掉白粉的处理，将分别在 2009 年、2010 年两年内改造完成。

（4）年产 200 万台扩散式吸尘器技术改造项目。吸尘器的扩散式过滤系统的研发应用技改项目计划在 2009 年做前期准备，争取在 2010 年完成该项目。

（5）年产 300 万台挂烫机技术改造项目。挂烫机、台体产品技术含量高是公司扩大销售额的潜力产品，销售形势喜人，公司将计划在近两年内投入资金 3000 万元，再新增 2 条生产线（包括自制注塑、冲压设备的配套），以满足市场的需要。

3．节能减排

在节能减排方面，公司投资 600 万元，改善环境治理、新增节能设备，增加注塑机、空压机节能变频器的使用，在年内通过清洁生产审核。

4．信息化建设

信息化建设正逐步成为企业的基本建设项目之一。公司信息化建设基础较好，目前 ERP 主要模块都能正常运行，研发和销售的信息化基础也较好，公司将以营销体系的信息化建设为契机，进一步整合各个信息系统，使物流、资金流与信息流同步，实现效益最大化，为决策者提供更多支持信息，保证预测数据更加科学准确，内部营运更加高效、简洁、规范。

（二）区域迁移发展策略：惠康集团

惠康集团有限公司的前身是慈溪市空调设备厂，创建于 1972 年，是中国最早生产制冷配件的厂家之一，是中国制冷空调工业协会、中国家用电器协会的会员单位。历经 30 多年的风风雨雨，在两代惠康人的不懈努力下，惠康取得了一项又一项非凡的成绩，并一直处于稳步与良性的发展之中。尤其是近几年，惠康更是以迅猛的发展势头，成为中国家电行业一个令人瞩目的品牌。自 1998 年以来，企业经济效益连续多年保持了高速的增长势头，并先后获得"宁波市百强企业"、"宁波市专利示范企业"、"国家级高新技术企业"、"浙江省名牌产品"、"省级技术中心"、"国家免检产品"、"国家火炬计划"、"中国驰名商标"等数百项荣誉称号,企业取得了经济效益和社会效益的双丰收。

2008 年,惠康集团共实现产值 108824 万元,销售收入 89170 万元,出口交货值 9191 万美元,利税总额 10300 万元。公司现有职工 2000 余人,占地面积 40 万平方米。公司现已在慈溪市经济开发区杭州湾新区和余姚泗门工业园区分别投资了 5.5 亿元和 1.8 亿元,占地面积 330.5 亩和 180 亩,其中余姚泗门工业园区标准化厂房全面竣工,为公司的现代化管理提供了硬件保障,慈溪市经济开发区杭州湾新区在 2009 年建造成惠康工业园区。资产总额 11.6 亿元。公司装备了当今国内先进水平的 8 条冰箱生产线和世界一流的焓差测试实验室,关键设备均从美国、日本、德国引进。企业享有进出口自主经营权,电冰箱和小家电成批出口到美国、日本、加拿大、以色列、科威特、意大利等近 30 个国家和地区。产品获得了 CCC 认证、CE 认证、UL 认证与 GS 认证等,公司还获得了 ISO9001 质量体系、ISO14001 环境体系、OHSAS18001 职业健康安全体系认证。惠康电器具有通行全球的品质保证。

公司董事会明确提出了企业未来五年的发展战略。(1)企业力争在五年内实现产值 38 亿元,销售收入 35 亿元,工业增加值 95000 万元,利润 20000 万元,税金 3.1 亿元,外贸出口 32000 万美元,使惠康集团有限公司成为宁波市龙头企业。(2)力争使惠康牌产品的市场占有率名列全国同行业前茅,惠康品牌成为国内知名品牌。(3)使公司累计授权专利 100 项,其中实用新型 49 件,外观设计 51 件;累计申请专利 25 件,其中发明专利 10 件,实用新型 15 件。参与制定行业标准 3 个。为实现以上宏伟目标,公司董事会提出了"外抓扩张,内抓管理"的总体思路,并围绕这个总体思路抓好新产品开发、技术改造、质量管理、财务管理以及抓好国际国内市场。

2012 年实现销售额 30 亿元,3 种以上产品跻身中国家电行业制造商前三强,是惠康国际发展的阶段目标。惠康国际现阶段以做强做大 OEM 制造为目标,在饮水机、壁炉、制冰机、饮料机械、咖啡机等产品通过专业化、差异化,走上 OEM 制造产业相关行业前三强的地位,并逐步跻身空调、制冷器具、特种电器、细分小家电等行业领域的领先地位。争取实现 2012 年公司销售额 30 亿元。为实现这一目标,惠康国际将通过两年的时间夯实内部基础管理,后三年实现公司跳跃式发展,从而挺立于中国家电强手之林。

与卓力电器的差异在于,惠康采用了跨区域发展战略。由于慈溪家电产业较为发达,土地资源较为稀缺,地方政府往往在新建工业园区建设过程中偏好于外资以及高新技术和新型产业,大有"外来的和尚会念经"的感觉,因此土地指标较难获得。而对应于慈溪,余姚是毗邻的县级市,产业基础以及文化氛围非常相似,但经济发展相对滞后,因此余姚市政府也努力向慈溪的优秀企业抛出橄榄枝,吸引慈溪企业到余姚投资建立分厂,而惠康就是这类企业代表。

从区位优势而言,慈溪和余姚被 329 国道相连,交通便利;产业发展培养也相对成熟,但是泗门工业园作为姚西北的企业而言还处于发展阶段,土地相对宽裕,项目门槛也较低,特别是作为相互竞争的余姚和慈溪,慈溪的企业到余姚发展就成为了招商引资项目,而本土企业发展仅仅是规格扩充,对地方政府而言政绩是截然不同的。因此对惠康而言,跨区域的迁移发展策略是上选。

(三) 综合发展策略: 方太集团

1. 企业概况

宁波方太厨具有限公司成立于 1996 年 1 月 18 日,公司专注于高端嵌入式厨房电器和集成厨房产品的研发和制造,致力于为追求高质量生活的人们提供具有设计领先、人性化厨房科技、可靠质量的嵌入式厨房电器产品。方太目前在全国已有员工 5500 多人,其中总部 2000 余人,大中专以上技术管理人员 450 余人;除了雄厚的本土设计实力,方太还拥有大量来自德国、日本、意大利等地的国际知名设计师,具备德国、意大利原装进口高端厨房生产设备及国际工业制造先进技术;2008 年 6 月,方太总部迁入位于慈溪杭州湾经济开发区的滨海工业园,园区占地面积 408 亩,建筑面积 26 万平方米,是集研发、制造、行政办公、生活娱乐于一体的现代工业园区。园区内拥有国内首个企业孔子堂,厨电行业规模最大、设施一流的 2000 平方米的展示大厅,6000 平方米的国家级厨电实验室;同时为了丰富员工的业余生活,园区内还设有可以容纳 609 人的高清电影院和 2300 平方米的娱乐活动中心。目前,企业具有年产 80 万台吸油烟机、40 万台灶具、20 万台消毒柜、20 万台燃气热水器及 4 万套集成厨房的生产能力。2008 年公司实现销售额 14 亿元,出口创汇 807.88 万美元,利税 2.79 亿元,公司总资产 15.89 亿元。

方太坚持每年将销售收入的5% 持续用于研发,依靠雄厚的研发实力,已在厨电行业的许多技术领域取得多项重大突破,拥有吸油烟机、灶具、消毒柜等各领域顶尖专利技术。大力度的研发投入和对技术创新的追求也使方太获得了丰厚的回报:无论是市场销售表现还是行业、社会的认同方面,方太已当之无愧成为业内科技创新的最大受益者。

通过 13 年的运营,方太已成为中国厨房领域第一品牌,在中高端市场占有率(销售额和销量)持续保持行业第一(赛诺和中怡康监测数据)。2005 年,"方太"商标被国家工商行政总局认定为"中国驰名商标",先后被评为"中国十大最具潜力商标"、"中国最有价值品牌"。2007 年方太公司被评为浙江省唯一一家全国质量管理先进单位、首届宁波市市长质量奖。2007 年,方太承担了第一个也是目前唯一的由民营企业主导的国家"十一五国家科技支撑计划"重大项目之一"厨房卫生间污染控制与环境功能改善"项目;获评国家高新技术企业称号;凭借专业地位和高科技优势,方太吸油烟机、家用燃气灶具产品被国家质检总局评为"中国名牌产品"。2008 年 10 月,国家发改委、科技部、财政部、海关总署、税务总局正式公布了 2008 年国家认定企业技术中心评价结果,方太成为厨电业唯一获此殊荣的企业,这也标志着中国厨电行业首个国家级技术中心正式在宁波诞生。这是国家和社会对以方太为首的中国厨电业技术创新的充分肯定。

2. 发展战略

公司已于 2008 年 6 月搬入杭州湾工业园区,一流的设计和得体的布局将作为方太公司第二个十年创业创新的重要基地。根据方太公司的"专业化、高端化、精品化"三大战略定位,为继续引领中国厨电行业发展,在保持中国(高端)厨房电器第一品牌的基础上努力打造国际著名中高端厨房电器品牌的发展战略要求,方太特制订企业技术创新战略:坚持"厨房专业化"为核心战略,通过设计管理的创新,持续地建立设计领先的优势;通过领先的研究院建设和实验室建设,牢固树立技术卓越、品质可靠的研发能力。设计领先、技术卓越、品质可靠这三者应该均衡发展。方太技术中心的发展规划是:在嵌入化、成套化厨房电器的研究与开发领域,成为国内最先进的、规模最大的技术孵化器;引领中国厨电产品朝着节能、健康、环保的技术方向发展;在人才、资金、设备、机制等方面进一步加大技术中心创新能力的建设,努力创建国内一流的技术中心,并为行业的技术发展提供强有力的技术保证。

3. 发展目标

(1) 根据公司规定的"专业化、高端化、精品化"三大定位,继续引领中国厨电行业发展,在保持中国厨房电器第一品牌的基础上努力打造国际著名中高端厨房电器品牌。

(2) 坚持"厨房专业化"为核心战略,在嵌入化、成套化厨房电器的研究与开发领域,成为国内最先进的、规模最大的技术孵化器,引领中国厨电产品朝着节能、健康、环保的技术方向发展。力求每条产品线都起到引领行业的作用,保持主导产品油烟机、嵌入式燃气灶、嵌入式消毒柜在中高端市场的占有率持续排名第一。

(3) 在继续保持国内厨电技术研究开发领先地位的同时,努力跻身国际先进行列,在原创技术上取得重大突破,产品的主要性能指标处于国际领先水平,始终保持每类产品拥有 1 项满足消费者需求的原创性核心技术及 2 项先进技术。

(4) 持续改善卓越绩效模式,争取在 2010 年获全国质量奖,2011 年卓越绩效评价达 620 分。

(5) 进一步优化和充实研发流程(IPD),逐步将设计质量提升到各种工具运用和固化导研发流程中,如 DFMEA、QFD、DOE 等工具。进一步优化 IT 工具。

（6）加强研发人员队伍建设。2009 年底前引进电热水器资深研究人员 3 名,新产品线拓展研究高级人才 5 名,实验室燃气专家、电气可靠性专家各 2 名。预计到 2011 年拥有高级职称 50 人,中级职称 100 人。进一步完善和优化创新激励机制,积极营造创新氛围,做好技术人才的招、培、用、留工作。

（7）大力提升员工敬业度,2011 年达78%。

（8）积极主持或参与制定国际(国家)和行业标准,确保未来三年每年主持或参与制定国际(国家)和行业标准 5 项以上。

（9）确保未来三年每年的万元工业产值能耗同比前一年降低7.5%,万元工业产值取水量同比前一年降低3%。

（10）企业全员劳动生产率:2009 年 9.25 万元,2010 年 10.26 万元,2011 年 13.07 万元。单位土地面积工业增加值:2009 年 85.26 万元,2010 年 100 万元,2011 年 129.72 万元。

4. 企业行为分析

方太集团一方面注重技术改造,采用技术先进的工业设备。根据公司技术创新战略,持续不断地抓好符合公司实际情况的技术改造,将不少于销售额5% 的经费用于科研、技术改造和引进国际国内技术先进的工艺设备上。围绕厨电的节能、健康、环保等方向,每年开发新产品、新技术、新工艺 36 项以上,完成研究课题 18 项以上。继续保持新产品销售收入占总销售收入的60% 以上。争取每年有 2 项以上的项目列入国家级重点新产品和火炬计划项目,并获得 1 项国家科技进步奖。扩充、细化研究和开发领域,新建成空气动力、燃气燃烧、食物电器加热、厨电趋势研究等 6 个以上多门类的专业研究机构,引领国内厨电产品的开发方向,进一步增强中国厨电产品在国际市场上的竞争能力。

进一步使产品线规划和研究课题规划更科学有效,战略上把每年拓展 1 条新产品线及每条产品线都要开发出满足消费者需求的核心技术作为公司未来三年的战略目标之一。具体设立了目标:油烟机、灶具、消毒柜、热水器每条产品线开发出自有知识产权的满足消费者需求的核心技术至少 1 项,先进技术至少 2 项;坚持每年年底开展产品线规划(针对新产品)和研究课题规划(针对新技术、部件),并通过各种渠道学习借鉴,使规划更科学有效。

加强研发机构的建设:进一步加强"国家认定企业技术中心"的建设,在研发组织机构中,公司将扩大研究院规模,增加公司的技术预研和储备,广泛开展产学研工作。构建具备世界一流水平的厨电产品模具设计和制造中心,除满足方太厨电产品大量精致度高的钣金模具需求外,承接其他同行的委托业务,使方太公司中高档厨房电器的市场占有率在国内达到30%以上,并成为国际知名中高档厨电品牌。进一步加强信息化建设,在原有 ERP、CRM 等 IT 项目的基础上,升级 PDM 系统,为公司的研发、生产、管理、销售提供良好的平台。加大技术创新的资金投入力度,保证公司的研发资金投入每年至少达到销售额的5%以上,即以30%的幅度增长。鼓励创新,加大创新力度,公司将会出台新的技术研究激励体制,加大在研发这一部分的投入。

另一方面,方太集团开始了跨区域的发展策略,在建好杭州湾实验室的基础上,公司已在宁波高新科技园区购置建筑面积 2000 平方米的办公楼。2010 年把方太技术研究院搬迁到宁波市,建成新的具有独立法人资格的方太技术研究院。该研究院将建设成为具国际领先水平的厨电产品研究开发中心。与此同时,在已建西安研究所的基础上,在异地建立 2 家新的研究所,并与居世界领先水平的美国、荷兰、日本的 3 家工业设计公司开展国际合作。

作为厨卫家电的第一品牌,方太的策略无疑是非常有针对性和非常有效的。

第六章

■ 结论与展望:企业策略与地方 政府行为

一、研究的基本结论

中国企业战略决策问题的关键就是要对所处的特殊情境进行认知和解读,并以此作为根据形成可供选择的策略集合。战略决策是一个多层次全方位的过程,而对现实管理情境的认识也是一个非常关键的问题。中国企业面对的管理情境包含两个层面,一个是基于转型特征的中国现实国情,另一个是基于新经济背景下的国际发展趋势。转型经济对于中国企业的深远影响关键在于转型引发的大规模的制度变迁。这一制度变迁最终将政府和企业确立为经济运行的两大主体,以政企关系的演化不断推动中国经济的发展。

与转型相伴随,中国地方政府的行为方式及其对企业战略环境的影响也发生了一些相应的变化。这些变化在某种程度上构成或者改变了中国企业战略选择的特殊情景,影响着企业的应对策略。因此从微观视角尝试构建企业响应地方政府的策略集合是本研究的主要目的,但是在研究过程中形成了一些对研究起到支撑作用的结论。

第一,本书提出企业战略决策问题的关键在于对企业本质的再认识。作为一个承载不同利益相关者价值诉求的平台,企业的性质不仅仅局限于新制度经济学层面的完全或不完全契约的集合,而且不同利益相关者通过让渡自有要素的部分(乃至全部)所有权,将其转化为企业资本进行价值增殖创造,最终获得相应收益补偿的一个专有平台。企业经营活动也就相应体现为要素转化为资本,资本转化为产出的两阶段过程,即"利益相关者要素—企业资本—企业产出"的逻辑过程,即资源依赖条件下的企业实体论。

第二,中国转型发展是伴随着地方政府对企业规制放松的基础上逐步进行的。企业在不同阶段,面对政府不断出台的政策,及时根据市场需求变化调整自身策略,最终完成政府的既定政策目标,推动转型走向成功。中国企业在转型过程中,已经和即将经历三大阶段,即政府退出企业内部生产管理的产权转型期,政府促进外部要素市场自由化、完善企业所处产业规制的市场转型期以及政府协调企业和社会共同发展的和谐转型期。

第三,作为国民经济中的存量,中国的国有企业改革在很长一段时期内都体现为一种政府引导下的规制放松和企业活力释放过程。中央政府和地方政府对于国有企业改革采用的是以行政性命令为主,市场化手段为辅的策略组合,在中国经济转型过程中是一个明确的"改革逻辑"。民营企业在中国转型的历史进程里是一个全新的经济力量,是中国经济发展过程中的增量。由于民营经济的产生有其自发性的内生变量存在,因此先天就具有很强的活力。民营经济发展的核心要务就是在适应当时制度环境下,寻求最好的生存方式,并且尽可能地获取利润,发展逻辑贯穿于民营经济的主体行为。尽管上述两种逻辑存在着形式上的差异,但还是能够统一在一个分析框架下的,一个最主要的原因就是两者背后都体现出了地方政府的效用最大化原则。

第四,中国过去30多年的转型过程中,是以政府放松对企业规制的转型逻辑加以思考的,但是目前中国的经济转型已经进入了一个相对稳定的平缓发展期,转型进一步发展要依赖政府对要素市场的完全市场化改革。这一改革的基础在于大规模的政府机构改革和民主体制建设,同时还要依赖于良好而稳定的国内外经济发展态势,但是通过分析,我们可以发现这些条件尚不成熟。因此,面对放松规制进程的放缓,企业如何响应当前地方政府行为,合作就是一个值得尝试的思路。企业与地方政府的合作可以基于对非完全利益群体合作机理加以分析，满足区域产业生命周期和企业成长演进系统是企业在新时期与地方政府合作的关键，博弈和适配是合作的主题。

基于上述观点，本研究总结了企业响应地方政府的策略集合，从历史的角度概括为表3-3和表4-2。

二、研究的主要创新

本研究的主要创新在于提出了转型期企业响应地方政府行为的策略集合，这一集合能够给企业面对特殊管理情境时，做出战略决策时提供参考。

在研究的过程中，本书对企业理论进行了梳理，提出了基于资源依赖观的企业实体理论和中国转型阶段理论，并通过理论建模对一些关键性的结论进行了推导和证明，采用历史研究的方法，以30多年中国工业发展历程对国有企业和民营企业的成长历程进行了策略归纳和总结，进一步完善了理论模型和假设。这两个理论对于解释中国转型过程的微观机理具有一定的参考价值。

面对未来的企业发展，本书采用了非完全利益共同群体的合作博弈模型分析了企业和地方政府形成合作关系的必要条件，并从组织创新的角度，提出了产业中间型组织对于企业和地方政府之间合作的风险缓冲和枢纽作用。

三、今后研究的展望

对于企业响应地方政府的策略性行为，本研究仅仅是奠定了一个理论基础，是一个研究领域的简单尝试。在研究过程中发现和暴露出的许多研究上的不足都是值得今后去不断完善和修正的。具体而言，笔者认为本研究尚有以下有待完善的方面。

第一，对于资源依赖观的企业实体理论的拓展研究和博弈模型的构建是一个非常值得尝试的方向。资源依赖观的企业实体理论回答了企业的性质、目标以及企业同其他组织的关系，以此作为基础，以往企业理论研究中难以解决的问题，诸如企业绩效评估、企业社会责任承担都可以得到理论上的支撑,可以很大程度上对现有管理理论进行拓展,形成一个管理学的学说体系。而这一体系的理论背景和分析工具最为合适的就是多人非共同目标的合作博弈模型,根据企业实体论的描述进行博弈模型的设计并求解,最终将使这一理论在经济学和管理学中确立起来。

第二,对于中国转型的阶段论分析,本书仅仅通过模型构建分析了企业响应地方政府行为的策略性研究。事实上,这一理论剖析了中国经济转型的微观基础,不仅仅在转型问题上得到分析,而且还能够解释中国企业创新的演进历程以及中国管理学研究和管理学教育的演进历程,能够解释企业和政府官员的腐败问题和寻租问题,能够预测今后企业创新、管理学发展以及管理学教育的趋势,这是非常值得研究的问题。

第三,对于企业响应地方政府行为的策略研究,本书仅仅通过理论分析构建了一个基本符合历史发展的策略集合。但是企业策略性行为与企业绩效的实证研究却是本研究没有办法涉猎的一个关键环节,历史研究不能取代大样本的实证研究,定量化的分析与历史性分析一致才能真正使本研究的结论确立起来。此外,对于管理学理论的实用角度而言,对于每种策略选择典型的案例,形成案例集合将是非常有利于知识传播的,但是面对的时间和精力投入也是巨大的,这是笔者今后努力的方向。

参考文献

[1] Alchian, Armen A. Some Economics of Property Rights[J]. Economic Forces at Work. Indianapolis:Liberty Press,1977.

[2] Alchian, Armen A. , Harold Demsetz. Production, Information Costs, and Economic Organization[J]. American Economic Review,1972 (62):772—795.

[3] Arrow, Kenneth J. The Organization of Economic Activity[J]. The Economics of Information. Oxford:Basil Blackwell,1969.

[4] Arrow, Kenneth J. The Limits of Organization[M]. New York: W. W. Norton & Co. ,1974.

[5] Zeckhauser. Principals and Agents:The Structure of Business [M]. Boston:Harvard Business School Press,1975.

[6] Arrow, Kenneth J. The Informational Structure of the Firm[J]. American Economic Review,1985(75):303—307.

[7] Arrow, Kenneth J. Reflections on the Essays, in George Feiwel, ed. Arrow and the Foundations of Economic Policy[M]. New York:New York University Press,1987.

[8] Baker, George, Robert Gibbons, Kevin J. Murphy. Implicit Contracts and the Theory of the Firm[J]. Working Paper,1997.

[9] Baumol, William J. Contestable markets:An Uprising in the Theory of Industry Structure [J]. American Economic Review , 1982 (72):1—15.

[10] Baumol, William J. , John C. Panzar, Robert D. Willig.

Contestable Markets and the Theory of Industry Structure [M]. New York: Harcourt Brace Jovanovich, 1982.

[11] Board of Governors of the Federal Reserve System. Flow of Funds Accounts of the United States: Annual Flows and Out standings (1945—2001). http://www.federalreserve.gov, 2002.

[12] Bolton, Patrick, Mathias Dewatripont. The Firm as a Communication Network[J]. Quarterly Journal of Economics, 1994(115):809—839.

[13] Cheung, Stephen S. N. The Contractual Nature of the Firm [J]. Journal of Law and Economics, 1983(26):1—22.

[14] Coase, Ronald H. The Nature of the Firm [J]. Economica, 1937(4):386—405.

[15] Coase, Ronald H. The Problem of Social Cost[J]. Journal of Law and Economics, 1960(3):1—44.

[16] Coase, Ronald H. Industrial Organization: A Proposal for Research[J]. Victor R, 1972.

[17] DeAnglo H. , L. DeAnglo. Managerial ownership of voting rights[J]. Journal of Financial Economics, 1987(14):33—69.

[18] Demsetz, Harold. The Structure of Ownership and The Theory of the Firm[J]. Journal of Law and Economics, 1983(26):375—390.

[19] Demsetz, Harold. The Theory of the Firm Revisited [M]. Oliver E. Williamson and Sidney G. Winter, eds. The Nature of the Firm. Oxford: Blackwell, 1991.

[20] Dixit, Avinash K. , Robert S. Pindyck. Investment Under Uncertainty[M]. Princeton: Princeton University Press, 1994.

[21] Donaldson, Preston L. E. The stakeholder theory of the corporation: concepts, evidence, and implications [J]. Academy of management review, 1995, 20(1):65—91.

[22] Fama, Eugene. Agency Problems and the Theory of the Firm [J]. Journal of Political Economy, 1980(88):288—307.

[23] Fama, Eugene, Michael Jensen. Agency Problems and

Residual Claims [J]. Journal of Law and Economics, 1983 (26): 327—49.

[24] Fama, Eugene, Michael Jensen. Organizational Forms and Investment Decisions [J]. Journal of Financial Economics, 1985 (14): 101—119.

[25] F. Bewley. Advances in Economic Theory. Fifth World Congress [M]. Cambridge University Press, 1987.

[26] Guesnerie, Roger. The Arrow—Debreu Paradigm Faced With Modern Theories of Contracting[J]. In Lars Werin and Hans Wijkander. 1992. Contract Economics. Oxford: Blackwell, 1994.

[27] Grossman, Sanford, Hart, Oliver. The Costs and Benefits of Ownership: A Theory of vertical and Lateral Integration [J]. Journal of Political Economy, 1986(94): 691—719.

[28] Hart, Oliver. The Market Mechanism as an Incentive Scheme [J]. Bell Journal of Economics, 1983(74).

[29] Hart, Oliver, Beng Holmstrom. The Theory of Contracts[J]. Truman, 1987.

[30] Hart, Oliver. Is Bounded Rationality an Important Element of a Theory of Institutions? [J]. Journal of Institutional and Theoretical Economics, 1990(16): 696—702.

[31] Hart, Oliver, Bengt Holmstrom. The Theory of Contracts[J]. Truman F. Bewley. Advances in Economic Theory. Fifth World Congress. Cambridge: Cambridge University Press, 1987.

[32] Hart, Oliver, John Moore. Property Rights and the Nature of the Firm[J]. Journal of Political Economy, 1990(98): 1119—1158.

[33] Hart, Oliver. Firms. Contracts and Financial Structure [M]. Oxford: Clarendon Press, 1995.

[34] Holmstrom, Bengt. Moral hazard and Observability [J]. Bell Journal of Economics, 1979(10): 114—147.

[35] Holmstrom, Bengt, Paul Milgrom. Multitask Principal—Agent

Analyses: Incentive Contracts, Asset Ownership, and Job Design [J]. Journal of Law, Economics, and Organization, 1991 (7): 24—52.

[36] Holmstrom, Bengt , Paul Milgrom. The Firm as an Incentive System [J]. American Economic Review, 1994 (84): 972—991.

[37] Jensen, Michael. Agency Costs of Free Cash Flow, Corporate Finance and Takeovers [J]. American Economic Review, Papers and Proceedings, 1986 (76).

[38] Jensen, M. C. J. Murphy. Performance pay and top—management incentives [J]. Joural of Politicial Economics, 1990, 21 (Oct): 217—54.

[39] Jensen, Michael, William Meckling. Theory of the Firm: Managerial Behaviour, Agency Costs, and Ownership Structure [J]. Journal of Financial Economics , 1976 (3): 305—360.

[40] Klein, Benjamin, Robert G. Crawford, Armen A. Alchian. Vertical Integration, Appropriable Rents, and the Competitive Contracting Process [J]. Journal of Law and Economics, 1978 (21): 297—326.

[41] Kaplan R. S. , D. P. Norton. The Balanced Scorecard: Translating Strategy into Action. Boston, MA: Harvard Business School Press. ; Kaplan R. S, and D. P. Norton. 2001. The Strategy—Focused Organization: How Balanced Scorecard Companies. Thrive in the New Business Environment [M]. Boston, MA: Harvard Business School Press, 1996.

[42] Kreps, David M. Static Choice in the Presence of Unforeseen Contingencies [M]. Partha Dasgupta, David Gale, Oliver Hart, and Eric Maskin, eds. Economic Analysis of Markets and Games: Essays in Honour of Frank Hahn. Cambridge: MIT Press, 1992.

[43] Lewis, Tracy, David Sappington. Technological Change and the Boundaries of the Firm [J]. American Economic Review , 1991 (81): 887—900.

[44] Manne, Henry. Mergers and the Markets for Corporate Control

[J]. Journal of Political Economy,1965(73):110—120.

[45] Marris,Robin. The Economic Theory of Managerial Capitalism. Glencoe[M]. IL:Free Press of Glencoe,1964.

[46] Marris,Robin, Dennis C. ,Mueller. The Corporation,Competition and the Invisible Hand [J]. Journal of Economic Literature, 1980 (18): 32—63.

[47] Marschak, Jacob, Roy Radner. The Theory of Teams[M]. New Haven:Yale University Press,1972.

[48] Maskin,Eric, Jean Tirole. Unforeseen Contingencies,Property Rights,and Incomplete Contracts[J]. unpublished manuscript,1996.

[49] Mitchell A. ,Wood D. Toward a theory of stakeholder identify —ication and salience:Defining the principle of who and really counts [J]. Academy of management Review,1997,22(4):85—88.

[50] Milgrom, Paul, John D. Roberts. Economics, Organization, and Management[M]. New York:Prentice Hall,1992.

[51] Moore,John. The Firm as a Collection of Assets[J]. European Economic Review,1992(36):493—507.

[52] Partch M. The Creation of a class of limited voting common stock and shareholder wealth[J]. Journal of Financial Economics,1987 (18):313—319.

[53] Pollitt, Christopher, Stephen Harrison. Handbook of Public Services Management[M]. Oxford:Blackwell Publisher,1992:16.

[54] Radner, Roy. Bounded Rationality, Indeterminacy, and the Theory of the Firm[J]. Economic Journal ,1996(106):1360—1373.

[55] Simon, Herbert A. A Formal Theory of the Employment Relationship[J]. Econometrica,1951(19):293—305.

[56] Simon,Herbert A. ,James G. March[M]. Organizations. New York:Wiley,1958.

[57] Tirole, Jean. Incomplete Contracts:Where Do We Stando [M]. unpublished manuscript,1994.

[58] Wernerfelt, Birger. On the Nature and Scope of the Firm: An Adjustment—Cost Story[J]. Journal of Business ,1997(70):489—514.

[59] Williamson, Oliver E. The Economics of Discretionary Behavior[M]. Englewood Cliffs: Prentice—Hall,1964.

[60] Williamson, Oliver E. The Vertical Integration of Production: Market Failure Considerations [J]. American Economic Review, 1971 (61):112—123.

[61] Williamson, Oliver E. The Economic Institutions of Capitalism [M]. New York: Free Press,1985.

[62] Williamson, Oliver E. The Mechanisms of Governance[M]. Oxford: Oxford University Press,1996.

[63] Dunning J. Multinational Enterprise and the global Economy [M]. Unpin Hyman Published,1992.

[64] Alfred D. , Chandler. Strategy and Structure Chapters in the History of the American Industrial Enterprise [M]. London: The MIT Press,1962.

[65] Andrews KR. The Concept of Corporate Strategy [M]. Homewood, Ill, Richard D Irwin,1965.

[66] Ansoff H I. Corporate Strategy: An Analytic Approach to Business Policy for Growth and Expansion[M]. New York: McGraw — Hill,1965.

[67] Michael E Porter. Competitive Strategy : Techniques for Analyzing Industries and Competition [M]. New York: The Free Press,1980.

[68] Prahalad C K, Hamel C. The Core Competence of the Corporation[J]. Harvard Business Review,1990 (5) :79—91.

[69] McGee J V, Prusak L. Managing Information Strategically [M]. New York :John Wiley &Sons,1993.

[70] Martin R. The New " Geographical Turn" in Economics: Some Critical Reflections [J]. Cambridge Journal of Economics, 1999

(23):65—91.

[71] Nelson Richard. Recent Economic Theorizing about Evolutionary Change[J]. Journal of Economic Literature,1995,33(1):48—91.

[72] Tiebout C. A pure theory of local expenditures[J]. Journal of Political Economy,1956(64):41—42.

[73] Siebert, Horst. The Harmonization Issue in Europe: Prior Agreement or a Competitive Process in: The completion of the internal market[M]. Horst Siebert (Hrsg.), Institut fuser Weltwirtschaft, Kiel, 1990:62—68.

[74] Dewatripont M., G. Roland. The Design of Reform Packages under uncertainty [J]. American Economic Review, 1995 (85): 1207—1223.

[75] Sachs Jeffrey, W. Woo, X. Yang. Economic Reform and Constitutional Transition[J]. Working paper,1999.

[76] Barbara Krug. Hans HendrischkeFrom initial commitment to economic regimes to business systems: Institutional change in transition economies. The case of China [J]. IACMR Inaugural Conference (IACMR 2006),2006.

[77] Wei Xie,Steven White. Mitation to creation: The critical yet uncertain transition for Chinese firms[J]. IACMR Inaugural Conference (IACMR 2006),2006.

[78] Chi-Nien Chung, Xiaowei. LuoHuman agents, contexts, and institutional change: The decline of family in the leadership of Taiwanese business groups[J]. IACMR Inaugural Conference (IACMR 2006),2006.

[79] 魏后凯,贺灿飞,王新.中国外商投资区位决策与公共政策[M].北京:商务印书馆,2002.

[80] 何梦笔.我国辖区竞争、地方公共品的融资与政府的作用项目分析框架[R].天则内部文稿系列,1999.

[81] 何梦笔.政府竞争:大国体制转型理论的分析范式[R].天则内部文稿系列,2001.

[82] 李军鹏.论新制度经济学中的政区竞争理论[J].唯实,
2001(4).

[83] 杨瑞龙,杨其静.阶梯式的渐进制度变迁模型——再论地
方政府在我国制度变迁中的作用[J].经济研究,2000(3).

[84] 王健,鲍静,刘小康,等."复合行政"的提出——解决当代
中国区域经济一体化与行政区划冲突的新思路[J].中国行政管理,
2004(3).

[85] 姚先国,谢晓波.长三角经济一体化中的地方政府竞争行
为分析[J].中共浙江省委党校学报,2004(3).

[86] 冯兴元.中国辖区政府间竞争理论分析框架[R].北京天
则经济研究所,2001.

[87] 郝云宏,王淑贤.我国地方政府行为研究[J].财经研究,
1999(7).

[88] 李军杰.经济转型中的地方政府经济行为变异分析[J].
中国工业经济,2005(1).

[89] 徐现祥,李郇.市场一体化与区域协调发展[J].经济研
究,2005(12).

[90] 王国成,黄涛,葛新权.经济行为的异质性和实验经济学的
发展[R].全国首届实验经济学发展研讨会述评,2005.

[91] 胡家勇.市场经济中的政府职能——研讨会述评[J].经
济研究,2005(8).

[92] 胡向婷,张璐.地方保护主义对地区产业结构的影响——
理论与实证分析[J].经济研究,2005(2).

[93] 林毅夫,刘培林.地方保护和市场分割:从发展战略的角度
考察[R].北京大学中国经济研究中心内部讨论稿 NO.C2004015.

[94] 刘培林.地方保护和市场分割的损失[J].中国工业经济,
2005(4).

[95] 哈勒根,张军.改革起点与改革路径:一个可行的模拟
[J].经济研究,1996(1).

[96] 黄少安.制度变迁主体角色转换假说及其对中国制度变革

的解释[J].经济研究,1999(1).

[97] 林毅夫.关于制度变迁的经济学理论:诱致性制度变迁与强制性制度变迁//科斯,阿尔钦,诺斯,等.财产权利与制度变迁——产权学派与新制度学派译文集[M].上海:上海人民出版社,1994.

[98] 热若尔·罗兰.转型与经济学[M].北京:北京大学出版社,2002.

[99] 杨瑞龙.论我国制度变迁方式与制度选择目标的冲突及其协调[J].经济研究,1994(5).

[100] 杨瑞龙.我国制度变迁方式转换的三阶段论——兼论地方政府的制度创新行为[J].经济研究,1998(1).

[101] 杨瑞龙.阶梯式的渐进制度变迁模型[J].经济研究,2000(3).

[102] 张旭昆.论制度的均衡与演化[J].经济研究,1993(9).

[103] 周冰,靳涛.经济体制转型方式及其决定[J].中国社会科学,2005(1).

[104] 周业安.中国制度变迁的演进论解释[J].经济研究,2000(5).

[105] 吕炜.转轨的实践模式与理论范式[M].北京:经济科学出版社,2006.

[106] 洪银兴.中国经济转型和转型经济学[J].经济学动态,2006(7).

[107] 洪银兴.论地方政府的职能转型——以苏南模式的发展为例[J].经济学动态,2005(11).

[108] 汪淼军,张维迎,周黎安.信息技术、组织变革与生产绩效——关于企业信息化阶段性互补机制的实证研究[J].经济研究,2006(1).

[109] 刘小玄,李利英.改制对企业绩效影响的实证分析[J].中国工业经济,2005(3).

[110] 景维民,张惠君,等.经济转型的阶段性演化与相对市场化进程研究[M].北京:中国财政经济出版社,2006.

[111] 孙祁祥."空账"与转轨成本——中国养老保险体制改革的效应分析[J].经济研究,2001(5):20—27.

[112] 曲振涛,刘文革."宪政转轨论"评析[J].经济研究,2002(7):69—75.

[113] 云鹤,舒元.财政分权、转换系数与经济增长[J].经济研究,2005(6):40—50.

[114] 陶然,徐志刚.城市化、农地制度与迁移人口社会保障——一个转轨中发展的大国视角与政策选择[J].经济研究,2005(121):45—56.

[115] 刘文革,等.道德文化、腐败与经济转型——对中国转型期一个基于道德腐败的经济学分析[J].经济研究,2003(12):26—33.

[116] 朱宪辰,章平,黄凯南.共享资源治理制度转型中个体认知状态的实证研究[J].经济研究,2006(12):101—112.

[117] 张延人,顾江.官僚体制中的契约与激励机制[J].经济研究,2001(10):3—12.

[118] 吕炜.基于中国经济转轨实践的分析方法研究——兼作对"北京共识"合理逻辑的一种解释[J].经济研究,2005(12):16—24.

[119] 张春霖.结构调整的制度基础和判断标准——读《体制转轨中的增长、绩效与产业组织变化》随想[J].经济研究,2000(9):74—76.

[120] 罗楚亮.经济转轨、不确定性与城镇居民消费行为[J].经济研究,2004(4):100—106.

[121] 齐天翔.经济转轨时期的中国居民储蓄研究——兼论不确定性与居民储蓄的关系[J].经济研究,2000(9):25—33.

[122] 袁志刚.劳动力资源的优化配置及其在中国的特别意义[J].经济研究,2006(1):123—125.

[123] 樊纲.论体制转轨的动态过程——非国有部门的成长与国有部门的改革[J].经济研究,2000(1):11—21.

[124] 邹薇,钱雪松.融资成本、寻租行为和企业内部资本配置[J].经济研究,2005(5):64—74.

[125] 于金富.社会主义经济转轨的马克思主义分析方法[J].经济研究,2006(12):24—34.

[126] 王永钦.市场互联性、关系型合约与经济转型[J].经济研究,2006(6):79—91.

[127] 王君.双重博弈中的激励与行为——对转轨时期国有企业经理激励不足的一种新解释[J].经济研究,2001(8):71—78.

[128] 孙永祥.所有权、融资结构与公司治理机制[J].2001(1):45—53.

[129] 范从来,路瑶,陶欣,等.乡镇企业产权制度改革模式与股权结构的研究[J].经济研究,2001(1):62—68.

[130] 陈平.新古典经济学在中国转型实验中的作用有限[J].经济研究,2006(10):96—107.

[131] 王开国.政策诱因与中国证券市场的内在不稳定性——转轨过程中新兴市场的特征[J].经济研究,2002(12):25—33.

[132] 刘小玄.中国转轨经济中的产权结构和市场结构——产业绩效水平的决定因素[J].经济研究,2003(1):21—30.

[133] 施东晖.转轨经济中的所有权与竞争:来自中国上市公司的经验证据[J].经济研究,2003(8):46—55.

[134] 张军.资本形成、工业化与经济增长:中国的转轨特征[J].经济研究,2002(6):3—14.

[135] 李治国,唐国兴.资本形成路径与资本存量调整模型——基于中国转型时期的分析[J].经济研究,2003(2):34—43.

[136] 林毅夫.自生能力、经济转型与新古典经济学的反思[J].经济研究,2002(12):15—25.

[137] 周业安,冯兴元,赵坚毅.地方政府竞争与市场秩序的重构[J].中国社会科学,2004(1):56—66.

[138] 宋立刚,姚洋.改制对企业绩效的影响[J].中国社会科学,2005(2):17—31.

[139] 边燕杰,李路路,李煜,等.结构壁垒、体制转型与地位资源含量[J].中国社会科学,2006(5):100—111.

［140］杨开忠,陶然,刘明兴.解除管制、分权与中国经济转轨［J］.中国社会科学,2003(3):4—19.

［141］周冰,靳涛.经济体制转型方式及其决定［J］.中国社会科学,2005(1):71—82.

［142］张军,王祺.权威、企业绩效与国有企业改革［J］.中国社会科学,2004(5):106—116.

［143］吕炜.体制性约束、经济失衡与财政政策——解析1998年以来的中国转轨经济［J］.中国社会科学,2004(2):4—17.

［144］刘平.新二元社会与中国社会转型研究［J］.中国社会科学,2007(1):104—117.

［145］何大安.行为经济人有限理性的实现程度［J］.中国社会科学,2004(4):91—101.

［146］睢国余,蓝一.中国经济周期性波动微观基础的转变［J］.中国社会科学,2005(1):60—70.

［147］刘小玄.中国转轨过程中的企业行为和市场均衡［J］.中国社会科学,2003(2):61—71.

［148］吕炜.转轨过程的最终费用结算与绩效评价［J］.中国社会科学,2005(1):44—59.

［149］邓宏图.转轨期中国制度变迁的演进论解释——以民营经济的演化过程为例［J］.中国社会科学,2004(5):130—140.

［150］谭秋成.转型时期乡村组织行为与乡镇企业发展［J］.中国社会科学,2003(2):72—83.

［151］张复明,景普秋.资源型经济及其转型研究述评［J］.中国社会科学,2006(6):78—87.

［152］田春生."华盛顿共识"与"北京共识"比较初探［J］.经济社会体制比较,2005(2):75—80.

［153］张朋柱,等.合作博弈理论与应用——非完全共同利益群体合作管理［M］.上海:上海交通大学出版社,2006:36—48.

［154］安德烈·施莱弗,罗伯特·维什尼.掠夺之手——政府病及其治疗［M］.赵红英,译.北京:中信出版社,2004.

后 记

　　本书是以我的博士论文为基础拓展完善而成,其间尽管经历了一定的努力,但还是存在很多的遗憾,作为转型经济的微观研究还有很多关键的环节停留在自己的思想之中,难以付诸笔端。经过四年时间的深入思考,我深深体会到了"指点江山、激扬文字"不仅仅需要宽阔的胸襟和强大的使命感,更需要高屋建瓴的视野和扎实的理论功底,这些都是自己所欠缺的,未来能否将微观转型理论不断深入和发展,自己实在缺乏方向和动力。应该说本书既是我过去一段时期成果的总结,也是对为未来发展方向的思考。

　　触及转型经济学实属偶然,作为博士论文选题,我一直在企业区位战略方面进行思考,作为经典战略理论而言,波特的产业定位一直居于统治地位;而对企业而言区域的选择也极为关键,特别是在经济高速发展,省级竞争激烈的中国,地方政府政策可以抹平几乎所有的要素差异,因此企业除了产业定位还要关注地区的成长空间。我的博士生导师郝云宏教授一直指导我在区位战略领域力图有所突破。但是如何界定区域这个抽象的概念就成为我们研究时难以逾越的鸿沟,不能准确归纳区域的概念,就难以找到企业对应的客体,更无法为企业设计出合体的战略,研究也就陷入了僵局。

　　这里特别要感谢毛丰付博士,这位亦师亦友的同乡对我的无私帮助。就是那段时间每天的讨论、反思、争辩与积淀下明确了政府和企业之间的博弈关系是中国转型的微观基础,这个本书最为核心的命题,也正是在这个命题的推动下,我们两个人淹没在图书馆的文献堆中,将新中国成立以来《经济研究》、《中国社会科学》、《经济社会体制比较》、《改革》、《经济学动态》、《比较》这些探讨中国转型问题的理论刊物进行逐本筛选,验证我们最为关心的命题,这也最终让我步入了转型问题的研究范畴,开始思考中国的转型问题。打破了理论的僵局,却也让我面对一个更为艰巨的挑战。

随着研究的深入,我渐渐明晰了自己研究的价值,能否让企业理解过去 30 多年都发生了什么、能否让企业知道中国的方向在哪里,让企业家能用最简单的语言概括出转型的历程,让我的学生在一张简单的图标面前认知在他们成长过程中不断变迁的中国社会,这些才是推动我不断向前的动力,也让我真正理解了学术的价值与魅力。其间我也几度决定放弃,也几度决定草草了事,但是师长的鼓励和家人的支持让我最终完成了博士论文,也才有本书的出版。

如果把这本书作为礼物送给关心我的人的话,那么我首先要感激的就是我的恩师郝云宏教授,郝老师作为我的硕博导师不仅仅给了我无私的关爱与支持,更多的是让我体会到何谓学者的严谨与努力,何谓领导者的风尚与无私,何谓长者对妻儿的关爱和体贴,这些都是我终生奋斗的方向,郝老师也是我一生学习的楷模。相比郝老师对我的教诲和关爱,这本书显得过于单薄了,我也立下十年磨一剑的信念,用我最为得意的成果来回馈郝老师对我的教诲,在这本书里我能给郝老师的就是一个承诺。

全书的完成还要特别感谢倪树高副教授和陈宇锋副教授给予我的宝贵意见,感谢吴波博士、肖迪博士和包兴博士作为亲密合作伙伴给予的支持,感谢陈敏学弟、任国良学弟对我的无私帮助。此外,我还欠中央编译局刘铎博士一个大大的人情,没有他的帮助,本书最为核心的内容难以最终发表,在此特别感谢。

我还要把这本书送给我的妻子冬雪。在攻读博士学位期间,我最大的收获就在于能够获得幸福美满的家庭,现在也有了可爱的儿子,这是值得我一生去珍爱的。当我每天伏在电脑前敲击键盘之时,她没有抱怨我对她的冷落,而是默默地给予我最大的支持,这本书字里行间都浓缩了她的温情和背影,送给她也许是件合适的礼物。

对于养育我多年、最为无私付出的父母,我将以今生不懈的努力来回报他们对我的期望。

最后感谢浙江工商大学出版社的郦晶编辑为本书出版所做出的辛勤努力。

曲 亮

2010 年 10 月

图书在版编目(CIP)数据

转型期企业响应地方政府行为的策略研究 / 曲亮著 ——杭州:浙江工商大学出版社,2010.12

ISBN 978-7-81140-254-4

Ⅰ.①转… Ⅱ.①曲… Ⅲ.①企业 – 关系 – 地方政府 – 研究 – 中国 Ⅳ.①F279.2

中国版本图书馆 CIP 数据核字(2010)第 239410 号

转型期企业响应地方政府行为的策略研究

曲 亮 著

责任编辑	郦 晶
封面设计	刘 韵
责任印制	汪 俊
出版发行	浙江工商大学出版社
	(杭州市教工路 198 号 邮政编码 310012)
	(Email:zjgsupress@163.com)
	(网址:http://www.zjgsupress.com)
	电话:0571-88904980,88831806(传真)
排 版	杭州兴邦电子印务有限公司
印 刷	杭州杭新印务有限公司
开 本	880mm×1230mm 1/32
印 张	7.5
字 数	208 千字
版 印 次	2010 年 12 月第 1 版 2010 年 12 月第 1 次印刷
书 号	ISBN 978-7-81140-254-4
定 价	22.00 元